U0477164

晚明思想史论
春秋战国思想史话

嵇文甫 著

泰山出版社·济南

图书在版编目（CIP）数据

晚明思想史论；春秋战国思想史话 / 嵇文甫著 . —济南：泰山出版社，2021.10
（嵇文甫作品选）
ISBN 978-7-5519-0668-5

Ⅰ . ①晚… Ⅱ . ①嵇… Ⅲ . ①哲学思想—思想史—研究—中国—明代②思想史—中国—春秋战国时代 Ⅳ . ① B248 ② B22

中国版本图书馆 CIP 数据核字（2021）第 211577 号

WANMING SIXIANG SHILUN　CHUNQIU ZHANGUO SIXIANG SHIHUA
晚明思想史论　春秋战国思想史话

著　　者	嵇文甫
责任编辑	池　骋
特约编辑	史俊南
装帧设计	观止堂＿未　氓

出版发行	泰山出版社
社　　址	济南市泺源大街 2 号　邮编　250014
电　　话	综 合 部（0531）82023579　82022566
	市场营销部（0531）82025510　82020455
网　　址	www.tscbs.com
电子信箱	tscbs@sohu.com
印　　刷	天津画中画印刷有限公司
成品尺寸	155 毫米 ×230 毫米　16 开
印　　张	20.25
字　　数	230 千字
版　　次	2022 年 2 月第 1 版
印　　次	2022 年 2 月第 1 次印刷
标准书号	ISBN 978-7-5519-0668-5
定　　价	56.80 元

凡　例

一、将原书繁体竖排改为简体横排，并参照不同版本，订正书中明显的错讹。

二、原则上保留原著作中出现的外国人名、地名等的旧式译法，订正个别极易引起歧义的译法。

三、不改变原书体例，酌情删改个别表述不规范的篇章或文字。

四、原书中文字尽量尊重原著，通假字及当时习惯用法（如"他""她"不分，"的""地""得"不分）而与现在用法不同者，一般不做改动。人名、字号、地名、书名等专有名词，酌情保留繁体和异体字形。

五、参照现行出版规范，对原书中标点符号进行适当修改，新中国成立后的日期等情况统一采用公元纪年法表示。

目录 contents

晚明思想史论

第一章　从王阳明说起…………………………………… 003

第二章　王学的分化……………………………………… 017

第三章　所谓狂禅派……………………………………… 053

第四章　异军特起的张居正……………………………… 077

第五章　东林派与王学修正运动………………………… 085

第六章　佛门的几个龙象………………………………… 115

第七章　古学复兴的曙光………………………………… 147

第八章　西学输入的新潮………………………………… 161

第九章　余论……………………………………………… 175

春秋战国思想史话

向青年读者说几句话（代序）…………………………… 187

第一章　春秋战国——一个"百家争鸣"的伟大历史
　　　　变革时代………………………………………… 191

第二章	孔子	199
第三章	墨子	207
第四章	老子	219
第五章	庄子	225
第六章	孟子	233
第七章	荀子	239
第八章	惠施、公孙龙	249
第九章	宋牼、许行、邹衍等	259
第十章	韩非	265
第十一章	秦汉大一统与先秦诸子的结局	275

附 民族哲学杂话

楔子	285
一 中	288
二 仁	290
三 诚	292
四 理气	295
五 天人	298
六 义命	299
七 常变	302
八 一多	305
九 行知	310
十 王霸	313

晚明思想史论

第一章　从王阳明说起

本书所要讲的晚明时代，是一个动荡时代，是一个斑驳陆离的过渡时代。照耀着这时代的，不是一轮赫然当空的太阳，而是许多道光彩纷披的明霞。你尽可以说它"杂"，却决不能说它"庸"；尽可以说它"嚣张"，却决不能说它"死板"；尽可以说它是"乱世之音"，却决不能说它是"衰世之音"。它把一个旧时代送终，却又使一个新时代开始。它在超现实主义的云雾中，透露出现实主义的曙光。这样一个思想史上的转型期，大体上断自隆万以后，约略相当于西历十六世纪的下半期以及十七世纪的上半期。然而要追溯起源头来我们还得从明朝中叶王阳明的道学革新运动讲起。

王阳明是宋明五百年道学史上一位最有光辉的人物。由他所领导起来的学术运动，是一种道学革新运动，也就是一种反朱学运动。当朱子在世的时候，正是道学的全盛时代，他以伊川为宗，上探明道、横渠、濂溪、康节诸家以穷其源，出入程门诸子如游、杨、谢、吕、尹、胡之属以尽其流。其于同时各派，则左排陆学，右排浙学，毅然以道学正统自任。广收门徒，遍注群经。道学到他手里，可算是纲举目张，灿然大备。先儒说朱子集道学之大成，诚可以当之而无愧了。然而朱子讲学有时候嫌太繁琐。"字字而比，节节而较。"把许多道理支分节解，往往弄得不成话说。就如他讲"四端",既把"仁义礼智"四字并提以配"春夏秋冬",复并提"仁义"二字以配"阴阳",并提"仁智"二字以明"终始",更单提"仁"字以贯"四端",又有什么"四端相连而至""四端迭为宾主"种种说法。这样一分,那样一合,看他配置得多么巧罢!然而这不是讲心性,这只是变戏法,只是文字的游戏。又如他讲太极图说道:"盖中也,仁也,感也,所谓《也,〇之用所以行也,正也,义也,寂也,所谓》也,〇之体所以立也。"从仁义寂感上分阴阳,分体用,甚至从"中正"二字上也能分出阴阳体用来。这些地方,多亏他苦心体会。这简直是做起八股来了。陆象山在当时就挖苦他道:

揣量模写之工,依仿假借之似,其条画足以自信,其习熟足以自安。(《与朱元晦书》)

又《象山语录》载:

有立议论者,先生云:"此是虚说。"或云:"此是时文之见。"学者遂云:"孟子辟杨、墨,韩子辟佛、老,陆先生辟时文。"先生云:"此说也好。然辟杨、墨、佛、老者犹有些气道,吾却只辟得时文。"因一笑。

朱子依照着圣人样子,描摹刻画,制造出多少道理格式。四平八稳,面面俱到。但从象山看来,那只是一种"议论",一种"时文"。这种时文化的道学,后来竟成为道学的正统。从南宋末年到明朝中叶,完全成一个朱学独占的局面。所谓一代大儒,如许鲁斋、薛敬轩辈，都不过陈陈相因，谨守朱子门户。道学至此，几乎纯成一种烂熟的格套了。于是乎首先出来个陈白沙，既而又出来个王阳明，都举起道学革命的旗帜；一扫二百余年蹈常袭故的积习，而另换一种清新自然的空气。打倒时文化八股化的道学，而另倡一种鞭辟近里的新道学。阳明赠白沙大弟子湛甘泉有一段话：

> ……自是而后，言益详，道益晦；析理益精，学益支离无本；而事于外者益繁以难。盖孟氏患杨、墨，周、程之际，释、老大行。今世学者皆知宗孔、孟，贱杨、墨，摈释、老，圣人之道若大明于世。然吾从而求之，圣人不得而见之矣，其能有若墨氏之兼爱者乎？其能有若杨氏之为我者乎？其能有若老氏之清静自守，释氏之究心性命者乎？吾何以杨、墨、老、释之思哉？彼于圣人之道异，然犹有自得也。而世之学者，章绘句琢以夸俗，诡心色取，相饰以伪，谓圣人之道劳苦无功，非复人之所可为，而徒取辩于言词之间。古之人有终身不能究者，今吾皆能言其略，自以为若是亦足矣，而圣人之学遂废。则今之所大患者，岂非记诵词章之习；而弊之所从来，无亦言之太详，析之太精者之过欤？（《别湛甘泉序》）

这段话很能揭出陈、王两家道学革新运动的共同宗旨。他们所反对的是"记诵词章之习"，换句话说，就是八股化的道学。这种八股化的道学，看着最平正，最周到，最近圣人；然而实际上直类乎"非之无举、刺之无刺"的乡愿,依门傍户,俯仰随人,比着杨、墨、佛、老之各有其得者,尚相去绝远。"言益详,道益晦;析理益精,学益支离无本",这是暗斥朱子,而认为八股化道学所自出。平心论之,朱子自是中国近古思想史上头等的伟大人物,但他那种烦琐支离的学风,实开后来道学八股化之渐,这也是无可讳言的。二百多年的因袭墨守,朱学的流弊已十分显著。以这因缘,白沙、阳明辈的道学革新运动应时而起了。

这次革新运动,发端于白沙,而大成于阳明。我们分析阳明的学说,处处是打破道学的陈旧格套,处处表现出一种活动自由的精神,对于当时思想界实尽了很大的解放作用。首先看他讲"致良知"。提起这三个字,常使人觉得一片空灵,不可捉摸。不错,阳明有时候把良知讲得的确太玄妙,如什么"天植灵根""造化的精灵",真算是玄之又玄。不过这里要分别看。假使这种学说就单是一个玄妙,再无其他东西,它还怎能会震动一世人心,在思想史上占那样重要地位?我们须要知道,这种学说虽然是很玄妙,但玄妙之中,潜藏着一种时代精神,自有其不玄妙者在。阳明当临死的前一月,写信给聂双江,其中有一段说:

> 盖良知只是一个天理,自然明觉发见处,只是一个真诚恻怛,便是他本体。故致此良知之真诚恻怛以事亲,便是孝;致此良知之真诚恻怛以从兄,便是弟;致此良知之真诚恻怛以事君,便是忠。只是一个良知,一个真诚恻怛。(《全书》卷二《答聂文蔚》)

这样讲致良知，何等的亲切简易。这还能算玄妙么？他不管什么圣贤榜样、道理格式，而只教人照着自己当下那一点真诚恻怛实做将去。现现成成，甲不问乙借，乙不向甲赐。他以为虽古圣人也不过如此。《传习录下》载：

> 问：良知一而已，文王作《彖》，周公系《爻》，孔子赞《易》，何以各自看理不同？先生曰：圣人何能拘得死格！大要出于良知同，便各为说，何害？且如一园竹，只要同此枝节，便是大同。若拘定枝枝节节，都要高下大小一样，便非造化妙手矣。汝辈只要去培养那良知。良知同，更不妨有异处。汝辈若不肯用功，连笋也不曾抽得，何处去论枝节！（《全书》卷三《传习录下》）

各凭自己良知，同便听其同，异便听其异。道理没有死格，须从本源上流出，须是内发的。"君子一仁而已矣，何必同？"这已经是很自由很活动了。他更说道：

> 我辈致知，只是各随分限所及。今日良知见在如此，只随今日所知扩充到底；明日良知又有开悟，便从明日所知扩充到底。如此方是精一工夫。与人论学，亦须随人分限所及。如树有这些萌芽，只把这些水去灌溉；萌芽再长，便又加水。自拱把以至合抱，灌溉之功，皆是随其分限所及。若些小萌芽，有一桶水在，尽要倾上，便浸坏他了。（《全书》卷三同上）

各人良知有一定的分限，并且今天有今天的良知，明天有明天的良知。只要从良知上出发，非特我和你不必相同，就是今日的我和昨日的我也不必相同，这里全没有定格。我们只须就当下分限所及，切实做去，使良知得遂其有机的发展，自然日有进境。无论自修或教人，都只宜这样办法。试再看《传习录》上这两段：

> 门人有言邵端峰论童子不能格物，只教以洒扫应对之说。先生曰：洒扫应对就是一件物。童子良知只到此，便教去洒扫应对，就是致他这一点良知了。又如童子知畏先生长者，此亦是他良知处。故虽嬉戏中，见了先生长者，便去作揖恭敬，是他能格物以致敬师长之良知了。童子自有童子的格物致知。（《全书》卷三同上）
>
> 问："孔子谓武王未尽善，恐亦有不满意？"先生曰："在武王自合如此。"（《全书》卷一《传习录上》）

大人有大人的良知，童子有童子的良知；文王有文王的良知，武王有武王的良知。"武王自合如此做"，也就不必管什么尽善不尽善。童子自去致他那一点洒扫应对的良知，也无须去强学大人。各适其适，各得其得。彼非有余，此非不足。这样自由自在，把道理完全看活了。他还有这一段话：

> 诸君工夫最不可助长。上智绝少，学者无超入圣人之理。一起一伏，一进一退，自是工夫节次。不可以我前日用得工夫了。今却不济，便要矫强，做出一个没破绽的模样。这便是助长，连前些子工夫都坏了。此非小

过。譬如行路的人，遭一蹶跌，起来便走，不要欺人，做那不曾跌倒的样子出来。诸君只要常常怀个"遁世无闷，不见是而无闷"之心，依此良知，忍耐做去。不管人非笑，不管人毁谤，不管人荣辱。任他工夫有进有退，我只是这致良知的主宰不息，久久自然有得力处。（《全书》卷三《传习录下》）

跌了就起，起来便走，不管他进也罢，退也罢，誉也罢，毁也罢，我只是老老实实，埋头自致其良知。除下良知，什么都看不见了。独往独来，又奋迅，又坚决，把所有世习客套一扫而空。在这样意味下讲致良知，不是也很切实很平易么？自然，这里面也有他玄妙神秘的地方。良知究竟是个什么玩意儿？它会变化，会发展，今天是这样，明天是那样，你的是那样，我的是这样。倘若不是另有某种客观条件来决定它，那只好说它是"天植灵根""造化的精灵"了。然而不管它"灵根"也好，"精灵"也好，事实上他打破了道学的陈旧格套，充满着自由解放的精神，不靠圣人而靠自己的良知，在这一点上，他要比朱学更带些近代的色彩。

我们再看他讲"知行合一"。"知行合一"的理论，正是针对朱学而发。朱子把知行看作两件事，并且主张先知后行。阳明却不然。照他的意思，说个知已经有行在，说个行已经有知在。知行是一个整体的两面，是不可分离的。他最精要的解释是：

知之真切笃实处即是行，行之明觉精察处即是知。（《传习录中·答顾东桥书》）

阳明讲知行是从本体上讲的，也就是从良知上讲的。从良知上发出的"知"，自然是"真切笃实"，带情味的"知"，而不是揣摸影响的"知"；从良知上发出的"行"，自然是"明觉精察"自觉的"行"，而不是懵懂乱撞的"行"。只用一个"致良知"，也就即"知"即"行"了。但这种说法似乎不易了解，又未免带点点谈玄意味。究其真精神之所在，只是不离"行"以求"知"而已。试看他说：

> 夫人必有欲食之心然后知食，欲食之心即是意，即是行之始矣。食味之美恶，必待入口而后知。岂有不待入口而已先知食味之美恶者耶？必有欲行之心然后知路，欲行之心即是意，即是行之始矣。路歧之险夷，必待身亲履历而后知。岂有不待身亲履历而已先知路歧之险夷者耶？（《传习录中·答顾东桥书》）

这段话分析极精，以一念动处为行之始，"行"一步，"知"一步，"知"常与"行"相伴而不能分离。阳明虽讲"知行合一"，但因其针对着从"知"入手的朱学而发，所以事实上特重在"行"字。始于"行"，终于"行"，而"知"只是"行"的一种过程。他在《答顾东桥书》中还有一段很痛快的话：

> 夫问、思、辨、行，皆所以为学，未有学而不行者也。如言学孝，则必服劳奉养，躬行孝道，然后谓之学。岂徒悬空口耳讲说而遂可以谓之学孝乎？学射则必张弓挟矢，引满中的；学书则必伸纸执笔，操觚染翰。尽天下之

学，未有不行而可以言学者。则学之始固已即是行矣。笃者，敦实笃厚之意。已行矣，而敦笃其行，不息其功之谓耳。盖学之不能以无疑，则有问，问即学也，即行也。又不能无疑，则有思，思即学也，即行也；又不能无疑，则有辨，辨即学也，即行也。辨既明矣，思既慎矣，问既审矣，学既能矣，又从而不息其功焉，斯之谓笃行。非谓学、问、思、辨之后而始措之于行也。是故以求能其事而言谓之学，以求解其惑而言谓之问，以求通其理而言谓之思，以求精其察而言谓之辨，以求履其实而言谓之行。盖析其功而言则有五，合其事而言则一而已。

朱子以学、问、思、辨属"知"，以笃行属"行"。阳明却始终贯以一"行"，学之始已即是"行"，到最后仍是"笃行之"。问、思、辨，都只是"行"到滞碍地方，一种解决疑难的手段，并不是离"行"而独立的。离"行"而茫茫荡荡去求"知"，阳明最反对。他决不泛然问，泛然思，泛然辨，而一以当下现行为指归。普通以为阳明单提个"致良知"，好象把什么读书、稽古、求师、访友一切都抛弃了，总疑其太简。其实何尝如此。阳明只是不泛泛去求"知"，至于当下切身所应当"知"的，他还要尽量地"知"，彻底地"知"，一件也不遗弃。他说：

> 天下事物，如名物度数、草木鸟兽之类，不胜其烦。圣人虽是本体明了，亦何缘能尽知得？但不必知的，圣人自不消去求知；其所当知的，圣人自能问人。如"子入太庙每事问"之类。先儒谓"虽知亦问，敬谨

之至",此说不可通。圣人于礼乐名物,不必尽知。然他知得一个天理,便自有许多节文度数出来。不知能问,亦即是天理节文所在。(《全书》卷三)

学校之中,惟以成德为事。而才能之异,或有长于礼乐,长于政教,长于水土播植者,则就其成德而因使益精其能于学校之中。迨夫举德而任,则使之终身居其职而不易。……皋、夔、稷、契所不能兼之事,而今之初学小生皆欲通其说,究其术……(《传习录中·答顾东桥书》)

孟子说:"尧舜之智,而不遍物,急先务也。"这个意思,象山已经发挥得极其警切,到阳明讲得更透澈了。颜习斋所谓"孔门诸贤,礼、乐、兵、农各精其一;唐虞五臣,水、火、农、教各司其一;后世菲资,乃思兼长",不意陆、王乃都先说到。阳明的教育主张,虽说以"成德"为中心,而并不妨害"达材"。他很能打破世儒无所不知而实一无所知的虚诞习气,而教人各就自己才性所近以成专长。又正大,又切实,又活动,在中国教育思想上实为一重要贡献。后来章实斋论浙东学术,对此别有发挥。他专在切要地方下工夫,一点精力不浪费。你只须遵着良知所指示,直"行"下去。"行"不通时,它自然会使你"学",使你"问",使你"思",使你"辨"。"知"消纳在"行"中,而学问思辨莫非所以致良知。这样进修方法和朱学实有毫发千里之辨。所以阳明答当时学代表人物罗整庵的信中说:

凡执事所以致疑于格物之说者,必谓其是内而非外也,必谓其专事于反观内省之为而遗弃其讲习讨论之功也，必谓其一意于纲领本原之约而脱略于枝节条目之详也，必谓其沉溺于枯槁虚寂之偏而不尽于物理人事之变也。审如是，岂但获罪于圣门，获罪于朱子，是邪说诬民，叛道乱正，人得而诛之也。而况于执事之正直哉？审如是，世之稍明训诂，闻先哲之绪论者，皆知其非也。而况于执事之高明哉？凡某之所谓格物，其于朱子九条之说，皆包罗统括于其中。但为之有要，作用不同，正所谓毫厘之差耳。然毫厘之差，而千里之谬，实起于此，不可不辨。

王学决不象普通所想象得那样简单，它和朱学的差别也很微渺，不是随便一瞥就可以辨认出来的。凡什么读书、稽古、讲习、讨论，朱子所从事者，阳明也未尝不从事。但在朱子，知是知，行是行，讲习讨论是讲习讨论，反观内省是反观内省，划然各为一事；在阳明，则提出个良知作头脑，讲习讨论也是致良知，反观内省也是致良知，无论"知"啦，"行"啦，都是从良知出发。只要一个"致良知"，就把什么工夫都"包罗统括于其中"。前者是多元的，而后者是一元的。前者是头疼治头，脚疼治脚；而后者是真抉根源，"溥博渊泉，而时出之"。只有把一切工夫都消纳到一个致良知上而后工夫才实实落落，近里着己，问方是"切问"，思方是"近思"，行方是"笃行"。除下一切工夫别无可以致良知，而致良知却把一切工夫都点活了。这正是所谓"为之有要，作用不同"，其妙处只在转手之间。就由这一转手，而"博文"成为"约礼"的工夫，"惟精"成为"惟一"的工夫，"道问学"成为"尊德性"的工夫，"知"和"行"亦合为一体了。我常奇怪，阳明学说和后来的颜李学说，一个极玄妙，而一个极平实，本是绝不相容，但他们有许多共鸣之点。他们都主张学不离行，都反对以读书为学。习斋骂当时学者，不是"博学"，而是"博读、博讲、博著"，这和阳明力辟口耳之学精神颇相契合。其学琴之喻，和阳明学射之喻尤绝相类。原来王、颜两家之学所以极端相反者，因为一个专讲"心"，一个专讲"事物"。但实际上，阳明所谓"心"者，又和"事物"混一不分。他说：

> 目无体，以万物之色为体；耳无体，以万物之声为体；鼻无体，以万物之臭为体；口无体，以万物之味为体；心无体，以天地万物感应之是非为体。(《全书》卷三)

离开"天地万物感应之是非"，别无所谓"心"。所谓"致良知"，亦不外乎在种种事物感应上下工夫。象山早有"在人情事变上用功"之说，阳明亦有"在事上磨炼"之说。可见这班心学家虽然尽管在那里掉弄玄机，尽管在道学范围内变花样，兜圈子，但不知不觉间早已渗入些新成分，为下一个时代开先路。在这种情形下，王学和颜学竟暗通了消息。总之，阳明并不反对读书、稽古、讲习、讨论种种工夫，但这种种工夫须隶属在"致良知"一个总题目之下；他并不反对求"知"，但求知不能当作"行"以外的另一件事。从行动中，从生活中，自然涌现出来的问题，才是活问题；从行动中，从生活中，自然涌现出来的知识，才是活知识。这种思想，直到现代哲学界才可以见到它充分的健全的发展形态，然而早在四百多年前，阳明已经很明显地启示给我们了。

综上所述，我们分析阳明学说，无论从"致良知"上或"知行合"上，处处可以看出一种自由解放的精神，处处是反对八股化道学，打破道学的陈旧格套。倘若我们再把他的"心即理"和"万物一体"等说法都加以分析，这种自由主义的倾向当更容易看出来，这里也不必一一赘述。我们只看他说：

> 夫学贵得之心。求之于心而非也，虽其言之出于孔子，不敢以为是也。而况其未及孔子者乎？求之于心而是也，虽其言之出于庸常，不敢以为非也。而况其出于孔子者乎？（《答罗整庵少宰》）

他居然敢不以孔子的是非为是非，而只信自己的心。独断独行，自作主张。什么圣贤榜样、道理格式，都不放在眼里。这种大胆的言论，正可和当时西方的宗教革命家互相辉映。他们都充满自由主义和现实主义的精神。大体说来，阳明实可算是道学界的马丁·路德。他使道学中兴，使道学更加精练。然而这已经是一种新道学了，已经渗入新时代的成分了。道学的体系未破，但其内部成分已变更。他一方面大刀阔斧，摧毁传统思想的权威，替新时代做一种扫除工作；同时他又提出许多天才的启示，替新时代做一种指导工作。他既为宋明道学放出极大的光芒，同时却也为清代思想开其先路。清代思想一方面是他的反动，同时却也有许多地方是继承他的，当晚明时代，王学的余焰方炽，而正在解体。一部晚明思想史，几乎可以说是一部王学解体史。这个解体过程结束了，新时代也就出现了。在下面几章，我们就可以看见这一段历史过程怎样一幕一幕地展开。

第二章　王学的分化

在思想史上，一个大师的门下往往是"学焉各得其性之所近，源远而末益分"；于是乎"儒分为八，墨分为三"，形成许多小派别，而向各方面分途发展。孔子门下如此，程子门下如此，康德门下如此，黑格尔门下如此，阳明门下亦如此。王龙谿说：

> 良知宗说，同门虽不敢有违，然未免各以性之所近，拟议搀和。有谓良知非觉照，须本于归寂而始得，如镜之照物，明体寂然，而妍媸自辨，滞于照则明反眩矣。有谓良知无见成，由于修证而始全，如金之在矿，非火符锻炼，则金不可得而成也。有谓良知是从已发立教，非未发无知之本旨。有谓良知本来无欲，直心以动，无不是道，不待复加销欲之功。有谓学有主宰，有流行，主宰所以立性，流行所以立命，而以良知分体用。有谓学贵循序，求之有本末，得之无内外，而以致知别始终。此皆论学同异之见，不容以不辨者也。（《拟岘台会语》）

观此可知王门诸子对于"致良知"这个总口号解释得如何纷歧。根据这些不同的解释，可以把他们分成许多派别。但是我们没有这样细分的必要。黄梨洲的《明儒学案》，对于王门诸子，是按地域分配的。他们共占有浙中、江右、南中、楚中、北方、粤闽、泰州七个学案（如算入止修学案则为八个），其中势力最大而又各自显出一种特色者，当推浙中、江右、泰州三派。但实际上各家主张有不能以地域限者。如王龙谿和钱绪山，虽同属浙中，但恰相对立。如聂双江和罗念庵，在未发已发问题上，不仅迥殊于浙中诸子，并且亦迥殊于同属江右之邹东廓、欧阳南野、黄洛村、陈明水一班人也。大体说来，东廓、绪山诸子，谨守师门矩矱，"无大得亦无大失"；龙谿、心斋使王学向左发展，一直流而为狂禅派；双江、念庵使王学向右发展，事实上成为后来各种王学修正派的前驱。王学的发展过程，同时也就是它向左、右两方面分化的过程。左派诸子固然是"时时越过师说"，右派诸子也实在是自成一套。他们使王学发展了，同时却也使王学变质而崩解了。王学由他们而更和新时代接近了。我们且把这左右两派分别讲述一下：

（一）左派王学

黄梨洲说："阳明先生之学，有泰州、龙谿而风行天下，亦因泰州、龙谿而渐失其传。泰州、龙谿时时不满其师说，益启瞿昙之秘而归之师，盖跻阳明而为禅矣。"（《明儒学案》卷三十二）禅不禅姑不必论。但龙谿、心斋时时越过师说，把当时思想解放的潮流发展到极端，形成王学的左翼；并且以使徒般的精神，到处传播阳明的教义，热情鼓舞，四方风动，这倒是实在的。不管后来学者对于他们怎样排诋，但究竟不能抹杀他们在王学中的极高地位。

首先说王龙谿。他名畿，字汝中，浙之山阴人，与阳明为同郡。生于孝宗弘治十一年（1498），卒于神宗万历十一年（1583），寿八十六岁。当正德、嘉靖间，阳明归越讲学。龙谿年方二十余岁，即往受业。时阳明门人众多，不能遍授，初来学者常使先见龙谿及钱绪山等诸高弟。龙谿坦易和厚，随机启发，所成就者尤多。及阳明卒后，曾出仕为南京职方主事，稍迁致武选郎中。以忤宰相夏贵溪，不久即罢官去。此后退处林下四十余年，无日不讲学。自两都及吴、楚、闽、越皆有讲舍，而江、浙为尤盛。年至八十，犹周流不倦。他勤勤恳恳地说：

> 区区身外百念都忘，全体精神只干办此一事。但念东廓、双江、念庵、荆川诸兄相继沦谢，同心益孤。会中得几个真为性命汉子，承接此件事，方放得心。不然，老师一脉，几于绝矣。（《与徐成身书》）
>
> 区区八十老翁，于世界更有恁放不下？惟师门一脉如线之传，未得一二法器出头担荷，未能忘情，切切求友于四方者，意实在此。（《与沈宗颜书》）
>
> 区区入山既深，无复世虑。而求友一念，若根于心，不容自已。春夏往赴水西白山之会，秋抄赴江右之会，岁暮始返越。知我者谓我心忧，不知我者谓我何求。人生惟此一事。六阳从地起，师道立则善人多。挽回世教，叙正人伦，无急于此。惟可与知已道也。（《与萧来凤书》）
>
> 眼前后辈，真发心为性命者少。去年往江右吊念庵兄，双江、东廓、鲁江、明水相继沦谢，吾党益孤。老师一脉，仅仅如线。自分年衰时迈，须得真发心者二三辈传

此微言，庶免断灭宗传。不知相接中亦得几人否？年来海内风声虽觉鼓动，针针见血者亦不多得。科中敬吾纬川颇深信此件事，部中鲁源、思默皆有超卓之见，可时时觅会以尽究竟之谈。所谓不有益于彼，必有益于此也。(《与贡玄略书》)

这些话在《龙谿集》中引不胜引。他简直是以讲学为性命饥渴。数十年中，专为这一件大事到处奔忙，满腔热情，缠绵固结，生生死死而不能自已。他不顾毁誉荣辱，不管当局者之"不悦学"，不管来学者是否"真发心为性命"，而只是栖栖惶惶，强聒不舍地哓哓然以师说鼓动天下。象这样放下一切，热心拼命地讲学，古今来能找出几个人？当时就有人劝他稍稍休息，但他总是不肯。如《龙谿集》卷五载：

子充、继实跪而请曰："先生辙环天下，随方造就引掖，固是爱人不容已之心。但往来交际，未免陪费精神，非高年所宜。静养寡出，息缘省事，以待四方之来学，如神龙之在渊，使人可仰而不可窥，风以动之，更觉人皆有所益。"先生曰："二子爱我可谓至矣。不肖亦岂不自爱？但其中亦自有不得已之情。若仅仅专以行教为事，又成辜负矣。时常处家，与亲朋相燕昵，与妻奴佃仆相比狎，以习心对习事，因循隐约，固有密制其命而不自觉者。才离家出游，精神意思便觉不同。与士大夫交承，非此学不究；与朋侪酬答，非此学不谈。晨夕聚处，专干办此一事。非惟闲思妄念无从而生，虽世情俗亦无从而入。精神自然专一，意思自然冲和。教学相长，欲究极自己性命，不得不与同志相切劘，相观法。同志中因此有所兴起，欲与共了性命，则是众中自能取益，非吾有法可以授之也。男子以天地四方为志，非堆堆在家可了此生。吾非斯人之徒与而谁与，原是孔门家法。吾人不论出处潜见，求友取益，原是己分内事。若夫人之信否，与此学之明与否不明，则存乎所遇，非人所能强也。至于闭关独善，养成神龙虚誉，与世界若不相涉，似非同善之初心，予非不能，盖不忍也。"（《天柱山房会语》）

聚会讲学，不惟成人，亦以成己。在一种讲学空气中，人己融成一片，薰蒸鼓舞，即教即学，此之谓教、学、做合一。王学本是常讲"万物一体"的，本是认为"亲民"即所以"明明德"的。试看阳明《答聂双江第一书》及他的"拔本塞源论"，全是一片热烈救世心肠。这种精神龙谿发挥得最恳到。他不厌不倦，知其不可而为，绝不肯作自了汉，专去自己受用。他抱着一体同善不容已之情，真觉得人己之间，疾痛疴痒，息息相关。王敬所称他道："龙谿公非独其透悟处不可得而泯灭也，其一腔爱人热心肠亦必不可得而泯灭。"在这一点上，龙谿实在不愧为阳明的嫡传。他又说：

> 吾人未尝废静坐，若必藉此为了手，未免等待，非究竟法。圣人之学，主于经世，原与世界不相离。古者教人，只言藏修游息，未尝专说闭关静坐。若日日应感，时时收摄精神，和畅充周，不动于欲，便与静坐一

般。况欲根潜藏，非对境则不易发。如金体被铜铅混杂，非遇烈火则不易销。若以见在感应不得力，必待闭关静坐，养成无欲之体，始为了手，不惟蹉却见在工夫，未免喜静厌动，与世间已无交涉，如何复经得世？独修独行，如方外则可。大修行人于尘劳烦恼中作道场。吾人若欲承接尧、舜、姬、孔学脉，不得如此讨便宜也。(《三山丽泽录》)

孔门教人之法，见于礼经。其言曰："辨志，乐群，亲师，取友，谓之小成，强立而不反，谓之大成。"未尝有静坐之说。静坐之说，起于二氏，学者殆相沿而不自觉耳。古人自幼便有学，使之收心养性，立定基本。及至成人，随时随地，从事于学，各有所成。后世学绝教衰，自幼不知所养，薰染于功利之习。全体精神，奔放在外，不知心性为何物。所谓欲反其性情而无从入，可哀也已！程门见人静坐，便叹以为善学。盖使之收摄精神，向里寻求，亦是方便法门，先师所谓因以补小学一段工夫也。若见得致知工夫下落，各各随分做去，在静处体玩也好，在事上磨察也好。譬诸草木之生，但得根株着土，遇着和风暖日固是长养他的，遇着严霜烈日亦是坚凝他的。盖良知本体，原是无动无静，原是变动周流。此便是学问头脑，便是孔门教法。若不见得良知本体，只在动静二境上拣择取舍，不是妄动，便是着静，均之为不得所养，欲望其有成也难矣哉。(《东游会语》)

他讲经世，讲事上磨炼。他居然指摘静坐，居然提出古儒家的修学方法。有些话简直象清代大师说的。假使抛开其他的玄谈，而只看他这些话，你也许要疑惑他是个事功派或实用派了。自然他也承认静坐自有其相当的用处，也算一种方便法门，但总不认为究竟法。良知无间于动静，所以致良知也无间于动静。我们必须从动静顺逆当前应感极复杂的境界中煎销磨炼出来，方能真有得力处。若专去习静，那便是讨便宜，其结果会喜静厌动，这种工夫是靠不住的。这种地方最足表现时代精神，也最足表现王学的特色。然而后来讲王学的专宗右派，把这些地方全给他抹杀了。考龙谿所以致纷纷之议者，大部分由于他的"四无说"。《龙谿集》中有一篇《天泉证道纪》，其大概是：

> 阳明夫子学，以良知为宗。每与门人论学，提四句为教法：无善无恶心之体，有善有恶意之动，知善知恶是良知，为善去恶是格物。学者循此用功，各有所得。绪山钱子谓：此是师门教人定本，一毫不可更易。先生谓：夫子立教随时，谓之权法，未可执定。体用显微，只是一机；心意知物，只是一事。若悟得心是无善无恶之心，意即是无善无恶之意，知即是无善无恶之知，物即是无善无恶之物……绪山谓：若是是坏师门教法，非善学也。先生谓：学须自证自悟，不从人脚根转。若执着师门权法以为定本，未免滞于言诠，亦非善学也。时夫子将有两广之行……晚坐天泉桥上，因各以所见请质。夫子曰：正要二子有此一问。吾教法原有此两种。四无之说，为上根人立教；四有之说，为中根以下人立

教。上根之人，悟得无善无恶心体，便从无处立根基。意与知物，皆从无生。一了百当，即本体便是工夫。易简直截，更无剩欠，顿悟之学也。中根以下之人，未尝悟得本体，未免在有善有恶上立根基。心与知物，皆从有生。须用为善去恶工夫，随处对治，使之渐渐入悟。从有以归于无，复还本体，及其成功一也。世间上根人不易得，只得就中根以下人立教。……汝中所见，我久欲发，恐人信不及，徒增躐等之病，故含蓄至今。此是传心秘藏，颜子、明道所不敢言者。……汝中此意，正好保任，不宜轻以示人。概而言之，反成漏泄。德洪却须进此一格，始为玄通。德洪资性沉毅，汝中资性明朗，故其所得亦各因其所近。若能互相取益，使吾教法上下皆通，始为善学耳。

天泉证道是晚明思想界一大公案。东林学派即专攻"无善无恶"四字而并上及于阳明。至刘蕺山、黄梨洲则谓《天泉证道纪》与阳明平日所言不类，疑其为龙谿自己学说。且引邹东廓《青原赠处记》相对勘。其实天泉证道一事，钱绪山所编《阳明年谱》及《传习录》均有记载，"四有""四无"之说，与《龙谿集》中所载并无多大差异。念庵与绪山书谓闻之黄洛村，亦正与此处所述相同。可见《天泉证道纪》决非龙谿一家之私言，不能单据《青原赠处记》来疑它。至于"四无"之说，虽由龙谿自己证悟出来，但与阳明本旨实相贯通，所以阳明亦甚称许之。王学本包含一种自然主义，本不拘泥迹象。直往直来，任天而动。善恶双泯，尧桀两忘。"四无"之说，实为其应有的结论。然而龙谿在这一点上实在还没有大放厥词。要看到这种自然主义的充分发展，还有待于泰州学派。比起泰州学派，龙谿倒还算谨严的。

泰州学派的开创者王心斋，是阳明门下最奇怪的一个人物。他名艮，字汝止，生于宪宗成化十九年（1483），卒于世宗嘉靖十九年（1540），寿五十八岁。他原是一个盐丁，并没读过几本书。他常常袖着《孝经》《论语》《大学》，逢人质难，久则能信口谈解。以经证悟，以悟证经。有所得辄向人讲授。并榜其门曰："此道贯伏羲、神农、黄帝、尧、舜、禹、汤、文、武、周公、孔子，不论老幼贵贱贤愚，有志愿学者传之。"后来往江西访阳明，毫不客气，昂然上座。及反复论致知格物，乃大叹服曰："简易直截，吾不及也。"遂下拜称弟子。退而寻思，间有不合。悔曰："吾轻易矣。"明日入见，且告之悔。阳明曰："善哉，子之不轻信从也。"心斋复上坐辩难，久之，始大服，遂为弟子如初。阳明谓门人曰："向者吾擒宸濠，一无所动，今却为斯人动矣。"后阳明归越，心斋从之。既而叹曰："千载绝学，天启吾师，可使天下有不及闻者乎？"遂自创蒲轮，招摇道路，一直讲学到北京。当时阳明之学，谤议蜂起。而心斋冠服言动，不与人同，都人以怪魁目之。同门之在京者劝之归，阳明亦移书责之，他才返回会稽。及阳明卒，他回家设教。同门会讲者，常请他为主席。心斋之学，以悟性为宗，以反己为要，以孝弟为实，以乐学为门，以太虚为宅，以古今为旦暮，以明学启后为己任，以九二见龙为正位，以孔氏为家法。有以伊、傅称之者，则曰："伊、傅之事我不能，伊、傅之学我不由。伊、傅得君，可谓奇遇。如其不遇，终身独善而已。孔子则不然也。"看他热心经世处，和龙豀没有两样，这正是从阳明万物一体的思想一脉演来。他提倡一种尊身主义，一种自我中心主义。他把身看得很大，自尊，自信，赤身承当，以天下为己任。他说：

> 圣人以道济天下，是至尊者道也。人能弘道，是至者身也。道重则身重，身重则道重。故学也者，所以学为师也，学为长也，学为君也。以天地万物依于身，不以身依于天地万物。舍此皆妾妇之道。（《学案》引）

他要做个顶天立地的大丈夫，以一身撑持宇宙。他岸然以师道自处，甚至以君道自处。磊磊落落，一点婶妸媚世之态也没有。他讲"格物"的"格"字如"格式"之"格"。他要以身为家国天下的"格式"，换句话说，就是要以身作则。己身爱则一家爱，一国爱，而天下皆爱；己身敬则一家敬，一国敬，而天下皆敬。这不是以身为家国天下的"格式"么？这不是以身作则么？身为本而家国天下为末，家国天下是跟着身走的。行有不得，皆反求诸己。反己正是格物的实功。这就是有名的"淮南格物说"。这样讲法，个人地位特别重要。帅天下以仁，帅天下以让，"出为帝者师，处为天下万世师"。看这样一个人何等的伟大。这是一种大我主义，一种健全的个人主义，也正是一种时代精神的表现。在这里个人主义和万物一体主义融洽无间，群和己简直不可分了。心斋还有一个最为人所传诵的《乐学歌》。其辞云：

> 人心本自乐，自将私欲缚。私欲一萌时，良知还自觉。一觉便消除，人心依旧乐。乐是乐此学，学是学此

乐。不乐不是学,不学不是乐。乐便然后学,学便然后乐。乐是学,学是乐。呜呼!天下之乐,何如此学。天下之学,何如此乐。

从前周濂溪曾教二程寻孔颜乐处。阳明也说:"乐是心之本体。"至如曾点、庄周、康节、白沙辈,大抵专向"乐"这一路走。这个乐字原是自古所重。但特别提出"乐学"二字作宗旨,却要算心斋的发明。所谓"乐",不过是生机畅遂的意思。生机畅遂则乐,生机阻抑则不乐。行乎其不得不行,止乎其不得不止,哭乎其不得不哭,笑乎其不得不笑。一片天机,洒落自在。这种自得之乐,是超乎富贵利达之乐,是通乎贫贱患难之乐,是人心本体的真乐。倘能不为私欲所缠绕,则生机自然畅遂,本体真乐自然呈现。所谓"学",亦不过任此本体,使生机常常畅遂,不为私欲所戕害而已。"乐"是生机畅遂,"学"亦正是学此生机畅遂。只要使生机畅遂,那就是"乐",也就是"学"。所以说,"乐是乐此学,学是学此乐"。"乐"和"学"融成一片,洒洒落落,任天而动,这里充满着自然主义。《心斋语录》载:

> 一友持功太严。先生觉之曰:"是学为子累矣。"因指斫木者示之曰:"彼却不曾用功,然亦何尝废学。"

学本是学此乐,本是要使生机畅遂;若用功太严,反妨害生机的自然发展,反成苦事,倒还不如不学。至理并妙道,运水与搬柴。只如那斫木者平平常常自自然然地做将去便了,何必用什么功。

> 心斋曾与徐波石散步月下,波石刻刻检点,他就厉声道:"天地不交,否。"又一夕,和波石至一小渠,他立即跳过,顾谓波石道:"何多拟议也?"心斋指点人处类如此。在日用常行中,直往直来,当机立断,全是一种自然主义。后来他的儿子东崖,继承家学,把他的乐学主义尽量阐发,更表现自然主义的色彩。鸟啼花落,山峙川流,饥食渴饮,夏葛冬裘,至道无余蕴矣。(《东崖语录》)

由此可以想见东崖的学风,亦可以想见心斋的学风。

阳明门下以泰州一派为最盛。从王心斋发端,中经徐波石、赵大洲、颜山农、何心隐、罗近溪、周海门、陶石篑……发皇光大,一代胜似一代。颜何一派,流入"狂禅",另详下章。其余诸人亦不能一一叙述。兹只把最重要的罗近溪讲一讲:

罗近溪,名汝芳,生于武宗正德十年(1515),卒于神宗万历十六年(1588),寿七十四岁。少读薛文清语,谓:"万起万灭之私,乱吾心久矣,今当一切决去,以全吾澄然湛然之体。"决志行之。闭关临田寺,置水镜几上,对之默坐,使心与水镜无二。久之而病心火。偶过僧寺,见有榜急救心火者,以为名医,访之,则聚徒而讲学者也。近溪从众中听良久,喜曰:"此真能救吾心火。"问之为颜山农,得泰州王心斋之传。近溪闻其言,如大梦得醒,明日五鼓即往纳拜为弟子,尽受其学。其后山农以事系留京狱,近溪尽鬻田产脱之,侍养狱中六年,不赴廷试。及归田后，身已老。山农至，近溪不离左右，一茗一果必亲进之。诸孙以为劳，近溪曰："吾师非汝辈所能事也。"楚人胡宗正，故为近溪举业弟子，已闻其有得于《易》，反北面受学焉。大抵近溪十五而定志于张洵水，二十六而正学于山农，三十四而悟《易》于胡生，四十六而证道于泰山丈人，七十而问心于武夷先生，其生平进学历程约略如此。其学以赤子良心、不学不虑为的，以天地万物同体、彻形骸、忘物我为大。此理生生不息，不须把持，不须接续，当下浑沦顺适。工夫难得凑泊，即以不屑凑泊为工夫；胸次茫无畔岸，便以不依畔岸为胸次。解缆放船，顺风张棹，无之非学。学人不省，妄以澄然湛然为心之本体，沉滞胸膈，留恋景光，是为鬼窟活计，非天明也。论者谓龙谿笔胜舌，近溪舌胜笔。微谈剧论，所触若春行雷动。虽素不识学之人，俄顷之间，能令其心地开明，道在眼前。一洗理学肤浅套括之气，当下便有受用。其《语录》载：

> 昆阳州守夏鱼请曰："恒谓圣贤非人可及，故究情考索，求之愈劳而去之益远。岂知性命诸天，本吾固有。日用之间，言动事为，其停当处，即与圣贤合一也。"罗子曰："停当二字，尚恐未是。"夏守瞿然曰："言动事为，可不要停当耶？"曰："可，知言动事为，方才可说停当。则子之停当，有时而要，有时而不要矣。独不睹兹柏林之禽鸟乎？其飞鸣之相关何如也？又不观海畴之青苗乎？其生机之萌苗何如也？子若拘拘以停当求之，则此鸟、此苗何时而为停当，何时而不为停当耶？《易》曰：水流而不息，物生而不穷。造化之

妙，原是贯澈浑融。吾子蚤作而夜寐，嬉笑而偃息，无往莫非此体。岂待言动事为，方思量得个停当？又岂直待言动事为停当，方始说道与古先圣哲不殊？若如是用功，如是作见，则未临言动事为固是错过，而既临言动事为，亦总是错过矣。"夏守憬然自省，作而言曰："子在川上，不舍昼夜。吾人心体，未尝一息有间。今当下生意津津，不殊于禽鸟，不殊于新苗，往时万物一体之仁，果觉浑沦成片矣。欲求停当，岂不是个善念？但善则便落一边。既有一边善，便有一边不善；既有一段善，便有一段不善。如何能得昼夜相通？如何能得万物一体？颜子得此不息之体，其乐自不能改。若说以贫自安而不改，浅之乎窥圣贤矣。"

宇宙间只此一片生机洋溢，禽鸟飞鸣，新苗萌苗，皆天机鼓动而不能自已。这原是超乎善恶的，无所谓停当不停当。无论怎样严正的道德家，他能就鸟语花香加以善恶的判断么？人生朝作夜息，饥食渴饮，推而至于爱亲敬长，成仁取义，也无非此一片天机流行，如花自开，如鸟自鸣。这一点自然不容已的生机，通乎人物，通乎圣凡，通乎大人赤子。只此便是"仁"，便是"乐"，与世俗苦乐善恶不啻云泥之别。近溪常把"仁"和"乐"混在一起，讲得极亲切，如云：

所谓乐者，窃意只是个快活也。岂快活之外，复有所谓乐哉？生意活泼，了无滞碍，即是圣贤之所谓乐，即是圣贤之所谓仁。盖此仁字，其本源根柢于天地之大德，其脉络分明于品汇之心元。故赤子初生，孩而弄之则欣笑不休，乳而育之则欢爱无尽。盖人之出世，本由造物之生机。故人之为生，自有天然之乐趣。故曰："仁者人也。"此则明白开示学者以心体之真，亦指引学者以入道之要。后世不省仁是人之胚胎，人是仁之萌蘖，生化浑融，纯一无二，故只思于孔、颜乐处，竭力追寻，顾却忘于自己身中讨求着落。诚知仁本不远，方识乐不假寻。

看他无论讲"仁"，讲"乐"，都只是从生机上讲。就从这生机二字上，他推演出多少微言妙谛来。我们简直可以称他为生机主义者。他有一段最深切的话：

向从《大学》至善推演到孝弟慈。尝由一身之孝弟慈而观之一家，未尝有一人而不孝弟慈者；由一家之孝弟慈而观之一国，未尝有一人而不孝弟慈者；由一国之孝弟慈而观之天下，亦未有一人而不孝弟慈者。又由缙绅士大夫以推之群黎百姓，又由孩提少长以推之壮盛衰老，孩提少长皆是爱亲敬长，以能知能行此孝弟慈也。又时乘闲暇，纵步街衢，肆览大众，其间人数何啻亿兆之多，窥觑其中，总是父母妻子之念固结维系，所以勤谨生涯，保护躯体，而自有不能已者。故某自三十，登第归山，中间侍养二亲，敦睦九族，入朝而遍友贤良，远仕而躬御魑魅，以至年载多深，经历久远，乃叹孔门《学》《庸》全从《周易》"生生"一语化将出来。盖天命不已方是生而又生，生而又生方是父母而已身，已身而子，子而又孙，以至曾而且玄也。故父母兄弟子孙是替天命生生不已显现个肤皮，天命生生不已是替孝父母弟兄长慈子孙通透个骨髓。直竖起来，便成上下今古，横亘将去，便作家国天下。孔子谓："仁者人也，亲亲为大。"其将《中庸》《大学》已是一句道尽。孟氏谓："人性皆善"，"尧舜之道，孝弟而已矣"。其将《大学》《中庸》亦是一句道尽。

他看全宇宙是一个大生命，是一个生命之流，即显即微，即天即人，纵横上下，沦浃融贯，全无丝毫间隙，既亲切恳到，又广大深远，从来讲孔家哲学的还没人讲得这样彻骨彻髓。这真可算是一种唯生论。他还有一段很精彩的话：

> 方自知学，即泛观虫鱼，爱其群队恋如，以及禽鸟之上下，牛羊之出入，形影相依，悲鸣相应，浑融无少间隔，辄恻然思曰："何独于人而异之？"后偶因远行，路途客旅，相见即忻忻，谈笑终日，疲倦俱忘，竟亦不知其姓名。别去，又辄恻然思曰："何独于亲戚骨肉而异之？"噫！是动于利害，私于有我焉耳。从此痛自刻责，善则归人，过则归己；益则归人，损则归己。久渐纯熟，不惟有我之私，不作间隔，而家国天下翕然孚通。甚至发肤不欲自爱，而念念以利济为急焉。三十年来，觉恕之一字得力独多也。

他不断说以恕求仁，本来也是老生常谈。但经他发挥起来，却真使人恻然心动。他看物我之间，息息相关，本着自己那点一体不容已的心情，专从事于利世济人。他肯牺牲，肯管闲事。如《语录》载：

> 先生过麻城，民舍失火，见火光中有儿在床。先生拾拳石号于市，出儿者予金视石。一人受石出儿，石重五两，先生依数予之。其后先生过麻城，人争观之曰："此救儿罗公也。"

这种做法，叫普通的道学先生看来，已稍嫌张皇。然而近溪犹不止此。他有时候太热心了。简直什么嫌疑都不避。如：

> 一邻媪以夫在狱，求解于先生，辞甚哀苦。先生自嫌数干有司，令在座孝廉解之，售以十金，媪取簪珥为质。既出狱，媪来哀告，夫咎其行贿，詈骂不已。先生即取质还之，自贷十金偿孝廉，不使孝廉知也。

象这样行贿的事，不必说道学先生，稍自好者谁肯沾手？然而近溪放手做去，自赔十金，代人行贿，名利两丧，全不顾惜，他只知道救人而已。又如：

> 耿天台行部至宁国，问耆老以前官之贤否。至先生，耆老曰："此当别论，其贤加于人数等。"曰："吾闻其守时亦要金钱。"曰："然。"曰："如此恶得贤？"曰："他何曾见得金钱是可爱的。但遇朋友亲戚所识穷

乏便随手散去。"

他这样满不在乎，无怪乎杨止庵议他：

>……用库藏充馈遗，归者如市。……归来请托烦数，取厌有司。……

这种路数显然带游侠气味，已经完全是颜山农、何心隐一流人物，和普通儒者面目大不相同了。

（二）右派王学

黄梨洲说："姚江之学，惟江右为得其传，东廓、念庵、两峰、双江其选也。再传而为塘南、思默，皆能推原阳明未尽之意。是时越中流弊错出，挟师说以杜学者之口，而江右独能破之，阳明之道赖以不坠。盖阳明一生精神俱在江右，亦其感应之理宜也。"（《明儒学案》卷十六）

大概浙中之学近左方，江右之学近右方。虽不尽然，取其多者论之，兹单就双江、念庵、塘南讲一讲：

聂双江名豹，字文蔚，生于宪宗成化二十三年（1487），卒于世宗嘉靖四十二年（1563），寿七十七岁。累官至兵部尚书，太子少傅，赠少保，谥贞襄。当阳明在越时，双江以御史按闽，过武林，渡江往见。去后复上书，阳明答之。即现在《传习录》中所存《答聂文蔚第一书》也。及阳明征思田，他又上书问学，于是又有《答聂文蔚第二书》，亦存《传习录》中。阳明既殁，双江时官苏州，曰："昔之未称门生者，冀再见尔，今不可得矣。"于是设位，北面再拜，始称门生。以钱绪山为证，刻两书于石以识之。后为辅臣夏贵溪所恶，逮系诏狱，逾年始出。狱中闲久静极，忽见此心真体，光明莹澈，万物皆备。乃喜曰："此未发之中也。守是不失，天下之理皆从此出矣。"于是始与来学立静坐法，使之归寂以通感，执体以应用。是时同门为良知之学者，以为"未发即在已发之中"，盖发而未尝发，故未发之功却在发上用，先天之功却在后天上用。他们都不赞成双江的说法。王龙谿、黄洛村、陈明水、邹东廓、刘两峰各致难端，钱绪山至谓："未发竟从何处觅。"只有罗念庵深相契合，谓："双江所言，真是霹雳手段，许多英雄瞒昧，被他一口道着，如康庄大道，更无可疑。"两峰晚乃信之，曰："双江之言是也。"双江曾把他们的反对论调总括为三端：

  疑予说者，大略有三：其一谓道不可须臾离也，今日动处无功，是离之也；其一谓道无分于动静也，今日工夫只是主静，是二之也；其一谓心事合一，仁体事而无不在，今日感应流行，着不得力，是脱略事为，类于禅悟也。(《寄王龙谿》)

这些反对论调虽自各方攻来，然而双江根据自己的切实体验，根据自己的得力处，坚决主张，断然不惑，他是振振有词的。他辩护自己的主张而反击他们道：

源泉者，江淮河汉之所从出也；然非江淮河汉，则亦无以见所谓源泉者。故浚源者，浚其江淮河汉所从出之源，非以江淮河汉为源而浚之也。根本者，枝叶花实之所从出也。培根者，培其枝叶花实所从出之根，非以枝叶花实为根而培之也。今不致感应变化所从出之知，而即感应变化之知而致之，是求日月于容光必照之处，而遗其悬象著明之大也。（《答许玉林》）

心无定体之说，谓心不在内也，百体皆心也，万感皆心也。亦尝以是说而求之，譬之追风逐电，瞬息万变，茫然无所措手，徒以乱吾之衷也。（同上）

夫无时不寂、无时不感者，心之体也。感惟其时，而主之以寂者，学问之功也。故谓寂感有二时者，非也。谓工夫无分于寂感，而不知归寂以主夫感者，又岂得为是哉？（《答东廓》）

感上求寂，和上求中，事上求止，万上求一，只因格物之误，蔓延至此。（《答邹西渠》）

子思以后，无人识中字。随事随时，讨求是当，谓是为中而执之，何啻千里？明道云："不睹不闻便是未发之中。"不闻曰隐，不睹曰微，隐微曰独。独也者，天地之根，人之命也。学问只有此处，人生只有这件，故曰天下之大本也。慎独便是致中，中立而和生焉，天下之能事毕矣。（《答应容庵》）

龟山一派，每言"静中体认"，又言"平日涵养"。只此四字，便见吾儒真下手处。考亭之悔，以误认此心作已发，尤明白直指。（《困辨录》）

或问:"周子言静,而程子多言敬,有以异乎?"曰:"均之为寡欲也。周曰'无欲故静',程曰'主一之谓敬'。一者,无欲也。然由无欲入者,有所持循,久则内外斋庄,自无不静。若入头便主静,惟上根者能之。盖天资明健,合下便见本体,亦甚省力。而其弊也,或至厌弃事物,赚入别样蹊径。是在学者顾其天资力量,而慎择所由也。近世学者猖狂自恣,往往以主静为禅学,主敬为迂学,哀哉!"(同上)

看这些话可知双江立论之大概。他确乎把握住一个枢机,对于致良知别有会心,故言之真切如此。本来未发已发问题是宋明道学界一大公案。自从周濂溪有主静立极之说,后来程子以"静"字稍偏,恐易生流弊,乃改用一"敬"字。但程门诸子即已发生分歧,最明显的如:李延平继承杨龟山、罗豫章的传统,默坐澄心,体验喜怒哀乐未发以前气象,是专走未发一路;同时胡五峰有"察识端倪"之说,是专走已发一路。朱子虽早从延平,但于未发一着,并未得力。及遇张南轩,得闻五峰之学,对于"察识端倪"之说倒切实体会一番。但不久他感觉"急迫浮露""无深潜纯一之味""浩浩茫茫,无下手处",乃复归于延平。几经反复,乃又觉得还是只有程子妥当,延平之说终嫌稍偏。所以最后仍提出"敬"字作主脑,静时存养,动时省察,未发已发,双方兼顾。这场公案一时总算解决了。但朱子是二元论者,他的解决方法终不能融洽无间。及阳明提出个致良知,"良知之前,更无未发;良知之后,更无已发",真可谓一了百当。然而他的门下又起分化了。双江以归寂为宗,专走未发一路,认已发无工夫可用；和他的许多同门，专走已发一路，而认未发上无工夫可用者，恰相对立。他所指摘当时已发派的毛病，和朱子所指"察识端倪"的毛病，也正相类似。他不把致良知的"致"字当作依照良知做去的意思，而当作一种收摄凝聚的工夫。愈收摄就是愈推致。这虽和阳明南京以前所走路径相合，但于致良知的口诀显然有所转手，所以才遭受同门的环攻。但是他有实在工夫，确乎能挽救左派猖狂之病，所以后来讲王学的很推重他。这种情形到罗念庵就更明显了。

罗念庵，名洪先，字达夫，生于孝宗弘治十七年（1504），卒于世宗嘉靖四十三年（1564），寿六十一岁。他是后来学者所公认为最能继承阳明之一人。然而他并没有见过阳明。当阳明《年谱》编定时，绪山语他道："子于师门，不称门生而称后学者，以师存日未得及门委贽也。子谓古今门人之称，其义止于及门委贽乎？子年十四时，欲见师于赣，父母不听，则及门者其素志也。今学其学者三纪于兹矣。非徒得其门，所谓升堂入室者，子且无歉焉，于门人乎何有？"谱中改称门人，绪山、龙豀证之也。念庵以濂溪"无欲故静"之旨为圣学嫡传。其于同门诸子，最心契双江。是时王门学者，除双江外，大概都说："知善知恶，即是良知；依此行之，即是致知。"念庵不以为然，对于"现成良知"之说力加反对。其言曰：

> 往年见谈学者皆曰："知善知恶，即是良知；依此行之，即是致知。"子尝从此用力，竟无所入，久而后悔之。（《甲寅夏游记》）

> 良知固出于禀受之自然而未尝泯灭，然欲得流行发

现如孩提之时，必有致之之功。非经枯槁寂寞之后，一切退听而天理炯然，未易及此。阳明之龙场是也。学者舍龙场之惩创，而谈晚年之熟化，譬之趋万里者，不能蹈险出幽，而欲从容于九达之逵，岂止躐等而已哉？(《寄谢高泉》)

从前为"良知时时见在"一句误却，欠缺培养一段工夫。培养原属收敛翕聚。甲辰夏，因静坐十日，恍恍见得，又被龙谿"诸君"一句转了。……阳明拈出良知，上面添一"致"字，便是扩养之意。……今却尽以知觉发用处为良知，至又易"致"字为"依"字，则是只有发用无生聚矣。(《与尹道舆》)

良知二字，乃阳明先生一生经验而后得之。……当时迁就初学，令易入，不免指见在发用以为左券。至于自得，固未可以草草谬承。而因仍其说者，类借口实，使人猖狂自恣，则失之又远。(《寄张须野》)

他强调地讲那个"致"字。收摄凝聚，正是致良知的实功。必须从静中培养多少年，到枯槁寂寞，一切放下之后，然后良知的真面目炯然呈露。这样历程，阳明本人也是经过的。至于愚夫愚妇乍隐乍现的一点灵明，借以指点启发则可，若果然圣愚同视，专凭当下知觉信手做去，不下一种收摄凝聚的工夫，实实"致"它一番，终将流入猖狂一路，阳明当日并不如此。他学阳明是根据自己亲身所体验，以与阳明一生整个进学历程相对证，并不拘泥阳明的口诀，他讥斥那班专以师说压倒人的道：

阳明公门下争"知"字如敬师讳，不容人谈破。（《读双江致知议略》）

他认定解决自己性命问题要紧，不应该专在话头上拈弄。他说：

吾辈一个性命，千疮百孔，医治不暇，何得有许多为人说长道短耶？弟愿老兄将精一还尧、舜，感应还孔子，良知还阳明，无生还佛。直将当下胸中粘带，设计断除；眼前纷纭，设计平妥；原来性命，设计恢复。益于我者取之，而非徇其言也；害于我者违之，而非徒以言也。（《答何善山》）

他这样真切为性命，所以最注意工夫，而反对人空言本体。他说：

终日谈本体，不说工夫；才拈工夫，便指为外道，恐阳明先生复生，亦当攒眉也。（《寄王龙谿》）

自来圣贤论学，未有不犯手做一言。未有学而不由做者，惟佛家则立跻圣位。此龙谿极误人处。（《读双江致知议略》）

念庵和龙谿切磋处最多，其议论大部分都是为救龙谿之弊而发。但实际上龙谿尚不象泰州派那样撒手自在，他也自有他的工夫。请看他说：

吾人包裹障重，世情窠臼，不易出头。以世界论之，是千百年习染；以人身论之，是半生倚靠。见在种种行持点检，只在世情上寻得一件极好事业来做，终是看人口眼。若是超出世情汉子，必须从浑沌里立定根基，将一种好心肠彻底洗涤令干净，枝叶愈枯，灵根愈固。从此生天，生地，生人，生物，方是大生，方是生生不息真种子，今去此尚远也。(《与念庵书》见念庵《冬游记》)

先师自谓："良知二字，是吾从万死一生中体悟出来，多少积累在。但恐学者见太容易，不肯实致其良知，反把黄金作顽铁用耳。"先师在留都时，曾有人传谤书，见之不觉心动，移时始化。因谓终是名根消煞未尽，譬之浊水澄清，终有浊在。余尝请向平藩事。先师云："在当时只合如此做，觉来尚有微动于气所在。使今日处之，更自不同。"夫良知之学，先师所自悟，而其煎销习心习气，积累保任工夫，又如此其密。吾党今日未免傍人门户，从言说知解承接过来，而其煎销积累保任工夫，又如此其疏。徒欲以区区虚见，影响缘饰，以望此学之明。譬如不务覆卵而即望其时夜，不务养珠而即望其飞跃，不务煦育胎元而即望其脱胎神化，益见其难也已。(《滁阳会语》)

看这些话简直和念庵如出一口。龙谿也深悉阳明进学的历程、用功的节次，知道良知一字不是容易得来。他也认为必须彻底煎销习心习气，从枯槁寂寞中培养生生不息的真种子。但他和念庵毕竟不同。他的煎销保任工夫，只在日常生活中。随处用力，无分动静。即发用，即收敛，即工夫，即本体。良知透出一分，就实"致"一分，愈"致"愈明，自然日有进境。依良知而行就是致良知，并不是另外还有"致"的工夫也。念庵却不是这样看法。他断然归宗于主静。如云：

致良知者，致吾心之虚静而寂焉，以出吾之是非；非逐感应以求其是非，使人扰扰外驰，而无所于归以为学也。夫知，其发也；知而良，则其未发，所谓虚静而寂焉者也。吾能虚静而寂。虽言不及感，亦可也。(《双江七十序》)

今之言良知者，恶闻静之一言，以为良知该动静、合内外，主于静焉，偏矣。此恐执言而未尽其意也。夫良知该动静、合内外，其统体也、吾之主静，所以致之。盖言学也，学必有所由而入，未有入室而不由户者。苟入矣，虽谓良知本静亦可也，虽谓致知为慎动亦可也。吾不能复无极之真者，孰为之乎？盖动而后有不善，有欲而后有动，动于欲而后有学。学者，学其未动焉者也。学其未动而动斯善矣，动无动矣。(《答董蓉山》)

周子所谓主静者，乃无极以来真脉络。其自注云：无欲故静。是一切染不得，一切动不得。庄生所言混沌者近之。故能为立极种子。非就识情中认得个幽闲暇逸者，便可替代为此物也。指其立极处，与天地合德，则发育不穷；与日月合明，则照应不遗；与四时合序，则错行不忒；与鬼神合吉凶，则感应不爽。修此而忘安排，故谓之吉。悖此而费劳攘，故谓之凶。若识认幽闲暇逸以为主静，便与野狐禅相似，便是有欲。一切享用玩弄安顿便宜，厌忽纵驰，隐忍狼狈之弊，纷然潜入，而不自觉。即使孤介清洁，自守一隅，亦不免于偏听独任，不足以倡率防检，以济天下之务，其与未知学者何异也。(《答门人》)

《传习录》有曰："无善无恶者理之静，有善有恶者气之动。不动于气即无善无恶，是谓至善。"夫至善者，非良乎？今之言良知者，一切以知觉簸弄，终日精神随知流转，无复有凝聚纯一之时，此岂所谓不失赤子之心者乎？恐阳明公复出，不能不矫前言而易之以他辞也。洛村尝问："独知时有念否？"公答以"戒惧亦是念。戒惧之念，无时可息；自朝至暮，自少至老，更无无念之时"。盖指用功而言，亦即所谓不失赤子之心，非浮漫流转之谓也。今之学者，误相援引，便谓一切凡心，俱谓是念，实以遂其放纵恣肆之习。执事所见虽高，然大要以心属感，似与此辈微觉相类。自未闻良知之说以前，诸公之学颇多得力。自良知之说盛行，今二十余年矣。后之得力，较先进似或不勇。此岂无故耶？"(《答陈明水》)

他对于主静一脉确有心得，确具正解，疑似之辨极精。他甚至议论到阳明的口诀上。龙谿曾说过："致良知三字，及门者谁不闻，惟我信得及。"念庵这种见解，若照龙谿看来，也就算对于致良

知信不及了。然而从念庵看来,龙谿只是空谈,其所谓工夫简直不算工夫。如云:

> 龙谿之学,久知其详,不俟今日。然其讲工夫,又却是无工夫可用,故谓之"以良知致良知"。……大抵本之佛氏。……直是与吾儒"兢兢业业,必有事"一段绝不相蒙……(《与聂双江》)

念庵的主静,本是一种戒慎恐惧、提撕警觉的工夫,所谓"尧舜兢业过一生"者,所以最不满意于龙谿的放荡。然而龙谿却也疑惑他枯寂。他曾经在石莲洞静修,默坐半榻间,不出户者三年。龙谿访他于松原,问他行持比前何似,本想加以匡正,但他回答道:

> 往年尚多断续,近来无有杂念。杂念渐少。即感应处便自顺适。即如均赋一事,从六月至今半年,终日纷纷。未尝敢厌倦,未尝敢执着,未尝敢放纵,未尝敢张皇,惟恐一人不得其所。一切杂念不入,亦不见动静境,自谓此即是静定工夫,非纽定默坐时是静,到动应时便无着静处也。(《松原志晤》)

这是他主静真得力处,龙谿也只有嗟叹而去。本来龙谿也未尝不静坐,未尝不说"静处体玩也好",只是不把它当作少不了的主要工夫而已。念庵加强提出主静作把柄,这是他和龙谿毫发千里的地方。一个说:只要见得良知本体,静也好,动也好;一个说:非主静则良知无从致。两人所争只在这一点。然而念庵又说：

> 夫心一而已。自其不出位而言，谓之寂，位有常尊，非守内之谓也。自其常通微而言，谓之感，发微而通，非逐外之谓也。寂非守内，故未可言处，以其能感故也，绝感之寂，寂非真寂矣。感非逐外，故未可言时，以其本寂故也，离寂之感，寂非正感矣。此乃同出而异名，吾心之本然也。寂者一，感者不一。是故有动，有静；有作，有止。人知动作之为感矣，不知静与动、止与作之异者境也，而在吾心，未尝随境异也。随境有异，是离寂之感矣。感而至于酬酢万变，不可胜穷，而皆不外乎通微，是乃所谓几也。故酬酢万变而于寂者，未尝有碍。非不碍也，吾有所主故也。苟无所主，则亦驰逐而不返矣。声臭俱泯，而于感者未尝有息，非不息也，吾无所倚故也。苟有所倚，则亦胶固而不通矣。此所谓收摄保聚之功，君子知几之学也。学者自信于此，灼然不移，即谓之守寂可也，谓之妙感亦可也；即谓之主静可也，谓之慎动亦可也。此岂言说之可定哉？……使于真寂端倪果能察识，随动随静，无有出入，不与世界物事相对待，不倚自己知见作主宰，不着道理名目生证解，不藉言语发挥添精神，则收摄保聚之功，自有准则。明道云："识得仁体，以诚敬存之，不须防检穷索，必有事而勿正，心勿忘，勿助长，未尝致纤毫之力。"此其存之之道，固其准则也。(《甲寅夏游记》)

这段话讲得最精密，最圆融，比之双江似乎又进一步，可算是念庵的晚年定论。龙谿听罢，也笑着说："兄已见破到此，弟复何言。"似乎他们的意见已归一致了。黄梨洲谓念庵之学："始致力于践履，中归摄于寂静，晚彻悟于仁体。"在第二个阶段上，他对于双江《困辨录》中的意见完全一致。到第三阶段上，就稍有差别了。他在《读〈困辨录〉抄序》上说："余始手笺是录，以为字字句句无一弗当于心；自今观之，亦稍有辨矣。"看他下文批评双江的地方，正和方所引《甲寅夏游记》中的话相契合；而这段话最后归结于明道的《识仁篇》，也许正是梨洲所谓"晚彻悟于仁体"的根据。前引诸段，亦与这段话很相类似的，或系同时期之言，此处未暇详考，总之，这些话都是周、程以降相传的微旨，无论阳明、龙谿、念庵都没有根本的异见，然而念庵终不肯苟同于龙谿者，特谓其认知觉情识为良知，遂至猖狂无忌惮耳。说到这里，我想起阳明进学的历程：

……自此之后，尽去枝叶，一意本原，以默坐澄心为学的。有未发之中，始能有发而中节之和。视听言动，大率以收敛为主，发散是不得已。江右以后，专提"致良知"三字。默不假坐，心不待澄，不习不虑，出之自有天则。盖良知即是未发之中，此知之前更无未发；良知即是中节之和，此知之后更无已发。此知自能收敛，不须更主于收敛；此知自能发散；不须更期于发散。收敛者，感之体，静而动也；发散者，寂之用，动而静也。知之真切笃实处即是行，行之明觉精察处即是知，无有二也。居越以后，所操益熟，所得益化。时时知是知非，

时时无是无非。开口即得本心,更无假借凑泊。如赤日当空而万象毕照。是学成之后,又有此三变也。(《明儒学案》卷十)

这第一变分明就是后来双江、念庵所走路径,而前引念庵《甲寅夏游记》中那段话已庶几达到第二变。这第二变乃是王门普通口诀,龙豀讲得格外明朗。至龙豀四无之说,则庶几乎第三变了。照这样说,岂不是龙豀远非念庵所能及么？这倒不然。他们的高低,是不容轻易判定的。念庵有言"善学者竭力为上,解悟次之,听言为下",龙豀是个"狂者",全凭"解悟",并非"竭力"实造其境。若念庵,却是个脚踏实地的人。他殊不喜欢唱高调,不象左派诸人那样张皇。他觉得左派诸人"承领本体太易",也确乎能指出他们的症结所在后来对于王学的各种修正意见,大概都是从这里发展出来的。

王塘南名时槐,生于嘉靖元年(1522),卒于万历三十三年(1605),寿八十四岁。弱冠师事同邑刘两峰,刻意为学。仕而求贤于四方之言学者,未之或怠,终不敢自以为得。五十罢官,屏绝外务,反躬密体,如是三年,有见于空寂之体。又十年,渐悟生生真机,无有停息,不从念虑起灭,学徒收敛而入,方能入微。故以透性为宗,研几为要。大体近念庵,而辨析磨勘,别出手眼,亦右派中之杰出者也。其言曰：

弟昔年自探本穷源起手,诚不无执恋枯寂。然执之之极,真机自生,所谓"与万物同体"者,亦盎然出之,有不容已者。非学有转换,殆如腊尽阳回,不自

知其然也。兄之学本从"与物同体"入手，此中最宜精研。若未能入微，则亦不无笼统漫过、随情流转之病。(《与萧兑嵎》)

萧兑嵎不详其来历，但从塘南这段话可看出右派和左派不同地方。右派诸人自双江、念庵以至塘南，都是从枯槁寂寞中打熬出来的。左派诸人却没有过这种刻苦工夫，而直下承当，一出手就热烘烘地向万物一体处尽量发挥。在右派看来，这实在是"承领本体太易"，他们本源尚未清，真性尚未透，金银铜铁，混在一起，都只是"笼统漫过、随情流转"罢了。其流弊所极，当有如塘南所说：

学者以任情为率性，以媚世为与物同体，以破戒为不好名，以不事检束为孔、颜乐地，以虚见为超悟，以无所用耻为不动心，以放其心而不求为未尝致纤毫之力者多矣，可叹哉！(《三益轩会语》)

后来东林派就是用这些话攻击王学末流的。塘南认定学虽无分于动静，而必须从静入手。如云：

学无分于动静者也。特以初学之士，纷扰日久，本心真机尽汩没蒙蔽于尘埃中，是以先觉立教，欲人于初下手时，暂省外事，稍息尘缘，于静坐中默识自心真面目。久之，邪障彻而灵光露，静固如是，动亦如是。到此时，终日应事接物，周旋于人情事变中而不舍，与静

坐体无二，此定静之所以先于能虑也。岂谓终身灭伦绝物，块然枯坐，徒守顽空冷静以为究竟哉！（《答周守南》）

这些话和双江、念庵意思一样，而说得格外平易。他对于良知有个独到的解释：

知者，先天之发窍也。谓之发窍，则已属后天矣。虽属后天，而形气不足以干之。故知之一字，内不倚于空寂，外不堕于形气，此孔门之所谓中也。（《答朱易庵》）

性者，先天之理。知属发窍，是先天之子，后天之母也。此知在体用之间。若知前求体则着空，知后求用则逐物。知前更无未发，知后更无已发，合下一齐俱了，更无二功，故曰独。独者，无对也。（《答萧勿庵》）

生机者，天地万物之所从出，不属有无，不分体用。此几以前，更无未发，此几以后，更无已发。若谓生机以前，更有无生之本体，便落二见。……知者，意之体，非意之外有知也；物者，意之用，非意之外有物也。但举意之一字，则寂感体用悉具矣。意非念虑起灭之谓也，是生机之动而未形，有无之间也。独即意之入微，非有二也，意本生生。惟造化之机，不充则不能生。故学贵从收敛入，收敛即为慎独。此凝道之枢要也。（《与贺汝定》）

他从未发已发间把握住一个"窍"，就在这"窍"上，收摄凝聚，即此便是"知几",便是"慎独",便是"诚意",便是"致良知",一了百当。这些地方,虽然根本精神上仍是念庵一路,但立论已有微异。他更明显地说:

> 舍发而别求未发,恐无是理。既曰戒慎,曰恐惧,非发而何?但今人将发字看得粗了,故以澄然无念时为未发。不知澄然无念正是发也。(《答钱启新》)
>
> "致良知"一语,惜阳明发此于晚年,未及与学者深究其旨。先生没后,学者大率以情识为良知,是以见诸行事,殊不得力。罗念庵乃举未发以究其弊,然似未免于头上安头。夫所谓良知者,即本心不虑之真明,原自寂然,不属分别者也。此外岂更有未发耶?(《三益轩会语》)

可见塘南对于未发已发的看法实不尽同于念庵,大足以折衷江右于浙中两派而解其纷。他辨析名理极精,如云:

> 断续可以言念,不可言意;生机可以言意,不可以言心;虚明可以言心,不可以言性。至于性,则不容言矣。(《三益轩会语》)
>
> 澄潭之水,固发也;山下源泉,亦发也;水之性,乃未发也。离水而求水性,曰支;即水以为性,曰混;以水与性为二物,曰歧。惟时时冥念,研精入微,固道之所存也。(《答钱启新》)

这些地方真讲得剔透玲珑，头头是道。又说：

> 盈宇宙间，一气也。即使天地混沌，人物消尽，只一空虚，亦属气耳。此至真之气，本无终始，不可以先后天言。故曰"一阴一阳之谓道"。若谓别有先天在形气之外，不知此理安顿何处。通乎此，则知洒扫应对便是形而上者。(《与贺汝定》)

他很明澈地反对理气二元论。至于讲悟性、知几、慎独……许多精彩议论，我们不能一一阐述，总之，后来刘蕺山的许多说法，在塘南言论里早有发见了。

第三章 所谓狂禅派

当万历以后，有一种似儒非儒、似禅非禅的"狂禅"运动风靡时。这个运动以李卓吾为中心，上溯至泰州派下的颜、何一系，而其流波及于明末的一班文人。他们的特色是"狂"，旁人骂他们"狂"，而他们也以"狂"自居。本来当年阳明就自命为"狂者"。如《传习录》载：

> 薛尚谦、邹谦之、马子莘、王汝止侍坐，因叹先生自征宁藩以来，天下谤议益日众，请各言其故。有言先生功业势位日隆，天下忌之者众；有言先生之学日明，故为宋儒争是非者亦日博；有言先生自南都以后，同志信从者日集，而四方排阻者日益力。先生曰："诸君之言，信皆有之。但吾一段自知处，诸君未道及耳。"诸友请问。先生曰："我在南都以前，尚有些子乡愿的意思在。我今信得这良知真是真非，信手行去，更不着些覆藏。我今才做得个'狂者'的胸次，使天下之人都说我'行不掩言'也罢。"薛尚谦出，曰："信得此过，方是圣贤的血脉。"

由此可知"狂"正是王学的本色。不过阳明究竟还不甚"狂"，后来左派就专从这一路发展了。龙谿极力辨别狂狷与乡愿，对于"狂者"大为赞扬。如云：

> 孔子不得中行，而思及于狂，又思及于狷。若乡愿则恶绝之甚，则以为德之贼。……狂者之意，只是要做圣人，其行有不掩，虽是受病处，然其心事光明超脱，不作些子盖藏回护，亦便是得力处。若能克念，时时严密得来，即为中行矣。狷者虽能谨守，未办得必做圣人之志。以其知耻不苟，可使激发开展以入于道，故圣人思之。若夫乡愿，不狂不狷，初间亦是要学圣人。只管学成彀套，居之行之，象了圣人忠信廉洁，同流合污，不与世间立异，象了圣人混俗包荒。圣人则善者好之，不善者恶之，尚有可非可刺，乡愿之善既足以媚君子，好合同处又足以媚小人，比之圣人更觉完全无破绽。譬如紫色之夺朱，郑声之乱雅，更觉光彩艳丽。苟非心灵开霁，天聪明之尽者，无以发其神奸之所由伏也。……自圣学不明，世鲜中行，不狂不狷之习沦浃人之心髓。吾人学圣人者，不从精神命脉寻讨根究，只管取皮毛支节，趋避形迹，免于非刺，以求媚于世，方且傲然自以为是，陷于乡愿之似而不知，其亦可哀也已！（《与梅纯甫问答》）

> 夫狂者志存尚以，广节而疏目，旨高而韵远，不屑弥缝格套以求容于世。其不掩处虽是狂者之过，亦其心事光明特达，略无回护盖藏之态，可几于道。天下之过，与天下共改之，吾何容心焉。若能克念，则可以进

于中行,此孔子所以致思也。(《与阳和张子问答》)

他看世儒依照圣贤榜样、道理格式,专去陪奉旁人颜色行事,完全是一种乡愿学问,所以明显提倡狂者一路以矫其弊。张元忭称他道:

> 宁为阔略不掩之狂士,毋宁为完全无毁之好人;宁为一世之嚚嚚,毋宁一世之翕翕。(《龙谿墓志》引)

唐荆川称他道:

> 笃于自信,不为形迹之防,包荒为大,无净秽之择。(《明儒学案》引)

这是龙谿的狂者作风。至于心斋,连阳明也觉得他"意气太高,行事太奇",而加以裁抑,其"狂"更不用说了。然而他们究竟还都是名教中人。没有大越普通儒者的矩矱,没有干脆成为"狂禅"。直到颜、何一派,情形便不同了。他们已经真成为"狂禅",而为李卓吾的先驱了。兹分述其学行大略如后:

(一) 颜山农

山农名钧,吉安人。尝师事刘师泉,无所得。乃从徐波石学,得泰州之传。尚游侠,好急人之难。赵大洲赴贬所,山农偕之行。徐波石战死沅江府,山农寻其骸骨归葬。颇欲有为于世,以寄民胞物与之志。然世人见其张皇,无贤不肖皆恶之。以他事下南京狱，必欲杀之。近溪为之营救，不赴廷对者六年。近溪谓周恭节曰："山农与相处三十余年，其心髓精微，决难伪饰。不肖敢谓其学直接孔孟，俟诸后圣，断断不惑。不肖菲劣，已蒙门下知遇，又敢窃谓门下，虽知百近溪，不如今日一察山农子也。"山农以戍出，年八十余。

山农之学，大致谓：人心妙万物而不测者也。性如明珠，原无尘染，有何睹闻？着何戒慎？平时只是率性所行，纯任自然，便谓之道。及时有放逸，然后戒慎恐惧以修之。凡儒先见闻，道理格式，皆足以障道。其立说详情现在虽无从考究，但即就此所述大旨看来，已可知山农将传统、道理格套尽与扫除，即戒慎恐惧工夫亦抛置一旁。勇往直前，放手做去。触世纲，犯众怒。其张皇气象，游侠精神，已显然非名教所能羁绊了。

（二）何心隐

心隐本姓梁，名汝元，字夫山，后改姓名为何心隐。吉州永丰人。少补诸生，从学于山农，与闻心斋立本之旨。时吉州三四大老，方以学显，心隐恃其知见，辄狎侮之。谓大学先齐家，乃构萃和堂以合族、身理一族之政，冠婚丧祭赋役，一切通其有无，行之有成。会邑令有赋外之征，心隐贻书以诮之。令怒，诬之当道，下狱中。孝感程后台在胡总制幕府，檄江抚出之。总制得心隐，语人曰："斯人无所用，在左右能令人神王耳。"已同后台入京师，与罗近溪、耿天台游。一日，遇江陵于僧舍。江陵时为司业。心隐率尔曰："公居太学，知大学道乎？"江陵为勿闻也者，目摄之曰："尔意时时欲飞，却飞不起也。"江陵去，心隐嗒然若丧，曰："夫夫也，异日必当国，当国必杀我。"心隐在京师，辟各门会馆，招来四方之士。方技杂流，无不从之。是时政由严氏，忠臣坐死者相望，卒莫能动。有蓝道行者，以乩术幸上。心隐授以密计，侦知嵩有揭帖，乩神降语，今日当有一奸臣言事。上方迟之，而嵩揭至，上由此疑嵩。御史邹应龙因论嵩败之。然上犹不忘嵩，寻死道行于狱。心隐踉跄南过金陵，谒何司寇。司寇者，故为江抚，脱心隐于狱者也。然而严党，遂为严氏仇心隐。心隐逸去，从此踪迹不常，所游半天下。江陵当国，御史傅应祯、刘台连疏攻之，皆吉安人也，江陵因仇吉安人。而心隐故尝以术去宰相，江陵不能无心动。心隐方在孝感聚徒讲学，遂令楚抚陈瑞捕之，未获而瑞去。王之垣代之，卒致之。心隐曰："公安敢杀我？亦安能杀我？杀我者，张居正也。"遂死狱中。

心隐之学，不坠影响。有是理则实有是事。无声无臭，事藏于理；有象有形，形象于事。所以他说：

>　　无极者，流之无君父者也，必皇建其有极，乃有君而有父也。必会极，必归极，乃有敬敬以君君也，乃有亲亲以父父也。又必《易》有太极，乃不堕于弑君弑父，乃不流于无君无父，乃乾坤其君臣也，乾坤其父子也。
>
>　　孔子之言无欲，非濂溪之言无欲也。欲惟寡则心存，而心不能以无欲也。欲鱼、欲熊掌，欲也；舍鱼而取熊掌，欲之寡也。欲生、欲义，欲也；舍生而取义，欲之寡也。欲仁非欲乎？得仁而不贪，非寡欲乎？从心所欲，非欲乎？欲不逾矩，非寡欲乎？

他反对无极，反对无欲，明白指斥濂溪，打破传统的道学旧套，其骏快处直接近后来的陈乾初、潘用微、颜习斋，然而机权变诈，纵横无碍，为目的不择手段，绝不类普通儒者的面目了。

（三）邓豁渠

豁渠，初名鹤，号太湖，蜀之内江人。为诸生时不悦学。赵大洲为诸生谈圣学于东壁，渠为诸生讲举业于西序，朝夕声相闻，未尝过而问焉。已渐有入，卒抠衣为弟子。一旦弃家出游，遍访知学者，以为性命甚重，非拖泥带水可以成就，遂落发为僧。访李中溪元阳于大理，访邹东廓、刘师泉于江右，访王东崖于泰州，记蒋道林于武陵，访耿楚倥于黄安，与大洲不相闻者数十年。大洲起官，过卫辉，渠适在焉，出迎郊外。大洲望见，惊异下车，执手徒行数十里，彼此潸然流涕。大洲曰："误子者，余也。往余言学过高，致子于此，吾罪业重矣。向以子为死，罪恶莫赎。今尚在，亟归庐尔父墓侧终身可也。吾割田租百石赡子。"因书券给之。时有来大洲问学者，大洲乃令渠答之。大洲听其议论，大恚曰："吾藉是以试子近诣，乃荒谬至此。"大洲入京，渠复游齐鲁间，初无归志。大洲入相，乃来京候谒。大洲拒不见，属官蜀者携之归。至涿州，死野寺中。

渠自序为学云："己亥，礼师，闻良知之学。不解。入青城山，参禅十年。至戊申，入鸡足山，悟人情事变外，有个拟议不得妙理。当时不遇明师指点，不能豁然通晓。癸丑，抵天池，礼月泉，陈鸡足所悟。泉曰：'第二机即第一机。'渠遂认现前昭昭灵灵的，百姓日用不知，渠知之也。甲寅，庐山礼性空。戊午，居澧州八年，每觉无日新之益。入黄安，居楚倥茅屋。始达父母未生前的、先天地生的、水穷山尽的、百尺竿头外的，所谓不属有无，不属真妄，不属生灭，不属言语，常住真心，与后天事不相联属。向日鸡足所参人情事变的，豁然通晓。被月泉所误二十余年。丙寅以后，渠之学日渐幽深玄远。如今也没有我，也没有道，泛泛然如虚舟飘瓦而无着落。脱胎换骨，实在于此。"梨洲谓："渠学之误，只主见性，不拘戒律。先天是先天，后天是后天；第一义是第一义，第二义是第二义。身之与性，截然分为二事。言在世界外，行在世界内。人但议其纵情，不知其所谓先天第一义者，亦只得完一个无字而已。"看豁渠这样行径，真活画出一个"狂禅"样子。本来大洲对于禅学已经直认不讳，然而他却不"狂"。若豁渠则"狂"得连大洲也不能不骂他荒谬了。

（四）管东溟

东溟，名志道，字登之，苏之太仓人。江陵秉政，东溟时为刑部主事，上疏条九事，以讥切时政，出为广东佥事。后以老疾致仕。万历三十六年（1608）卒，寿七十三岁。

东溟受业于耿天台，著书数十万言，大抵鸠合儒释，浩汗而不可方物。顾泾阳曾与辩难，其往复书牍见于泾阳《证性编》卷五。《明儒学案》撮述其大旨道：

……谓："乾元无首之旨，与《华严》性海浑无差别，易道与天地准，故不期与佛、老之祖合而自合。孔教与二教峙，故不期与佛老之徒争而自争。教理不得不圆，教体不得不方。以仲尼之圆，圆宋儒之方，而使儒不碍释，释不碍儒。以仲尼之方，方近儒之圆，而使儒不滥释，释不滥儒。唐宋以来，儒者不主孔奴释，则崇释卑孔，皆于乾元性海中自起藩篱。故以乾元统天，一案两破之也。"其为孔子阐幽十事，言："孔子任文统，不任道统，一也；居臣道，不居师道，二也；删述六经，从游七十二子，非孔子定局，三也；与夷惠易地，则为夷惠，四也；孔子知天命，不专以理，兼通气运，五也；一贯尚属悟门，实之必以行门，六也；敦化通于性海，川流通于行海，七也；孔子曾师老聃，八也；孔子从先进，是黄帝以上，九也；孔子得位，必用桓、文做法，十也。"

这些话真算大胆，直可放到清末今文学家启蒙运动者，如康南海、谭浏阳诸人文集中。他打破儒术一尊的局面，极力抬高佛的地位。他把孔子看得很圆活，可以为夷惠，可以为黄老，可以为桓文。道德、刑名、权谋、术数，兼容并包，随机运用，可算是思想大解放。狂禅派的理论大纲，已具备于此了。

除以上诸人外，尚有方湛一、程后台、钱怀苏等，兹不具述。梨洲总论他们道：

龙豁之后，力量无过于龙豁者，又得江右为之救正，故不至十分决裂。泰州之后，其人多能赤手以搏龙蛇。传至颜山农、何心隐一派，遂复非名教之所能羁络矣。顾端文曰："心隐辈坐在利欲胶漆盆中，所以能鼓动得人，只缘他一种聪明，亦自有不可到处。"羲以为非其聪明，正其学术也。所谓祖师禅者，以作用见性。诸公掀翻天地，前不见有古人，后不见有来者。释氏一棒一喝，当机横行，放下拄杖，便如愚人一般。诸公赤身担当，无有放下时节，故其害如是。(《明儒学案》卷三十二)

梨洲把颜、何这般人的学术看作祖师禅一路。关于祖师禅的话，梨洲讲得很多，后面我们还要提到。总而言之，这是一种纵横无碍大活动的禅，也正可说是"狂禅"。这种狂禅运动到李卓吾算是发展到极端了。

李卓吾，名贽，泉州晋江人。生于嘉靖六年（1527），卒于万历三十年（1602），寿七十六岁。年十二，试《老农老圃论》，曰："吾时已知樊迟之问，在荷蓧丈人间。"及长，身七尺，目不苟视。虽至贫，辄时时助朋友之急。读传注，愦愦不省，不能契朱子深心。欲弃置不事，而闲甚，无以消岁月。乃叹曰："此直戏耳！但剽窃得滥目足矣，主司岂一一能通孔圣精蕴者耶？"既领乡荐，以道远，不再上公车，为共城校官。共城为宋李之才宦游地，有邵康节安乐窝，在苏门上百泉上。卓吾生于泉，泉为温陵禅师福地，故曾自号温陵居士。至是，日邀游百泉之上，曰："吾泉而生，又泉而官，泉于吾有夙缘矣。"因又自号百泉居士。后官礼部司务，曰："吾闻京师人士所都，盖将访而学焉。"人曰："子性太窄，苟闻道，当自宏阔。"卓吾曰："然。"遂又自命为宏父。初未知学道，或语之曰："公怖死否？"卓吾曰："死安得不怖？"曰："公既怖死，何不学道？学道所以免生死也。"卓吾曰："有是哉？"遂潜心道妙。久之，有所契，超然于语言文字之表。出为姚安知府，为政举大体，一切持简易，任自然，务以德化，不贾世俗能声。自治清苦，僚属、士民、胥吏、夷酋莫不向化。喜与衲子游，常住伽蓝判事。或坐堂上，置名僧其间，簿书有暇，即与参论玄虚。俸禄之外，了无长物。是时上官严刻，吏民多不安。卓吾曰："边方杂夷，法难尽执；仕于此者，携家万里而来，动以过失狼狈去，尤不可不念之。但有一长，即为贤者，岂容责备耶？"居三年，以病告，不许。遂入大理之鸡足山，阅《藏经》，不出。御史刘维奇其节，疏令致仕。初与黄安耿子庸善，既罢郡，不归家，曰："吾老矣。得一二胜友，终日晤言，以遣余日，何必故乡也。"遂客黄安。中年得数男，皆不育。体素癯，澹于声色，恶近妇人，故虽无子，不置婢妾。旋至麻城龙潭湖上，与僧无念、周友山、丘坦之、杨定见聚。闭门下键，日以读书为事。性爱扫地，数缚帚不给。衿裙浣洗，极其鲜洁；拂身拭面，有同水淫。不喜俗客。不获辞而至，但一交手，即令之远坐，嫌其气味。其欣赏者镇日言笑；意所不契，寂无一语。滑稽排调，冲口而发，既能解颐，亦可刺骨。所读者皆钞为善本，逐字雠校，肌擘理分，时出新意。其为文，不阡不陌，摅其胸中之独见。亦喜为书，每研墨伸纸，则解衣大叫，得意者瘦劲险绝，骨棱棱纸上。一日，头痒，倦于梳栉，遂剃其发，独存鬓须；去衣冠，即所居为禅院。居常与侍者论出家事曰："世间有三等人宜出家。其一，如庄周、梅福之徒，以生为我梏，形为我辱，智为我毒，灼然见身世如赘瘤，然不得不弃官隐者，一也。其一如严光、阮籍、陈抟、邵雍之徒，苟不得比于传说之遇高宗，太公之遇文王，管仲之遇桓公，孔明之遇先主，则宁隐勿出，亦其一也。又其一者，陶渊明是也。亦爱富贵，亦苦贫穷。

苦贫穷，故以乞食为耻，而曰叩门拙言辞；爱富贵，故求为彭泽令，然无奈其不肯折腰何，是以八十日便赋《归去》也，此又其也。"侍者进曰："先生于三者何居？"卓吾曰："卓哉庄周、梅福之见，我无是也。待知己之主而后出，必具盖世才，我亦无是也。其陶公乎？夫陶公清风被千古，余何人而敢云庶几焉？然其一念真实，不欲受世间管束，则偶与之同也。"卓吾喜接人，来问学者，无论缁白，披心酬对，风动黄、麻间。时有女人来听法，或言女人见短，不堪学道。卓吾曰："谓人有男女则可，谓见有男女岂可乎？且彼为法来者，男子不如也。"卓吾气概激昂，行复惊众，黄、麻间士大夫皆大噪，诋为左道惑众。因卓吾共彼中士女谈道，刻有《观音问》等书，忌者更以帷簿蜚语，思逐去之。卓吾笑曰："吾左道耶？即加冠可也。"遂服其旧服。于时左辖刘东星迎卓吾武昌，自后屡归屡游。刘晋川迎之泌水，梅中丞迎之云中，焦弱侯迎之秣陵，皆推尊为圣人。无何，复归麻城。又有以蜚语闻当事者。当事乃逐卓吾而火其兰若。御史马诚所常问卓吾易义，大服，事以师礼，奉之入黄檗山。壬寅，北游抵郊外极乐寺，馆于通州诚所家。忽蜚语传京师，谓卓吾著书丑诋四明沈相。沈相恨甚，踪迹无所得。礼垣都谏张诚宇乃疏劾之，遂逮下诏狱。逮者至，邸舍匆匆。卓吾力疾起，行数步，大声曰："是为我也。为我取门片来。"遂卧其上，疾呼曰："我罪人也，不宜留。"诚所愿从，曰："朝廷以先生为妖人，我藏妖人者，死则俱死耳，终不令先生往而己独留。"卒同行。明日，大金吾寔讯，侍者掖而入，卧于阶上。金吾曰："若何以妄著书？"卓吾曰："罪人著书甚多，具在于圣教有益无损。"大金吾笑其倔强。狱竟，无所寔辞，大略止回籍耳。久之，旨未下。卓吾于狱中作诗读书自如，当事亦未必遽欲之死也。一日，呼侍者剃发，遂持刀自割其喉，气不绝者两日，侍者问："和尚痛否？"以指书其手曰："不痛。"又曰："和尚何自割？"书曰："七十老翁何所求？"遂绝。诚所以事缓，归觐其父。至是，闻而伤之曰："吾护持不谨，以致于斯也。"乃葬其骸于通州北门外，为之大治冢墓，营佛刹焉。

卓吾所著有《焚书》《藏书》《说书》《九正易因》等书。其学不守绳墨，出入儒、佛之间，而大旨渊于姚江。他自称"不曾四拜受业一个人以为师"，而对于王学左派诸人备致推崇。尤其倾倒的是龙谿，其次则近溪。僧深有述他道：

忆公告某曰："我于南都，得见王先生者再，罗先生者一，及入滇，复于龙里得再见罗先生焉。"然此丁丑以前事也。自后无岁不读二先生之书，无日不谈二先生之学。使某听之，亲切而有味，详明而不可厌。使有善书者执管侍侧，当疾呼手腕脱矣，当不止十纸百纸，虽千纸且有余矣。（《罗近溪先生告文》）

卓吾于龙谿、近溪，这样的津津乐道，惟恐不得尽传其秘旨。在这篇告罗先生文中，表示满腔向往的热诚，说得娓娓动人。他称龙谿道：

圣代儒宗，人天法眼。白玉无瑕，黄金百炼。……虽生也晚，居非近，其所为凝眸而注神，倾心而悚听者，独先生而已。……我思古人，实未有如先生者也。

(《王龙谿先生告文》)

先生此书，前无往古，后无将来。后有学者，可以无复著书矣。(《龙谿先生文录抄序》)

龙谿先生全刻，千万记心遗我……世间讲学诸书，明快透髓，自古及今，未有如龙谿先生者。……盖近溪《语录》，须领悟者乃能观于言语之外，不然反加绳束。非如王先生字字皆解脱，既得者读之足以印心，未得者读之足以证入也。(《复焦弱侯》)

这真是心悦诚服，倾佩到极点，其所以未得列入龙谿门下者，只差一拜耳。他称泰州学派道：

当时阳明先生门徒遍天下，独有心斋为最英灵。心斋本一灶丁也，目不识丁。闻人读书，便自悟性。迳往江西，见王都堂，欲与之辩质所悟，此尚以朋友往也。后自知其不如，乃从而受业焉。故心斋亦得闻圣人之道。此其气骨为何如者！心斋之后为徐波石，为颜山农。山农以布衣讲学，雄视一世而遭横死；波石以布政使请兵督战而死广南。云龙风虎，然哉！盖心斋真英雄，故其徒亦英雄也。波石之后为赵大洲，大洲之后为邓豁渠；山农之后为罗近溪，为何心隐，心隐之后为钱怀苏，为程后台，一代高似一代。所谓大海不宿死尸，龙门不点破额，岂不信乎！心隐以布衣出头倡道而遭横死。近溪虽得免于难，然亦幸耳，卒以一官不见容于张太岳。盖英雄之士，不可免于世，而可以进于道。(《为

黄安上人大孝文一首》)

泰州派下这一大批人物,在普通儒者眼中简直是一群怪物,而卓吾却极口称赞他们是英雄,把他们写得生龙活虎一般。他有一篇《何心隐论》,称心隐为"上九之大人",极力替他申冤道:

> 今观其时,武昌上下,人几数万,无一人识公者,无不知公之为冤也。方其揭榜通衢,列公罪状,聚而观者,咸指其诬,至有嘘呼叱咤不欲观焉者,则当日之人心可知矣。由祁门而江西,又由江西而南安,而湖广,沿途三千余里,其不识公之面而知公之心者,三千余里皆然也。非惟得罪于张相者,有所憾于张相而云然,虽其深相信以为大有功于社稷者,亦犹然以此举为非是,而咸谓杀公以媚张相者之为非人也。则斯道之在人心,真如日月星辰之不可盖覆矣。

读此段可以想见何心隐一流人在当时声势之大,影响之深。卓吾学风和心隐很相近,对于他尤其是深表同情,故为之扼腕太息如此。气求声应,从卓吾上面许多言论看来,可知其与王学左派关系之深了。

卓吾思想最狂放,最敢发惊人的议论,如云:

> 成大功者必不顾后患,故功无不成。商君之于秦,吴起之于楚是矣。而儒者皆欲之。不知天下之大功,果可以顾后患之心成之否也,吾不得而知也。顾后患者必

不肯成天下之大功，庄周之徒是已。是以宁为曳尾之龟，而不肯受千金之聘；宁为濠上之乐，而不肯任楚国之忧。而儒者皆欲之，于是乎又有居朝廷则忧其民，处江湖则忧其君之论。不知天下果有两头马乎否也，吾又不得而知也。墨子之学术贵俭，虽天下以我为不拔一毛不恤也。商子之学术贵法，申子之学术贵术，韩非子之学兼贵法术，虽天下以我为残忍刻薄不恤也。曲逆之学术贵诈，仪秦之学术贵纵横，虽天下以我为反复无信不恤也。不惮五就之劳，以成夏、殷之绩，虽天下后世以我为事两主而兼利，割烹要而试功，立太甲而复反可也。此又伊尹之学术以任，而直谓之能忍诟焉者也。以至谯周、冯道诸老，宁受祭器归晋之谤，历事五季之耻，而不忍无辜之民日遭涂炭。要皆有一定之学术，非苟苟者。各周于用，总足办事。彼区区者欲选择其名实俱利者而兼之，得乎？此无他，名教累之也。以故瞻前虑后，左顾右盼。自己既无一定之学术，他日又安有必成之事功耶？而又好说"时中"之语以自文。又况依仿陈言，规迹往事，不敢出半步者哉？（《孔明为后主写申韩管子六韬》）

他竟敢说名教累人，竟敢贬斥儒家而推奖诸子，甚至连谯周、冯道，万世唾骂为无耻的老奸巨猾，他也竟替他们洗刷，表彰他们救民的苦心。他在《藏书》中，还称他们为"吏隐"。这真是不"以孔子之是非为是非"，一翻千古成案，可谓大胆已极，他又骂儒生道：

> 儒臣虽名为学，而实不知学。往往学步失故，践迹而不造其域，其实不可以治天下国家。自儒者以文学名为"儒"，故用武者遂以不文名为"武"，而文武从此分矣圣王之士也，居为后先疏附，出为奔走御侮，曷有也？惟夫子自以"尝学俎豆，不闻军旅"辞卫灵，遂为邯郸之妇所证据，千万世之儒皆为妇人矣，可不悲乎？使曾子、有子若在，必知夫子此语即"速贫速朽"之语，非定论也。呜呼！托名为儒，求治而反以乱；而使世之真才实学，大贤上圣，皆终身空室蓬户已也，则儒者之不可以治天下国家信矣。（《藏书·纪传总目后论》）

他反对儒生，只因他们没有用。他所要的是真才实学。只要有真才实学，黄、老也可，申、韩也可，苏、张也可，孙、吴也可，他们总都各有其用，不象"两头马"的儒家，欺世盗名，空谈无补。他有时候太忿激了，简直称赞起盗贼。《焚书》卷四《杂述·因记往事》中，借一个大盗林道乾大发议论道：

> 夫道乾横行海上三十余年矣。自浙江、南直隶以及广东、福建数省，近海之处，皆号称财赋之产，人物腴区者，连年遭其荼毒。攻城陷邑，杀戮官吏，朝廷为之旰食。除正刑都、总统诸文武大吏外，其发遣囚系，逮至道路而死者。又不知其几也，而林道乾固横行自若也。今幸圣明在上，刑罚得中，倭夷远遁，民人安枕，然道乾犹然无恙如故矣。称王称霸，众愿归之，不肯背离。其才识过人，胆气压乎群类，不言可知也。设使以

林道乾当郡守二千石之任，则虽海上再出一林道乾，亦决不敢肆；设以李卓老权替海上之林道乾，吾知此为郡守林道乾者可不数日而即擒杀李卓老，不用损一兵费一矢为也。又使卓老为郡守时，正当林道乾横行无忌之日，国家能保卓老决能以计诛擒林道乾，以扫清海上数十年之遗寇乎？此皆事之可见者，何可不自量也。

嗟乎！平居无事，只解打恭作揖，终日匡坐，同于泥塑，以为杂念不起，便是真实大圣大贤人矣。其稍学奸诈者，又挽入良知讲席，以阴博高官，一旦有警，则面面相觑，绝无人色，甚至互相推诿，以为能明哲。盖因国家专用此等辈，故临时无人可用。又弃置此等辈有才有胆有识者而不录，又从而弥缝禁锢之，以为必乱天下，则虽欲不作贼，其势自不可耳。设国家能用之为郡守令尹，又何止足当胜兵三十万人已耶？又设用之为虎臣武将，则阃外之事，可得专之，朝廷自然无四顾之忧矣。惟举世颠倒，故使豪杰抱不平之恨，英雄怀罔措之戚，直驱之使为盗也。

他极口称赞林道乾，以为胜过自己万万。他以为这等人有真本领，是真人才，而深惜国家不能收用，以致流为盗贼。他骂一般士大夫只会作揖打恭，骗取禄位，一点事情担当不了。他喜欢的是英雄豪杰，而不是木偶般的道学先生。他取人很宽，决不拘定一途。他尊重邓豁渠，同时却也尊重赵大洲；他尊重何心隐，同时却也尊重张江陵。他说：

吾谓赵老真圣人也，渠当终身依归，而奈何其遽舍之而远去耶？然要之各从所好，不可以我之意而必渠之同此意也。(《复邓石阳》)

　　如其迹，则渠老之不同于大老，亦犹大老之不同于心老，心老之不同于阳明老也。若其人，则安有数老之别哉？(《又答石阳太守》)

豁渠和大洲如上文所述，分明是两样行径。此是则彼非，此非则彼是，似乎不能并立。但卓吾两称之，以为尽不妨各从所好，后贤与前贤，弟子与师，是不必相袭的。这样论人已经是很宽大，很活动，不象一般道学家把世界上人都要限定在一条路上。尤其可以注意的是他称赞张江陵。江陵杀何心隐，本是他极痛心的事情，他所以和耿天台弄到绝交者，其根源实由于此。然而他对于江陵却极尊重。他说：

　　何公布衣之杰也，故有杀身之祸；江陵宰相之杰也，故有身后之辱。不论其败而论其成，不追其迹而原其心，不责其过而赏其功，则二老者皆吾师也。非与世之局琐取容，埋头顾影，窃取圣人之名，以自盖其贪位固宠之私者比也。(《答邓明府》)

江陵和心隐，都非俗流，都是豪杰，都可以奉为师表。江陵虽反对讲学，但其伟大不可及处不容因此而埋没，并且世俗一班讲学家也真太不成样子。关于心隐之死，卓吾颇为江陵出脱。他骂那班杀心隐以媚江陵者为非人，但那自是一班小人干的勾当；至于江陵本人，根本没有把心隐放在眼里，何尝必欲杀他呢？冤心隐而不恨江陵，公是公非，公好公恶，卓吾这种见识度量，殊非一般讲学家所能及。他对于江陵向慕不已。如云：

些小变态，便仓惶失措，大抵今古一局耳，今日真令人益思张江陵也。（《答陆思山》）

今惟无江陵其人，故西夏叛卒，至今负固。（《焚书·与友山》）

此语只可对死江陵与活温陵道耳。（同上）

他竟然要拉江陵为同志了。江陵曾说何心隐"尔意时时欲飞"，看卓吾这种张皇亢奋跃跃欲试的神情，亦正好以此语赠之。他很崇拜事功，所以称赞江陵，称赞管仲，斥董仲舒为章句腐儒，而反对其"正谊不谋利，明道不计功"之说。他昌言道：

天下曷尝有不计功谋利之人哉？若不是真实知其有利益于我，可以成吾之大功，则乌用正义明道为耶？（《贾谊》）

这是多么明白干脆的功利主义！然而尚不止此，他还大谈术数呢。他说：

汉文有汉文之术数也，汉高有汉高之术数也，二五帝伯又自有二五帝伯之术数也。以至六家九流，凡有所挟以成大功者，未尝不皆有真实一定之术数。惟儒者不

知，故不可以语治。(《晁错》)

卓吾、心隐这一流人，常被后儒骂为狂禅派。禅而大谈功利，大谈术数，好象是很奇怪的。但是我们须知禅也不止一种，他们所得力的不是枯槁寂灭的禅，而是大活动的禅；也就如梨洲所说，不是如来禅，而是祖师禅。当时儒释疆界，已被冲破，王学左派诸人，多走向祖师禅一路。如管东溟混合三教，汗漫不可方物，而却云："孔子得位，必用桓文做法。"从释老到杂霸，和卓吾所走正是一样路径。他们都是狂放不羁的人物。什么正学，什么异端，根本没有放在他们眼里。掀翻天地，当机横行。金银铜铁，揽成一团。这班人是不能以寻常尺度相绳的。卓吾《焚书·豫约篇》有"感慨平生"一条，缕缕自述其生平道际，只因"不受管束"之故，碰了许多钉子：

> ……余惟以不受管束之故，受此磨难，一生坎坷，将大地为墨难写尽也。为县博士，即与县令、提学触，为太学博士，即与祭酒、司业触；如秦，如陈，如潘，如吕，不而足矣。司礼曹务，即与高尚书、殷尚书、王侍郎、万侍郎尽触也。……最苦者为员外郎、不得尚书谢、大理董并汪意。谢无足言矣。汪与董皆正人，不宜与余抵。然彼二人者，皆急功名。清白未能过人，而自贤则十倍矣，余安得免触耶？又最苦而遇尚书赵。赵于道学有名，孰知道学益有名，而我之触益甚也。最后为郡守，即与巡抚王触，与守道骆触……

最后他落发出家了。然而就只为这落发一事又引起许多麻烦。这段文章写得委委曲曲，凄恻动人，最足表现他爱好自由、冲抉世网的精神，以文繁姑不具录。因为这种极端自由主义，极端发展个性主义，曾闹出一场笑话：

> 常志者，乃赵濲阳门下一书史。后出家，礼无念为师。龙湖卓吾悦其善书，以为侍者，常称其有志，数加赞叹鼓舞之，使抄《水浒传》。每见龙湖称说《水浒》诸人为豪杰，且以鲁智深为真修行，而笑不吃狗肉的诸长老为迂腐，一一作宝法会。初尚恂恂不觉。久之，与其侪伍有小忿，遂欲放火烧屋。龙湖闻之大骇，微数之。即叹曰："李老子不如五台山智证长老远矣。智证长老能容鲁智深，老子独不能容我乎？"时时欲学智深行径。龙湖性褊多嗔，见其如此，恨甚。乃令人往麻城招杨凤里至右辖处，乞一邮符，押送之归湖上。道中见邮卒牵马少迟，怒目大骂曰："汝有几颗头？"其可笑如此。后龙湖恶之甚，遂不能安于湖上，北走长安，竟流落不振以死。痴人前说不得梦，此其一征也。（《袁小修日记》卷之八）

卓吾借《水浒》说法，特别赞扬鲁智深。这是当然的，鲁智深恰好是一个"狂禅"的标本。谁知那位侍者受卓吾薰染了，真要学鲁智深了，这却使卓老也受不住了。主仆二人，狂态可掬。当时崇拜卓吾的，直把他当成圣人；反对卓吾的，却又把他看成洪水猛兽。总而言之，他不是个寻常人，他对于当时思想界有广泛而深刻的影响。邹颖泉《语录》载：

> 李卓吾倡为异说，破除名行，楚人从者甚众，风习为之一变。刘元卿问于先生曰："何近日从卓吾者之多也？"曰："人心谁不欲为圣贤，顾无奈圣贤碍手耳。今渠谓酒色财气，一切不碍菩提路。有此便宜事，谁不从之。"

这种批评虽说不一定全合真情，但卓吾这班狂禅派确乎是大开方便之门，绝不是循规蹈矩的。他们也确乎是把圣人这个名字便宜出卖，如罗近溪称颜山农为圣人，杨复所称罗近溪为圣人，卓吾称赵大洲为圣人，焦弱侯亦称卓吾"可坐圣人第二席"，真可谓"满街都是圣人"了。这种狂禅潮流影响一般文人，如公安派、竟陵派以至明清间许多名士才子，都走这一路，在文学史上形成一个特殊时代。他们都尊重个性，喜欢狂放，带浪漫色彩。他们都津津乐道卓吾和左派王学家的故事。如袁伯修述：

> 前辈为余言：阳明接人，每遇根性软弱者，则令其诣湛甘泉受学。甘泉自负阳明推己，欢然相得。其实阳明汰去砂砾，真寻真金耳。于时王龙谿妙年任侠，日日在酒肆博场中，阳明亟欲一会，不来也。阳明却日令门弟子六博投壶，歌呼饮酒。久之，密遣一弟子瞰龙谿所至酒家，与共赌。龙谿笑曰："腐儒亦能博乎？"曰："吾师门下，日日如此。"龙谿乃惊，求见阳明。一睹眉

宇，便称弟子矣。(《白苏斋类集》卷二十二）

这段故事，《明儒学案》卷十九《魏良器传》中亦曾讲到，并没有特别奇异地方。可是一到这位公安派文学家笔下，就全成一片禅机。这样讲法，实在使王学另变一副面目，把王学完全狂禅化了。

第四章　异军特起的张居正

正当王门后裔各树旗帜纷纷讲学时候，出来一位特异人物张居正。张居正是一位大政治家，这是谁都知道的。可是我们还应该知道，他的政治建树实以学术为根柢，在思想史上我们不能不给他一个特殊地位。

张居正字叔大，号太岳，谥文忠，江陵人。生于嘉靖四年（1525），卒于万历十年（1582），寿五十八岁。年二十三成进士，在翰林者七年，归田修养者六年。三十六岁复出，历任右春坊右中允、国子监司业、右谕德兼太子讲读、翰林院学士等官。四十二岁，初入内阁，兼掌部事，先后与徐阶、高拱、李春芳等共同辅佐穆宗者六年。神宗即位以后，进为首辅，独掌政权者十年。其为政，综核名实，信赏必罚，一时内安外攘，号称富强。自从梁任公将他列为中国六大政治家之一，近年来论述他的很多。但大概都是关于政治方面。兹专就其学术思想谈一谈：

本来江陵并不讲学，甚至毁书院，杀何心隐，和当时讲学家正立在敌对地位，所以他被人指为"不悦学"，而向来讲明代学术的也提不到他。但是实际上他自有一套学术。请看他说：

今人妄谓孤不喜讲学者，实为大诬。孤今所以上佐明主者，何有一语一事背于尧、舜、周、孔之道？但孤

> 所为皆欲身体力行，以是虚谈者无容耳。(《答宪长周友山讲学》)
>
> 夫学乃吾人本分内事，不可须臾离者。言喜道学者妄也，言不喜者亦妄也，于中横计去取，言不宜有不喜道学者之名，又妄之妄也。以指喻指之非指，不若以非指喻指之非指也；以马喻马之非马，不若以非马喻马之非马也。言不宜不喜道学之为学，不若离是非，绝取舍，而直认本真之为学也。孔子自言不如己之好学。三千之徒，日闻其论说，而独以好学归之颜子。今不穀亦妄自称曰："凡今之人，不如正之实好学者矣。"(《答宪长周友山讲学》)

人家说他不喜讲学，他认为诬罔，他偏说自己是"实好学"，是"直认本真"，不过不象那班讲学家的"虚谈"罢了。他对于那班讲学家的批评，他自己对于学术上的根本见解，大致见于《答南司成、屠平石论为学》那封信。他说：

> 夫昔之为同志者，仆亦尝周旋其间，听其议论矣。然窥其微处，则皆以聚觉贾誉，行径捷举。所称道德之说，虚而无当。庄子所谓其嗑言者若哇，佛氏所谓虾蟆禅耳。而其徒侣众盛，异趋为事。大者摇撼朝廷，爽乱名实；小者匿蔽丑秽，趋利逃名。嘉、隆之间，深被其祸，今犹未殄。此主持世教者所深忧也。记曰："凡学，官先事，士先志。"士君子未遇时，讲明所以修己治人者，以需他日之用。及其服官有事，即以其事为

学，兢兢然求所以称职免咎者，以共上之命。未有舍其本事，而别开门以为学者也。孔子周行不遇，不得所谓事与职者而能之，故与七十子之徒切磋讲究。其持论立言，亦各随根器，循循善诱。固未尝专揭一语，如近时所谓话头者，概施之也。告鲁哀公曰："政在节财。"齐景公曰："君臣父子。"在卫曰："正名。"在楚曰："近悦远来。"亦未尝独揭一语，不度其势之所宜者而强聒之也。究观其经纶大略，则惟宪章文武，志复东周。以生今反古为戒，以为下不倍为准。老不行其道，犹取鲁史以存周礼。故曰："吾志在《春秋》。"其志何志也？志在从周而已。《春秋》所载，皆《周官》之典也。夫孔子殷人也，岂不欲行殷礼哉？《周官》之法岂尽度越前代而不可易者哉？生周之世，为周之臣，不敢倍也。假令孔子生今之时，为国子司成，则必遵奉我圣祖学规以教胄而不敢失坠；为提学宪臣，则必遵奉皇上敕谕以造士而不敢失坠。必不舍其本业而别一开门，以自蹈于反古之罪也。今世谈学者，皆言遵孔氏，及不务孔氏之所以治世立教者，而甘蹈于反古之罪，是尚谓能学孔矣乎？明兴二百余年，名卿硕辅，勋业煊赫者，大抵皆直躬劲节、寡言慎行、奉公守法之人。而讲学者每诋之曰：彼虽有所建立，然不知学皆气质用事耳。而近时所谓知学，为世所宗仰者，考其所树立，又远出于所诋之下。将令后生小子何所师法耶？此仆所未解也。仆愿今之学者，以足踏实地为功，以崇尚本质为行，以遵守成宪为准，以诚心顺上为忠。兔鱼未获，无舍筌蹄；家当未完,毋撤藩卫。无以前辈为不足学而轻事诋毁,毋相与造为虚谈,逞其胸臆,以挠上之法也。

他痛斥那班讲学家的流毒,骂他们为"虾蟆禅"。他教人就在自己职守以内去学,而不要"舍其本事,别开一门以为学"。他教人"足踏实地""崇尚本质""遵守成宪""诚心顺上"。真可谓卑之无甚高论,然而他却认为虽孔子复生也必须如此立教他对于孔子另有一种看法,单从"生今反古""为下不倍"上发出一套大议论。简直和韩非、李斯"以法为教,以吏为师"的主张有些相类了。他这套议论很得意,在别处也时常提到。如《答楚学道金省吾论学政》,就和这段文字差不多。尤其是在《辛未会试程策》中,大发"法后王"之义,议论特别精彩,态度特别鲜明。其大旨谓:

夫法制无常,近民为要。古今异势,便俗为宜。……时宜之,民安之,虽庸众之所建立,不可废也。戾于时,拂于民,虽圣哲之所创造,可无从也。后王之法,其民之耳而目之也久矣。久则有司之籍详,而众人之智熟。道之而易从,令之而易喻。故曰法后王便也。往代无论已。明兴,高皇帝神圣统天,经纬往制。博稽逖采,靡善弗登。若六卿仿夏,公孤绍周,型汉祖之规模,宪唐宗之律令,仪有宋之家法,采胜国之历元。而随时制宜,因民立政,取之近代者十九,稽之往古者十一。又非徒然也。即如算商贾,置监官,则桑孔之遗意也;论停解,制年格,则崔亮之选除也;两税三限，则杨炎之田赋也；保甲户马，经义取士，则安石之新法也。诸如此类，未可悉数，固前代所谓陋习敝政也，而今皆用之，反以收富强之效，而建升平之业。故善用之，则庸众之法可使与圣哲同功，而况出于圣哲者乎？故善法后王者，莫如高皇帝矣。……夫汉宣帝综核之主也。然考其当时所行，则固未尝新一令，创一制，惟曰取其祖宗之法修饬而振举之，如曰汉家自有制度耳。且其所任魏相，最为称上意者，亦未尝以己意有所论建，惟条奏汉家故事，及名臣贾谊、晁错等言耳。当其时，虽五日一视事，而上下相维，无苟且之意，吏不奉宣诏书则有责，上计簿徒县文则有责，三公不察吏治则有责。其所以振刷综理者，皆未尝稍越于旧法之外。惟其实事求是而不采虚声，信赏必罚而真伪无眩，是以当时吏称其职，民安其业，政事、文学、法理之士成精其能，下至技巧工匠，后世鲜及。故崔实称其优于孝文，而仲长统极其叹服，荀悦论美元帝，而李德裕深以为非，良不诬矣。……成宪俱存，旧章森列，相与实图之而已。无不事事，无泰多事。祛积习以作颓靡，振纪纲以正风俗，省议论以定国是，核名实以行赏罚，则法行如流，而事功辐辏矣。若曰：此汉事耳，吾且为唐、虞，为三代，则荀卿所谓俗儒也。

他断然主张法后王，指斥那班高谈唐虞三代者为俗儒。他对于秦汉以后的制度，尤其是他本朝的制度，极力表彰。他极口称赞王霸杂用，谓汉家自有法度的汉宣帝。他说明朝制度，"取之近代

者十九,稽之往古者十一"。这种鲜明的贵今主义,比陈同甫、叶水心辈所论还要痛快得多。他甚至说:

> 三代至秦,浑沌之再辟者也。其创制立法,至今守之以为利。史称其得圣人之威。使始皇有贤子,守其法而益振之,积至数十年,继宗世族,芟夷已尽。老师宿儒,闻见悉去。民之复起者,皆改心易虑,以听上之令。虽有刘、项百辈,何能为哉?惜乎,扶苏仁懦,胡亥稚蒙,奸宄内发,六国余孽尚存,因天下之怨,而以秦为招,再传而促,此始皇之不幸也。假令扶苏不死继立,必取始皇之法纷更之,以求复三代之旧。至于国势微弱,强宗复起,亦必乱亡。后世儒者徒见扶苏之谏焚书坑儒,遂以为贤。而不知乱秦者,扶苏也。(《杂著》)

这是何等大胆的翻案文章!他确乎有一种真知灼见,所以才能发出这样卓绝千古的议论。这些地方自然带些霸气,很接近申、韩。然而霸道本是他不讳言的。如云:

> 忆昔仆初入政府,欲举行一二事。吴旺湖与人言曰:"吾辈谓张公柄用,当行帝王之道。今观其议论,不过富国强兵而已,殊使人失望。"仆闻而笑曰:"旺湖过誉我矣。吾安能使国富兵强哉?"孔子论政,开口便说:"足食足兵。"舜命十二牧曰:"食哉唯时。"周公立政,"其克诘尔戎兵"。何尝不欲国之富且强哉?后世学术不明,高谈无实。剽窃仁义,谓之王道。才涉富

强，便云霸术。不知王霸之辨，义利之间，在心不在迹。奚必仁义之为王，富强之为霸也？仆自秉政以来，除密勿敷陈，培养冲德外，其播之政令者，实不外此二事。今已七八年矣，而闾里愁叹之声尚犹未息，仓卒意外之变尚或难支，焉在其为富且强哉？（《答福建巡抚耿楚统谈王霸之辨》）

综观江陵生平言行，尊主威，振纪纲，明赏罚，核名实，讲富强，重近代，孤立一身，任劳任怨，纯是法家路数。在他的文章中，有许多地方绝类商鞅、韩非的口吻，甚至明白袭用《韩非子》中的成语，如："小仁，大仁之贼也"，"夫婴儿不剃首则腹痛，不揌痤则浸益。剔者、揌痤，必一人抱之，慈母活之，然犹啼呼不止。婴儿子不知犯其所小苦而致其所大利也。"（《显学》）由此可知其所受法家影响之深。抱这样思想，他当然不讳言霸道。陆象山有言："商鞅是脚踏实地，他亦不问王霸，只要事成。介甫慕唐、虞三代之名，不曾踏得实处，所以弄得王不成，霸不成。"从这一点上说，江陵倒是很近乎商鞅，比荆公爽快多了。

…………

第五章　东林派与王学修正运动

明代思想解放的潮流，从白沙发端，及阳明而大盛，到狂禅派而发展到极端。于是乎引起各方面的反对，有的专攻击狂禅派或王学左派，有的竟直接牵涉到阳明，这里面最有力量能形成个广大潮流的，要推东林派。此派以学术影响政治，在晚明历史上放过极大的光辉。其代表人物为顾泾阳与高景逸，而泾阳之弟泾凡亦其卓卓者，兹分述其讲学大旨如后：

顾宪成，字叔时，别号泾阳，无锡人。生于嘉靖二十九年（1550），卒于万历四十年（1612），寿六十三岁。历仕至文选司郎中，因忤时相王锡爵，削籍归。乃兴复东林书院，大会四方之士，讲学其中，尝言："官辇毂，念头不在君父上；官封疆，念头不在百姓上；至于水间林下，三三两两，相与讲求性命，切磨德义，念头不在世道上，即有他美，君子不齿也。"故会中多裁量人物，訾议国政。天下君子以清议归于东林，而庙堂亦有所畏忌。后复起，为南京光禄少卿，乞致仕，党祸作，泾阳久已死，乃追夺其官。崇祯间，赠吏部右侍郎，谥端文。

泾阳少问学于薛方山，固亦王门后裔。但因目击王学末流之弊，遂昌言排之。其攻击目标，集中于"无善无恶"四字。如云：

管东溟曰："凡说之不正而久流于世者，必其投小人之私心，而又可以附于君子之大道者也。"愚窃谓"无善无恶"四字当之。何者？见以为心之本体原是"无善无恶"也，合下便成一个"空"。见以为"无善无恶"，只是心之不着于有也，究竟且成一个"混"。"空"则一切解脱，无复挂碍，高明者入而悦之，于是将有如所云：以仁义为桎梏，以礼法为土苴，以日用为缘尘，以操持为把捉，以随事省察为逐境，以讼悔迁改为轮回，以下学上达为落阶级，以砥节砺行为意气用事者矣。"混"则一切含糊，无复拣择，圆融者便而趋之，于是将有如所云：以任情为率性，以随俗袭非为中庸，以阉然媚世为万物一体，以枉寻直尺为舍其身济天下，以委曲迁就为无可无不可，以猖狂无忌为不好名，以临难苟免为圣人无死地，以顽钝无耻为不动心者矣。由前之说，何善非恶；由后之说，何恶非善。是故欲就而诘之，彼其所占之地步甚高，上之可以附君子之大道；欲置而不问，彼其所握之机缄甚活，下之可以投小人之私心。即孔孟复作，其亦奈之何哉！此之谓以学术杀天下万世。（《小心斋札记》卷十八）

"无善无恶"四字，最险最巧。君子一生，兢兢业业，择善固执，只着此四字，便枉了为君子；小人一生，猖狂放肆，纵意妄行，只着此四字，便乐得做小人。语云："埋藏君子，出脱小人。"此八字乃"无善无恶"四字膏肓之病也。（《还经录》）

这两段话推究"无善无恶"四字的极弊，穷形尽相，深恶痛绝，句句是针对左派王学而发。本来这四个字出自阳明，但阳明并没有多讲过。至左派诸人，才标此四字为宗旨，大加发挥。如周海门在南都讲会中，就拈出《天泉证道纪》作题目。当时许敬庵谓"无善无恶"不可以为宗，故作《九谛》以难之，海门乃作《九解》以伸其说，双方针锋相对，实为当时思想界一大公案。至泾阳所斥种种弊病，大概也都是当时的实况。综括来说，不外乎猖狂无忌、破坏名教而已。从"无善无恶"到猖狂无忌、破坏名教，本也是很自然的趋势。左派诸人如颜山农、何心隐以至李卓吾等，不都可说是无忌惮而出乎名教外么？泾阳明白说道：

> 东坡讥伊川曰："何时打破这敬字？"愚谓近世如王泰州座下颜、何一派，直打破这敬字矣。(《小心斋札记》卷九)

打破敬字，就是说他们猖狂无忌。泾阳又明斥龙谿道：

> 详释龙谿之旨，总是要人断名根。这原是吾人立脚第一义。"人不知而不愠"，"遁世不见知而不悔"，圣人已如此说了，却何等说得正当。龙谿乃曰："打破毁誉关，即被恶名埋没一世，不得出头，亦无分毫挂带。"则险矣。这便是为无忌惮之中庸立了一个赤帜。王塘南比诸洪水猛兽，有以也。且人不特患有名根，又患有利根。……若利根不断，漫说要断名根，吾恐名根愈死，则利根愈活，个中包裹藏伏有不可胜言者。季时尝言，

"'不好名'三字是姿情纵欲的引子。"良可味也。(《南岳商语》)

东林派以名节相砥砺,所以对于"不好名""打破毁誉关"一类口号,直看作洪水猛兽。本来左派诸人都是敢作敢为的,他们有时候为目的不择手段,大刀阔斧,横劈将去,些少受一点血腥污染,他们是满不在乎的。他们都好讲"万物一体",不屑做洁身自好的儒生,而要做舍身救世的英雄好汉。为着"一体不容已之情",他们把身体、名誉乃至节操都可牺牲,罗近溪为帮助一妇人救其丈夫而不惜行贿,康德涵失身刘瑾之门以救知己,而李卓吾称之。他们只知发挥其"一体不容已之情",什么世俗的礼义节行都在所不顾了。所以泾阳说:

程伯子曰:"仁者浑然与物同体。"只此一语已尽,何以又云"义、礼、智、信皆仁"也?始颇疑其为赘。及观世之号识仁者,往往务为圆融活泼,以外媚流俗而内济其私,甚而蔑弃廉耻,决裂绳墨,闪烁回互,诳己诳人,曾不省义、礼、智、信为何称,犹偃然自命曰仁也,然后知伯子之意远矣。(《小心斋札记》卷一)

又引吴悟斋指斥龙谿的话道:

诚恐此老不察……不复向羞恶辞让是非用一针,即所谓恻隐者未免认贼作子,将一传而此学为世戒。(同上)

浑然一体之中，而义、礼、智、信皆具。离开义、礼、智、信而专讲仁，则仁亦不成其为仁了。孟子不肯再请发棠以救饥民，而说那是冯妇的行径，"众皆悦之，其为士者笑之"。又说："今有同室之人斗者，救之，虽被发缨冠而往救之可也。乡邻有斗者，被发缨冠而往救之则惑也，虽闭户可也。"这是儒家的正宗思想。若龙谿诸人却不管这些。他们不论斗者是同室，或乡邻，都要被发缨冠而往救之，决不肯闭户。他们不管什么冯妇不冯妇，为士者笑不笑，只要能救了饥民，虽三请五请十请八请，"强聒不舍"，"上下见厌"，都可以的。他们不怕负"污辱之名，见笑之行"，他们尽可以"从井救人"。他们这种行径，不合于"儒"，而倒近于"侠"。"侠"是不能循规蹈矩的，并且有时候是干犯名教的。他们的道德伦理观念，根本另是一路。有人论何心隐道：

> 人伦有五，公舍其四，而独置身于师友贤圣之间，则偏枯不可以为训。（见李卓吾《焚书》的《何心隐论》）

心隐既不做官，而又离开家庭，终年求师访友，漂泊在外，这便是舍了君臣、父子、兄弟、夫妇四伦而独留朋友一伦。其实不只心隐如此，左派诸人自龙谿、心斋以下几乎都是这样。特别是邓豁渠、李卓吾，他们干脆出家了。卓吾说：

> 非但释迦，即孔子亦然。孔子之于鲤，死也久矣，是孔子未尝为子牵也。鲤未死而鲤之母已卒，是孔子未尝为妻系也。三桓荐之，而孔子不仕，非人不用孔子，

孔子自不欲用也。视富贵如浮云，惟与三千七十，游行四方，西至晋，南至楚，日夜皇皇，以求出世知己。是虽名为在家，实终身出家者矣。故予谓释迦佛辞家出家者也，孔夫子在家出家者也。(《书黄安二上人手册》)

他竟然把孔子当作出家人，周游列国，乃是求出世知己，这是何等大胆的怪论。中国社会向来以家族制度或宗法制度为一切伦理道德的中心，一出家便把所有传统的纲常名教都抛弃了。佛教在中国所以始终被一般士大夫斥为异端者，其主因即由于此。但左派诸人是不拘守儒家门户的，是不顾士大夫体貌规格的，他们冲破宗法制度的藩篱，作一个江湖侠客，游方道人，急急皇皇，以朋友为性命。何心隐死，至开程后台之棺而合葬焉。象这样路数，哪能不遭东林派的攻击呢？泾阳把一切流弊都归到"无善无恶"四字上，而认为这四个字在理论上本站不住，阳明当初立说本就有毛病。所以他不仅把后来流弊尽量揭发，并且更进一步，从理论上对阳明作根本的攻击。他说：

佛学三藏十二部，五千四百八十卷，一言以蔽之曰："无善无恶。"第辨四字于告子易，辨四字于佛氏难。以告子之见性粗，佛氏之见性微也。辨四字于佛氏易，辨四字于阳明难。在佛自立空宗，在吾儒则阴坏实教也。夫自古圣人教人为善去恶而已。为善为其本有也，去恶去其本无也。本体如是，工夫如是，其致一而已矣。阳明岂不教人为善去恶？然既曰"无善无恶"，而又曰"为善去恶"，学者执其上一语，不得不忽其下一语也。何者？心之体无善无恶，则凡所谓善与恶，皆非吾之所固有矣。皆非吾之所固有，则皆情识之用事矣；皆情识之用事，则皆不免为本体之障矣。将择何者而为之？未也。心之体无善无恶，则凡所谓善与恶，皆非吾之所得有矣；皆非吾之所得有，则皆感遇之应迹矣；皆感遇之应迹，则皆不足为本体之障矣，将择何者而去之？犹未也。心之体无善无恶，吾亦无善无恶已耳。若择何者而为之，便未免有善在；若择何者而去，便未免有恶在。若有善无恶，便非所谓无善无恶矣。阳明曰："四无之说，为上根人立教；四有之说，为中根以下人立教。"是阳明且以无善无恶扫却为善去恶矣。既已扫之，犹欲留之。纵曰：为善去恶之功，自初学至圣人，究竟无尽，彼直见以为是权教，非实教也。其谁肯听？既已拈出一个虚寂，又恐人养成一个虚寂。纵重重教戒，重重嘱咐，彼直以为是为众人说，非为吾辈说也。又谁肯听？夫何故欣上而厌下，乐易而苦难？人情大抵然也。投之以所欣，而复困之以所厌，畀之以所乐，而复撄之以所苦，必不行矣。故曰：惟其执上一语，虽欲不忽下一语而不可得。至于忽下一语，其上一语虽欲不弊而不可得也。罗念庵曰："终日谈本体不说工夫，才拈工夫，便以为外道。使阳明复生，亦当攒眉。"王塘南曰："心意之物，皆无善无恶，使学者以虚见为实悟，必依凭此语，如服鸩毒，未有不杀人者。"海内有号为超悟而竟以破戒负不韪之名，正以中此毒而然也。且夫四无之说，主本体言也。阳明方曰是接上根人法，而识者至等之鸩毒；四有之说，主工夫言也。阳明第曰是接中根以下人法，而昧者遂等之外道。然则阳明再生，目击此弊，将有摧心扼腕不能一日安者，何但攒眉已乎！（《与孟白》）

此就天泉证道一案，反复推勘，逐层批驳，对阳明深致遗憾，明快警透，比许敬庵"九谛"之说有力多了。他更直比阳明于告子道：

阳明之无善无恶，与告子之无善无恶不同。然费个转语，便不自然。假如有人于此，揭兼爱为仁宗，而曰"我之兼爱与墨氏之兼爱不同"；揭为我为义宗，而曰"我之为我与杨氏不同也"，人还肯之否？（《商语》）

只要讲无善无恶便与告子同流，更不许下一转语。他又说：

近世喜言无善无恶。就而叩其旨，则曰："所谓无善，非真无善也，只是不着于善耳。"予窃以为经言无方无体，是恐着了方体也；言无声无臭，是恐着了声臭也；言不识不知，是恐着了识知也。何者？吾之心原自超出方体、声臭、识知之外也。至于善，即是心之本色，说怎着不着？如明是目之本色，还说得个不着于明否？聪是耳之本色，还说得个不着于聪否？又如孝子，还可说莫着于孝否？如忠臣，还可说莫着于忠否？昔阳明遭宁藩之变，日夕念其亲不置。门人问曰："得无

着相?"阳明曰:"此相如何不着?"斯言足以破之矣。(《小心斋札记》)

用阳明自己的话打破"不着于善"之说,直使无善无恶论者无处可以躲闪。本来无善无恶,照周海门的说法,是:

> 维藩世俗,以为善去恶为提防,而尽性知天,必无善无恶为究竟。无善无恶,即为善去恶而无迹;而为善去恶,悟无善无恶而始真。教本相通不相悖,语可相济难相非。此天泉证道之大较也。今必以无善无恶为非然者,见为无善,岂虑入于恶乎?不知善且无,而恶更从何容,无病不须疑病;见为无恶,岂疑少却善乎?不知恶既无,而善不必再立,头上难以安头。故一物难加者,本来之体;而两头不立者,妙密之言。是为厥中,是为一贯,是为至诚,是为至善,圣学如是而已。经传中言善字固多善恶对待之善,至于发心性处,善率不与恶对。如中心安仁之仁不与忍对,主静立极之静不与动对。《大学》善上加一至字,尤自可见。荡荡难名为至治,无得而称为至德。他若至仁、至礼等,皆因不可名言拟议而以至名之。至善之善,亦犹是耳。夫惟善不可名言拟议,未易认识,故必以明善乃可诚。若使对待之善,有何难辨,而必先明乃诚耶?"天地贞观",不可以贞观为天地之善;"日月贞明",不可以贞明为日月之善;"星辰有常度",不可以常度为星辰之善。岳不以峙为善,川不以流为善。"人有真心"而莫不饮食者

此心，饮食岂以为善乎？"物有正理"而鸢飞鱼跃者此理，飞跃岂以为善乎？（《九解》中的第一、二两解）

前段只讲个至善无善的意思，后段只讲个天机自然不可以善恶名的意思，完全是一种自然主义。他看人生种种活动都和鸢飞鱼跃、山峙川流一般。这些自然现象是超善恶的，人与自然为一体，所以也是超善恶的。无善无恶者，超善恶之谓也。超善恶的善，才是至善。这都是自然主义者常有的论调。但关于善恶问题，是否能作自然主义的解释，人之道德行为是否能象渴饮饥食一样，这里面还大有讨论余地。"圣人贵名教，老庄明自然"，这种判别由来久矣。一般道学家受佛、老影响，虽然对"名教"和"自然"的问题多持"将无同"的调和态度；但是如果自然主义的色彩太浓厚了，究竟和儒者名教主义的根本精神有点冲突。东林派特别强调地提倡名教，其反对自然主义的无善无恶论，那当然是无足怪的了。泾阳还批评阳明道：

阳明先生开发有余，收敛不足。当士人桎梏于训诂辞章间，骤而闻良知之说，一时心目俱醒，恍若拨云雾而见白日，岂不大快！然而此窍一凿，混沌遂亡。往往凭虚见而弄精魂，任自然而藐兢业。陵夷至今，议论益玄，习尚益下，高之放诞而不经，卑之顽钝而无耻。仁人君子又相顾裴回，喟然太息，以为倡始者殆亦不能无遗虑焉，而追惜之。（《小心斋札记》卷三）

阳明先生曰："求诸心而得，虽其言之非出于孔子者，亦不敢以为非也，求诸心而不得，虽其言之出于孔子者，亦不敢以为是也。"此两言者，某窃疑之。夫人之一心，浑然天理。其是天上之真是也，其非天下之真非也，然而能全之者几何？惟圣人而已矣。自此以下，或偏或驳，遂乃各是其是，各非其非，欲一一而得其真，吾见其难也。故此两言者，其为圣人设乎？则圣人之心虽千百载而上下冥合符契，可以考不谬，俟不惑，无有求之而不得者。其为学者设乎？则学者之去圣人远矣，其求之或得或不得，宜也。于比正应沉潜玩味，虚衷以俟，更为质诸先觉，考诸古训，退而益加培养，洗心宥密，俾其浑然者，果无愧于圣人。如是而犹不得，然后徐断其是非，未晚也。苟不能然，而徒以两言横于胸中，得则是，不得则非，其势必至自专自用，凭恃聪明，轻侮先圣，注脚六经，无复忌惮，不亦误乎？阳明尝曰："心即理也。"某何敢非之。然而言何容易！孔子七十从心不逾矩，始可以言心即理。七十以前尚不知如何也。颜子其心三月不违仁，始可以言心即理。三月以后尚不知如何也。若漫曰心即理也，吾问其心之得不得而已，此乃无星之秤，无寸之尺，其于轻重长短，几何不颠倒而失错哉？（《与李见罗》）

阳明给当时思想界打一吗啡针，把垂死的道学又复苏生起来。其激动当时人心，真如泾阳所说："一时心目俱醒，恍若拨云雾而见白日。"然而也正如泾阳所说："七窍凿而混沌亡"，连阳明也要为之惊惶失措了。自信本心，不以孔子之是非为是非，议论越痛快，越惊醒人，其流弊也越大。这是近代学者最喝彩的地方，却也正是泾阳所最不安而急欲加以挽救的地方。泾阳自己标出宗旨道：

> 语本体只是性善二字，语工夫只是小心二字。（《小心斋札记》）

这两句话看似平平淡淡，老生常谈，但其实全是切合时弊，针对着王学末流而发。断然要讲"性善"，不能说无善无恶；必须"小心"，不能放任自然，以至猖狂无忌惮。泾阳一切理论大体上可以总摄于此了。

顾允成，字季时，别号泾凡，泾阳之弟也。生于嘉靖三十三年（1554），卒于万历三十五年（1607），寿五十四岁。

泾凡初与泾阳同游薛方山之门，后又同讲学于东林书院，见义必为，其激扬振厉处似更过泾阳。一日，喟然而叹。泾阳曰："何叹也？"曰："吾叹夫今之讲学者，恁是天崩地陷，他也不管，只讲学耳。"泾阳曰："然则所讲何事？"曰："在缙绅只明哲保身一句，在布衣只传食诸侯一句。"泾阳为之慨然。观此可想见其风采。他有许多这一类富于刺激性的言论，如：

> 三代而下，只是乡愿一班人，名利兼收，便宜受用，虽不犯手弑君弑父，而自为忒重，实埋下弑君弑父种子。
>
> 夫假节义乃血气也，真节义即义理也。血气之怒不可有，义理之怒不可无。义理之节气，不可充之而使骄，亦不可抑之而使馁。以义理而误认为血气，则浩然之气且无事养矣。近世乡愿道学，往往借此等议论，以消铄吾人之真元，而遂其同流合污之志。其言最高，其

害最远。

> 平生左见，怕言中字，以为我辈学问，须从狂狷起脚，然后能从中行歇脚。凡近世之好为中行，而每每堕入乡愿窠臼者，只因起脚时便要做歇脚事也。（以上皆《小心斋札记》）

王学左派骂乡愿，泾凡也骂乡愿。但左派走的是阔略不掩的狂者一路，泾凡走的却是砥砺廉隅的狷者一路。自然，泾凡是不会赞成这种说法的，因为他看左派诸人简直是洪水猛兽，决不肯承认他们是狂者。要说左派诸人是狂者，那只能用另一种含义，就是说他们猖狂无忌罢了。他也极力攻击"无善无恶"四字。

> 无善无恶，本病只是一个空字，末病只是一个混字。故始也，见为无一之可有；究也，且无一不可有。始也等善于恶，究也且混恶于善，其至善也，乃其所以为至恶也。（同上）
>
> 朱子尝曰："孟子一生，费尽心力，只破得枉尺直寻四字；今日讲学家只成就枉尺直寻四字。"愚亦曰："孟子一生，费尽心力，只破得无善无恶四字；今日讲学家只成就无善无恶四字。"（同上）

这种论调和泾阳一样。他自言其用功门路道：

> 上不从玄妙门讨入路，下不从方便门讨出路。（同上）

从玄妙门入，即流于"空"；从方便门出，即流于"混"。左派诸人正在这上面把佛、老、申、韩搅成一团，这是东林派所最反对的。泾凡又说：

> 炎祚之促，小人促之也；善类之殃，小人殃之也；绍圣之纷更，小人纷更之也。今不归罪于小人，而反归罪于君子，是君子既不得志于当时之私人，而仍不得志于后世之公论。为小人者，不惟愚弄其一时，仍并后世而愚之也。审如其言，则将曰："比干激而亡商，龙逢激而亡夏，孔子一矫而春秋遂流为战国，孟子与苏秦、张仪分为三党而战国遂吞于吕秦。"其亦何辞矣！
>
> （同上）

这真是快论！激浊扬清，善善恶恶，一扫模棱两可，严于责君子而宽于责小人的弊习，最足表现东林派的特殊学风。

高攀龙，字存之，别号景逸，无锡人。生于嘉靖四十一年（1562），卒于天启六年（1626），寿六十五岁。初为行人，因劾王锡爵谪归。遂与泾阳讲学于东林书院，在林下者二十八年。天启初复起，历仕光禄寺丞、少卿、太常、大理、太仆卿、刑部侍郎、左都御史。纠大贪御史崔呈秀。阉祸作，自沉水死。崇祯初，赠太子少保、兵部尚书，谥忠宪。

景逸之学，得力静坐。当其谪赴揭阳时，于舟中厚设蓐席，严立规程，半日读书，半日静坐，于凡"诚敬主静""观喜怒哀乐未发""默坐澄心""体认天理"等一一行之。立坐食息，念念不舍。夜不解衣，倦极而睡，睡觉复坐，于前诸法反复更回，心气清澄时，便有塞乎天地气象，第不能常。在路二月，幸无人事，而山水清美，主仆相依，寂寂静静。晚间命酒数行，停舟青山，徘徊碧涧。时坐磐石，溪声鸟韵，茂树修篁，种种悦心，而心不着境，过汀州，陆行至一旅舍。舍有小楼，前对山，后临涧，登楼甚乐。偶见明道先生曰："百官万务，兵革百万之众，饮水曲肱，乐在其中。万变俱在人，其实无一事。"猛省曰："原来如此！实无一事也。"一念缠绵，斩然遂绝。忽如百斤担子，顿尔落地；又如电光一闪，透体通明。遂与大化融合无际，更无天人内外之隔。至此见六合皆心，腔子是其区宇，方寸亦其本位。神而明之，总无方所可言也。自此工夫日进。丙午，方实信孟子"性善"之旨；丁未，方实信程子"鸢飞鱼跃，与必有事焉"之旨；辛亥，方实信《大学》"知本"之旨；壬子，方实信《中庸》之旨。甲寅以后，涵养愈粹，工夫愈密。到头学力，自云"心如太虚，本无生死"，由此可知其造诣之深。他认为静定工夫不可少，其理由是：

  盖各人病痛不同。大圣贤必有大精神，其主静只在寻常日用中。学者神短气浮，须数十年静力，方得厚聚深培。而最受病处，在自幼无小学之教，浸染世俗，故俗根难拔。必埋头读书，使义理浃洽，变易其俗肠俗骨；澄神默坐，使尘妄消散，坚凝其正心正气，乃可耳。(《自序为学次第》)

以静坐补小学收放心一段工夫，程子早有此说。后来双江归寂，念庵主静，都是一脉相传。景逸自从其得力处立论，亦仍是走他们那一路也。他专写一篇《静坐说》，大意谓：

> 静坐之法，不用一毫安排，只平平常常，默然静去。此平常二字不可容易看过，即性体也。以其清净不容一物，故谓之平常。画前之《易》如此，人生而静以上如此，喜怒哀乐未发如此，乃天理之自然，须在人各各自体贴出，方是自得。静中妄念强除不得，真体既显，妄念自息；昏气亦强除不得，妄念既净，昏气自清。只体认本性原来本色，还他湛然而已。大抵着一毫意不得，着一毫见不得。才添一念，便失本色。由静而动，亦只平平常常，湛然动去。静时与动时一色，动时与静时一色。所以一色者，只是一个平常也。故曰"无动无静"，学者不过借静坐中认此无动无静之体云尔。静中得力，方是动中真得力；动中得力，方是静中真得力。所谓敬者此也，所谓仁者此也，所谓诚者此也，是复性之道也。
>
> 静坐之法，唤醒此心，卓然常明，志无所适而已。志无所适，精神自然凝复。不待安排，勿着方所，勿思效验。初入静者，不知摄持之法，惟体贴圣贤切要之言，自有入处。静至三日，必臻妙境。

景逸在揭阳道上深深做过一番静功，等于他的龙场一悟。对于静坐一道，他是确有所得的。然而他不喜欢"张皇说悟"，把旁人认为妙境的，只当作"平常"看，所以讲得格外平易近人。他自述道：

> 某自甲午年赴谪所,从万山中盘石上露出本来面目,修持十五年,只觉一毫尚在。去年一化,方知水穷山尽处耳。虽然,圣解一破立尽,凡情万叠难销。古德牧之为牛,某则奉之为君。夫何为哉?恭己正南面而已。(《答瞿洞观》)

旁人一悟便了,他却认为悟后才正好下工夫。凡情习心,重重叠叠,非用长期工夫是不能脱胎换骨的。大概东林派有鉴于王学末流猖狂之病,渐转入稳健一路。东林书院既遵用朱子白鹿洞书院学规,而景逸用工夫处亦概属程朱主敬法门。试看他《语录》上说:

> 朱子立主敬三法:伊川整齐严肃,上蔡常惺惺,和靖其心收敛,不容一物。言敬者总不出此。然常惺惺,其心收敛,一着意便不是。盖此心神明,难犯手势。惟整齐严肃,有妙存焉,未尝不惺惺,未尝不收敛。内外卓然,绝不犯手也。

明明归宗"主敬",并且特别着落在"整齐严肃"四字上,惟恐稍涉玄虚,可想见其学风之笃实。他说:

> 尝妄意以为今日之学,宁守先儒之说,拘拘为寻行数墨,而不敢谈玄说妙,自陷于不知之妄作;宁禀前哲之矩,硁硁为乡党自好,而不敢谈圆说通,自陷于无忌惮之中庸。积之既久,倘习心变革,德性坚凝,自当恍然知大道之果不离日用常行,而步步踏实地,与对塔说

相轮者远矣。(《答叶台山》)

不尚玄妙,不尚圆通,也是针对王学末流而发。他批评王学道:

> 姚江之弊,始也扫闻见以明心耳,究且任心而废学,于是乎诗书礼乐轻而士鲜实悟;始也扫善恶以空念耳,究且任空而废行,于是乎名节忠义轻而士鲜实修。(《崇文会语序》)
>
> 谈良知者,致知不在格物,故虚灵之用多为情识,而非天则之自然,去至善远矣。吾辈格物,格至善也。以善为宗,不以知为宗也。故致知在格物,一语而儒释判矣。(《答王仪寰》)

"诗书礼乐"是"博学于文","名节忠义"是"行己有耻",和后来顾亭林的论调已有些类似了。格物之说,从王返朱。以"善"为宗,亦正针对着"无善无恶"之说。景逸又谓:

> 本体本无可指,圣人姑拈一"善"字;工夫极有多方,圣人为拈一"敬"字。(《邹顾请益》)

和泾阳"性善"与"小心"之说如出一口,这可以说是东林派理论的核心。黄梨洲说:"东林之学,泾阳导其源,景逸始入细。"可知景逸在东林派地位之重要了。

以上所述顾、高二子,为东林首要。当时东林既以清议所归而为奸邪所忌，故后来所谓东林者，依草附木者有之，随便诬指者有之，不必其果曾参与东林讲席者也。周亮工曰：

> ……适忠宪起为总宪，风裁大著，疏发御史崔呈秀之赃。呈秀遂父事忠贤，日嗾忠贤曰："东林欲杀我父子。"忠贤初不知东林为何地，东林之人为何人，辄曰："东林杀我。"既而杨左诸公交章劾珰，珰益信诸人之言不虚也。于是有憾于诸子者，牵连罗织，以逢逆珰之恶。银珰大狱，惨动天地。遂首毁京师书院，而天下之书院俱毁矣。……朝廷之上，另用一番人。政事日新，议论日奇。刑尚苛刻，而以言宽大者为东林；饷主加派，而以言减免者为东林；贼议款抚，而以言战剿者为东林；至政本之地、司马之堂，前后闻凶，俱衣绯办事，而以言终制、言纲常者为东林。于时至清无徒，闭门博古之黄宫詹，且纠之为老妖，诬之为立帜，降谪不已系逮之，诏狱不已廷杖之，烟戍不已永戍之。及刘总宪被斥出都，破帽蒙头，旧部民、京兆父老十余人为之牵驴洒泣，乃政本大老方侈以为得计。嗟嗟！覆亡之祸，岂尽关气数哉！（《书东林书院印后》）

梨洲亦曰：

> 东林讲学者，不过数人耳；其为讲院，亦不过一郡之内耳。昔绪山、二溪，鼓动流俗，江浙南畿，所在设教，可谓之标榜矣。东林无是也。京师首善之会，主

之者为南皋、少墟，于东林无与。乃言国本者谓之东林，争科场者谓之东林，攻逆阉者谓之东林，以至言夺情奸相讨贼，凡一议之正，一人之不随流俗者，无不谓之东林。若是乎东林标榜，遍于域中，延于数世。东林何不幸而有是也！东林何幸而有是也！然则东林岂真有名目哉？亦小人者加之名目而已矣。论者以东林为清议所宗，祸之招也。子言之："君子之道，譬则坊与。"清议者，天下之坊也。夫子之议臧氏之窃位，议季氏之旅泰山，独非清议乎？清议息而后有美新之上言，媚阉之红本，故小人之恶清议，犹黄河之碍砥柱也。熹宗之时，龟鼎将移，其以血肉撑拒，没虞渊而取坠日者，东林也。毅宗之变，攀龙髯而蓐蝼蚁者，属之东林乎？属之攻东林者乎？数十年来，勇者燔妻子，弱者埋土室，忠义之盛，度越前代，犹是东林之流风余韵也。一堂师友，冷风热血，洗涤乾坤。无智之徒，窃窃然从而议之，可悲也夫。（《明儒学案》卷五十八）

观黄、周二氏所论，可知东林派和晚明政局的关系。至于在学术上的立场，他们虽然有时候表示从王返朱的倾向，但实际上他们的学风终不类朱，而倒和王学右派相接近，是"尊德性"一路，而不是"道问学"一路。曾文正公批评他们："排王氏而不塞其源，是五十步笑百步之类。"所以与其说他们是王学反对派，不如说他们是王学修正派，他们究竟还是从王学中演化出来的。当时作王学修正运动的，除东林派以外，还有许多人。如李见罗，本出邹东廓之门，后来自出手眼，特拈"止修"二字，以为孔、曾嫡传，对于王学多效诤议，一时影响很大。如许敬庵，以"九谛"难无善无恶之说，将阳明宗旨极力从左派异说中救拔出来。如邹南皋与冯少墟讲学首善书院，虽相戒不言朝政，但大旨仍近东林。直到清初的孙夏峰、黄梨洲、李二曲，都可以说是王学修正派。现在我只把最重要的刘蕺山讲一讲：

刘宗周，字起东，号念台，亦称蕺山，山阴人。生于万历六年（1578），卒于清顺治元年（1645），寿六十八岁。历官行人、礼部主事光禄寺丞、尚宝少卿、太仆少卿、顺天府尹、工部左侍郎、吏部左侍郎、左都御史。忠恳謇谔，屡进屡退。及清兵破南都，浙省降，乃绝食二十日而卒。

蕺山与高景逸并称为大儒，其学风大体上亦近东林，而更为精切笃实。道学至此，真已辨析毫厘矣。当阉祸作后，诸君子备受荼毒，一时讲学风气，几于绝响。蕺山以鲁殿灵光，独与陶石梁立证人社于绍兴，以振起坠绪。但石梁出自周海门，蕺山出自许敬庵，本为恰相对立之两派。故不久讲会即告分裂，石梁别开讲会于白马岩居，而蕺山则于古小学，当时石梁专讲本体，主无善无恶，其后更流于因果报应，亦混入释氏。而蕺山则曰：

> 不识本体，果如何下工夫？但既识本体，即须认定本体用工夫。工夫愈精密，则本体愈昭莹。今谓既识后遂一无事事，可以纵横自如，六通无碍，势必猖狂纵恣，流为无忌惮之归而后已。（《年谱》）

陶石梁每提认识二字，果未经认识，如何讨下手？乃门下便欲认识个什么，转落影响边事，愈求愈远，堕入坑堑。《中庸》言道不远人，其要归之子臣弟友。学

者乃欲远人以为道乎？（《证人社语录》）

学者只有工夫可说，其本体处直是着不得一语，才着一语，便是工夫边事。然言工夫而本体在其中矣。大抵学者肯用工夫处，即是本体流露处；其善用工夫处，即是本体正当处。非工夫之外，别有本体可以两相凑泊也。若谓两相凑泊，则亦外物而非道矣。（《答秦宏祐》）

强调地提出"工夫"二字，不教人悬空去想象"本体"，不重"悟"而重"修"，这是王学修正派的普通路数；而其所论工夫入细处，更和高景、逸李见罗相近。后来黄梨洲所谓"心无本体，工夫所至，即其本体"，此处已见其端倪了。蕺山又说：

董黄庭言："为善去恶，未尝不是工夫。"陶先生切切以本体救之，谓："黄庭身上本是圣人，何善可为？何恶可去？"然不能无疑于此也。既无善可为，则亦无所事于为善矣；无恶可去，则亦无所事于去恶矣。既无本体，并无工夫，将率天下为猖狂自恣，流于佛、老矣。故某于此，只喝"知善知恶是良知"一语。就良知言本体，则本体绝非虚无；就良知言工夫，则工夫绝非枝叶。庶几舍短取长之意。昔者季路一日事鬼神之问，不得于鬼神；又有知死之问，总向无处立脚。若于此进一解，便是无善无恶路。夫子一则曰："未能事人，焉能事鬼？"一则曰："未知生，焉知死？"一一从有处转之。乃知孔门授受，只在彝伦日用讨归宿，绝不于此外空谈本体，滋高明之惑。只此是性学。所云"知生便是知性处",所云"事人便是尽性处"。孟子盲良知,只从知爱知敬处指点,亦是此意。知爱知敬,正是本体流露正当处。从此为善,方是真为善;从此去恶,方是真去恶,则无善无恶之体不必言矣。今人喜言性学,只说得"无善无恶心之体",不免犯却季路两问之意,浸淫不已,遂有四无之说,于良知字全没交涉,其为坏师门教法,当何如者。(同上)

知性尽性,只能就人生里面讲,不是超人生的。无善无恶,便讲到超人生方面去了。良知知爱知敬,知善知恶,分明和无善无恶之说不相容。左派诸人单注意一句"无善无恶心之体",遂提出四无之说,和良知本义愈趋愈远。所以蕺山特别喝出"知善知恶是良知"一语,单提直入,不许稍有搀和躲闪。舍此而别讲本体,便入"虚无";离此而别讲工夫,便属"枝叶"。以此挽救左派之流弊,即以此洗剥出阳明之本旨。他分明指出王学的内在矛盾,而把它修正了。他说:

> 来教娓娓,大抵以敬庵先生"九谛"为非,而信周海门先生之"九解",今其书见在,可覆也。仆生平服膺许师者也,于周师之言,望门而不敢入焉。……仆窃谓:天地间道理只是个有善而无恶,我辈入学问只是个为善而去恶。言有善便是无恶,言无恶便是有善,以此思之,则阳明先生所谓"无善无恶心之体",未必然也。言为善便是去恶,言去恶便是为善,即阳明先生所谓"去人欲便是存天理"是也。以此思之,则阳明先生

> 所谓"为善去恶是格物",亦未必然也。……大抵诸君子之意,皆从袁了凡颜壮其来。了凡之意,本是积功累行,要求功名得功名,求子女得子女,其题目大旨显然揭出,虽是害道,然亦自成一家言。诸君子平日竖义,要识认良知下落,绝不喜迁改边事;一旦下梢头,则取袁了凡之言,以为津梁,浸入因果边去。一上一下之间,如以为打合得一,则是道差也;以为打合不得一,则是教差也,二者宜何居焉?(同上)

秦宏祐是石梁派下人,著《迁改格》,石梁序而行之,分明流入袁了凡《功过格》一路,从虚无主义一堕落而为求冥报的功利主义的因果迷信,所以蕺山反对他们。在这段话里面,不仅指出石梁派的矛盾,并且指出阳明的矛盾,明白站在许敬庵一方面,而反对周海门。他又说:

> 阳明先生于知止一关全未勘入,只教人在念起念灭时用个为善去恶之力,终非究竟一着。与所谓"只于根本求生死,莫向支流辨浊清",不免自相矛盾。故其答门人有"即用求体"之说,又有"致和乃以致中"之说,何其与龟山门下一派相背驰乎?然则阳明之学,谓其失之粗浅不见道则有之,未可病其为禅也。阳明而禅,何以处豫章、延平乎?只为后人将"无善无恶"四字播弄得天花乱坠,一顿扯入禅乘,于平日所谓良知即天理,良知即至善等处,全然抹杀,安得不起后世之惑乎?阳明不幸而有龙谿,犹之象山不幸而有慈湖,皆斯

文之陋也。大抵读古人书，全在以意逆志，披牝牡骊黄而直窥其神骏，则其分合异同之际，无不足以备尚论之资，而一脉大中至正纯粹不杂之圣真，必有恍然自得于深造之余者。若或界限太严，拘泥太甚，至于因噎而废食，则斯道终无可明之日矣。(《答韩位》)

以"无善无恶"讲本体，岂不就是"虚无"？从"念起念灭"上做工夫，岂非属于"枝叶"？蕺山认为阳明在这些地方未免拖泥带水，所以竟敢说他"粗浅不见道"，至龙谿一班人就更专从这一路发展下去了。蕺山从王学中扫去那些杂质，而专剥取其"合理的核心"，把王学接续到程门相传的一脉上。他用"披牝牡骊黄而直窥其神骏"的方法，从错综变异的各学派中，看见个一脉相承，"大中至正，纯粹不杂"的大流。他融会贯通，提出自己的主张道：

独之外，别无本体，慎独之外，别无工夫。……须知性只是气质之性，而义理者，气质之本然，乃所以为性也。性只是人心，而道者，人之所当然，乃所以为心也。人心道心，只是一心；气质义理，只是一性。识得心一性一，则工夫亦一。静存之外，更无动察；主敬之外，更无穷理。其究也，工夫与本体亦一。此慎独之说也。(《天命章说》)

单提一个"慎独"，即工夫，即本体；即静存，即动察；即主敬，即穷理；即未发，即已发；乃至人心与道心，义理之性与气质之性，无处不一，真是一了百当，蕺山所有理论总摄于此。大概阳明以后，王学向左、右两方分途发展。左派一直流而为狂禅派，右派则演变而为各种修正派。综观当时王学修正运动的发展，约略可分为三个阶段：最初右派学者如双江、念庵，归寂主静，以挽救左派猖狂之病，其重工夫，主收敛，虽开后来各派修正论的端绪，但大体上仍依傍阳明，未曾明白自立一理论体系，这算是第一阶段；及李见罗出来，双提"止修"两字，以代替良知口诀，"修"以矫空想本体之病，"止"以矫在"枝叶"上在"念起念灭"上用功之病，机杼一新，确立了修正派的理论骨干，这算是第二阶段；但见罗这种两头并举办法，虽然道破了修正派理论的实质而未免帮凑，有欠浑融，故自顾、高诸子以降，迭加润色，至蕺山不修正派的理论才融成一片了，这算是第三阶段。蕺山说阳明"于知止一关全未勘入"，分明从见罗得来。蕺山所谓"独"，相当于见罗所谓"止"，而其"慎独"的工夫，亦正类乎见罗所谓"修"。但见罗须两头兼顾，而蕺山则单提直入，一了百当，这是他进步的地方。蕺山讲"慎独"的话极多，如云：

  无事，此慎独即是存养之要；有事，此慎独即是省察之功。独外无理，穷此之谓穷理，而读书以体验之；独外无身，修此之谓修身，而言行以践履之，其实一事而已。知乎此者，谓复性之学。(《答门人》)

  所云"造化人事皆以收敛为主，发散是不得已事"，正指独体边事。"天向一中分造化，人从心上起经纶"是也。非以收敛为静，发散为动也。一敛一发，自是造化流行不息之气机；而必有所以枢纽乎是，运旋乎是，则所谓天枢也，即所谓独体也。今若以独为至静之体，又将以何者为动用乎？"藏而后发"，白沙有是言，其始学亦误也。其后自知其非，又随动静以施其功，亦误也。总在二五边生活故耳。故曰：君子之学，慎独而已矣。（《答王嗣奭》）

独体是个微字，慎独之功，亦只在于微处下一着子。故曰："道心惟微。"（《语录》）

天枢转于于穆，地轴亘于中央，人心藏于独觉。（同上）

知无不良，只是独知一点。（同上）

自濂溪有主静立极之说，传之豫章、延平，遂以"看喜怒哀乐未发以前气象"为单提口诀。夫所谓未发以前气象，即是独中真消息，但说不得前后际耳。盖独不离中和，延平姑即中以求独体，而和在其中，此慎独真方便门也。后儒不察，谓"未发以前专是静寂一机"，直欲求之思虑未起之先，而曰"既思即是已发"，果然心行路绝，言语道断矣。（同上）

惟存发总是一机，故中和浑是一性。如内有阳舒之心，为喜为乐，外即有阳舒之色，动作态度无不阳舒者；内有阴惨之心，为怒为哀，外即有阴惨之色，动作态度无不阴惨者。推之一动一静，一语一默，莫不皆然。此独体之妙，所以即微即显，即隐即见，即慎独之学，即中和，即位育，此千圣学脉也。（同上）

君子学以慎独，直从声臭外立根基。一切言动事为，庆赏刑威，无不日见于天下，而问其所从出之地，凝然不动些子，只有一个渊然之象，为天下立皇极而已。众星昼夜旋转，天枢不动。其不动处是天心，这便是"道心惟微"；其运旋处，便是"人心惟危"；其常运而常静处，便是"惟精惟一，允执厥中"。天人之学也。（《论语学案》）

《大学》之道，一言以蔽之曰：慎独而已矣。自虞廷执中以来，无非此意。（《大学杂辨》）

《大学》之道，诚意而已矣；诚意之功，慎独而已矣。意也者，至善归宿之地，其为物不贰，故曰独。（同上）

他认出一个"独体"，把它看作"天枢""地轴"、道心之"微"，"中"也是它，"和"也是它，"精"也是它，"一"也是它，纵说横说，头头是道，从来讲"慎独"的没有他讲得这样真切微妙而有着落。他最特别的地方，在乎把"诚意"的"意"字不当作"心之所发"，而当作"心之所存"或"心之主宰"。一念未发，而炯炯不昧的一点灵明中自有一个主宰，这就是"意"，就是"独"，就是良知。他牢牢把握住这个要点，把什么未发已发多少麻烦问题都很明快地解决了。这个意味王塘南已经有一点，但直到蕺山才算充分发展，形成个大体系。他的大弟子黄梨洲对于这一点极力表扬，如云：

《中庸》言致中和。考亭以存养为致中，省察为致和，虽中和兼致，而未免分动静为两截，至工夫有二用。其后王龙谿从日用伦物之感应以致其明察，欧阳南野以感应变化为良知,则是致和而不致中;聂双江、罗念庵之归寂守静,则是致中而不致和。诸儒之言,无不曰前后内外浑然一体;然或摄感以归寂,或缘寂以起感,终是有所偏倚。则以"意者心之所发"一言为崇,致中者以意为不足凭而越过乎意;致和者以动为意之本然而逐乎意;中和兼致者,有前乎意之工夫,有后乎意之工夫,而意拦截其间。使早知"意为心之所存",则操功只有一意破除拦截,方可言前后内外浑然一体也。(《答董吴仲论学书》)

看这段话,可知意为"心之所存",或意为"心之主宰",确乎是蕺山学说的一个要点,其所以独立于诸儒之表者即在乎此。蕺山还有个重要贡献,就是他的反理气二元论。他说:

理只是气之理,断然不在气之先,不在气之外。(《语录》)

盈天地间,止有"气质之性",更无"义理之性"。如曰"气质之理"即是,岂可曰"义理之理"乎?(同上)

古今性学不明,只是将此理另作一物看。……佛氏曰"性空也",空与色对,空一物也。老氏曰"性玄也",玄与白对,玄一物也。吾儒曰"性理也",理与气对,理一物也。佛、老叛理,而吾儒障于理,几何而胜之。(同上)

性者,心之理也。心以气言,而性其条理也。离

心无性，离气无理。虽谓气即性，性即气，犹二之也。（《答沈中柱》）

理气二元论与反理气二元论之争，是中国近古思想史上一大公案。自从朱子明显展开理气二元论，把所有各种心性问题都一贯地予以二元的解释。直到明朝中叶，首先从程朱派内部发生反动，如崔后渠、汪石潭、罗整庵，都有反理气二元论的论调，但仅是局部的，尚未能造成一贯的理论。后来东林派的孙淇澳，对此颇有贡献。至蕺山，才更干脆地把反理气二元论推进了一大步。在这一点上，蕺山实做了颜、李学派以及戴东原的先驱。九年前，我曾写过一篇《明清时代的唯名论思潮》认为理气二元论和反理气二元论的对立，正类乎欧洲中古末期经院哲学中实在论和唯名论的对立。看上边所引几段话，就可以知道蕺山的唯名论色彩已经是非常明显了。

第六章　佛门的几个龙象

晚明思想界的活跃，不仅表现在儒家方面，同样地亦表现在佛家方面。当时狂禅潮流，掩袭一世。在儒家方面引起东林各派的王学修正运动，在佛家方面也引起云栖、紫柏、憨山等的佛教复兴运动。黄梨洲说：

> 有明自楚石以后，佛法中衰，得紫柏、憨山而再振。(《钱清谿墓志录》)

> 万历以前，宗风衰息。云门、沩仰、法眼皆绝；曹洞之存，密室传帕；临济亦若存若没，什百为偶，甲乙相授，类多堕窳之徒。紫柏、憨山别树法幢，过而唾之。(《三峰禅师塔铭》)

> 朱子云："佛学至禅学大坏。"盖至于今，禅学至棒喝而又大坏。棒喝因付嘱源流而又大坏。就禅教中分之为两：曰如来禅，曰祖师禅。如来禅者，先儒所谓语上而遗下，弥近理而大乱真者是也。祖师禅者，纵横捭阖，纯以机巧小慧牢笼出没其间，不啻远理而失真矣。今之为释氏者，中分天下之人，非祖师禅勿贵。递相嘱付，聚群不逞之徒，教之以机械变诈，皇皇求利，其害岂止于洪水猛兽哉！故吾见今之学禅而有得者，求一朴

实自好之士而无有。假使达磨复来，必当折棒噤口，涂抹源流，而后佛道可兴。(《明儒学案》卷三十三)

梨洲辟佛甚严，其措辞或有过火地方，但当时佛学界之衰颓与混乱，由此亦可明其大概。这种情形，即就佛教立场上说，自然也需要整顿一番，当时复兴佛教之大人物，梨洲仅举出紫柏和憨山。自然，这两位龙象轰轰烈烈，特别有声光。但比他们年辈还要稍长一点的云栖大师，其地位之重要也决不下于他们。当时藕益大师供奉西方及中土诸祖共十八人，就是特提云栖、紫柏、憨山继承诸祖之后的。而藕益本人之伟大，又恰好可以继承着三大师。此外尚有湛然、密云、法藏等，亦皆各振宗风，称盛一时。兹就手边所有材料，择要论述如下：

（1）云栖大师　名袾宏，号莲池，俗姓沈，仁和人。生于嘉靖十四年（1535），卒于万历四十三年（1615），寿八十一岁。年十七，为诸生，以学行重一时。顾志在出世，每书生死事大于案头，即讲艺亦必折归佛理。年三十余，父母既没，遂出家。遍访名山，参遍融、笑严二老于京师。六载行脚，于隆庆五年南还。爱云栖山水幽胜，遂剃草开林，重建古寺。主教数十年，法席之盛，世罕其匹。没后弟子共尊为莲宗第八祖，憨山大师且称之为法门周孔。遗著二三十种，总集为《云栖法汇》，盛传于世。他归心净土，极力提倡念佛。其言曰：

夫学佛者，无论庄严形迹，止贵真实修行。在家居士，不必定要缁衣道巾，戴发之人，自可常服念佛。不必定要敲鱼击鼓，好静之人，自可寂默念佛。不必定要成群做会，怕事之人，自可闭门念佛。不必定要入寺听经。识字之人，自可依教念佛。千里烧香，不如安坐家堂念佛。供奉邪师，不如孝顺父母念佛。广交魔友，不如独身清净念佛。寄库来生，不如见在作福念佛。许愿保禳，不如悔过自新念佛。习学外道文书，不如一字不识念佛。无知妄谈禅理，不如老实持戒念佛。希求妖鬼灵通，不如正信因果念佛。以要言之：端心灭恶，如是念佛，号曰善人；摄心除散，如是念佛，号曰贤人；悟心断惑，如是念佛，号曰圣人。(《遗稿》卷三《普劝念佛》)

世间无有一人不堪念佛：若人富贵……若人贫穷……若人有子……若人无子……若人子孝……若人子逆……若人无病……若人有病……若人年老……若人年少……若人处闲……若人处忙……若人出家……若人在家……若人聪明……若人愚鲁……若人持律，律是佛制，正好念佛；若人看经，经是佛说，正好念佛；若人参禅，禅是佛心，正好念佛；若人悟道，悟须佛证，正好念佛。(《遗稿》卷三《普劝念佛德生净土》)

他总摄各色人等，统归念佛一路，可算是一个广大号召。本来净土一宗，当被列在小乘中；但云栖把它列入顿教，而又贯通乎大乘终教与圆教。一声佛号，彻上彻下，随时随处，可深可浅，真是无上方便法门。他主张禅净一致论，认为念佛不碍参禅，参禅不碍念佛。他说：

归元性无二，方便有多门。今之执禅谤净土者，却不曾真实参究；执净土谤禅者，亦不曾真实念佛。若各各做工夫，到彻底穷源处，则知两条门路原不差毫厘也。(《杂答》)

　　但执观心，不信有极乐净土；但执无生，不信有净土往生，则未达即心即土，不知生即无生，偏空之见，非圆顿之禅也。反不如理性虽未大明，而念佛已成三昧者，何足怪乎？若夫观心而妙悟自心，观无生而得无生忍，此正与念佛人上品上生者同科，又谁轩轾之有？(《竹窗二笔·念佛镜》)

通常一般人总觉得参禅很微妙，而念佛很呆笨，云栖却不是这样看法。他不仅认为殊途同归，并且更进步，认为念佛即是参禅。有人问他："参禅念佛可用融通否？"他回答道：

　　若然是两物，用得融通着。(《遗稿》卷三《答江山朱居士》)

完全看成一件事，根本连融通也用不着。本来参禅所用的话头，并没有什么一定。假使当念佛时，切实参究，"看念佛的是谁"，这不也正是参禅么？所以云栖说：

　　入道多门，直捷简要，无如念佛。念佛一门，上度最胜利根，下至极愚极钝，盖是彻上彻下之道，勿以俗见摇惑。古来尊宿教人看话头起疑情以期大悟，或看无字,或看万等,不一而足。今试比例,假如万法归一,归何处,与念佛是谁极相似。若于是谁处倒断,一归何处,不着问人自豁然矣。古人谓念佛人欲参禅,不须别举话头,正此意也。念佛数声,回头自看这念佛的是谁。如此用心,勿忘勿助,久之当自有省。如或不能,直念亦可。使其念不离佛,佛不离念,念极心空,感应道交,现前见佛,理必然矣。(《遗稿》卷二《与南城吴念慈居士广翊》)

不过这里面还有些细微问题。他的弟子闻谷曾提出种种疑难,云栖一一予以解答。试看其《遗稿》卷三中《答闻谷广印》那几段话,自然就明白了。就这区区念佛的一种笨工夫,云栖既把它和教外别传的禅宗相融合,更把它和无上一乘圆教的《华严经》相贯通。他本是最崇尚《华严》的,其解释教理实以《华严》为根据,但他所极力倡导的终属净土。《遗稿》卷一有《答苏州曹鲁川邑令》二书,洋洋两三千言,讨论《华严》与净土,极为重要。其大旨谓:

不肖虽崇尚净土,而实则崇尚《华严》不异于居士。夫《华严》具无量门,求生净土,《华严》无量门中之一门耳。就时之机,盖由此一门而入《华严》,非举此一门而废《华严》也。又来谕谓不肖以《弥陀》与《华严》并称,因此遂有著论驾净土于《华严》之上者,此论谁作乎?《华严》如天子,谁有驾诸侯王、大臣、百官于天子之上者乎?然不肖亦未尝并称也。《疏钞》

中特谓《华严》圆极,《弥陀经》得圆少分,是《华严》之眷属流类,非并也。……又来谕谓宜随机演教,为宜净土人说净土,为宜《华严》人说《华严》,此意甚妙。然中有二义:一者,千机并育,巧如来出世事,非不肖所能。故曹溪专直指之禅,岂其不通余教?远公擅东林之社,亦非止接钝根。至于云门、法眼、曹洞、沩仰、临济,虽五宗同出一源,而亦授受稍别。门庭施设,理自应尔,无足怪者。况不肖凡品乎?若其妄效古人,昨日定今日不定,而漫无师承,变乱不一。名曰利人,实误人矣。何以故?我为法王,于法自在;平民自号国王,不可不慎也。二者,说《华严》则该净土,说净土亦通《华严》。是以说《华严》者自说《华严》,说净土者自说净土,因并行而不相悖。今人但知《华严》广于极乐,而不知弥陀即是遮那也。

因为他极力提倡念佛,特别阐扬《阿弥陀经》,竟被人误解为以净土压倒《华严》,所以他不得不加以辩白。他本来参禅,而又博通各种经论,《华严》更为他所特别尊奉,但是他惟恐怕讲得过高,流于猖狂泛滥,所以自居钝根,一味教人从最平实处做工夫,所谓极高明而道中庸也。他的见解极圆通,而又极有绳检。有些看似拘滞执着的地方,实际上乃正是他通透灵活的地方。旁人把活的讲死了,他却把死的都讲活了。因为他深造自得,所以能取之左右逢其源。他是真知灼见,所以讲的话句句有着落,踏到实处,决不象旁人专说大话,尽是些影响之谈也。他尽管坚持念佛一着,把它抬高到天上,但那是由博而约,由精而一,从微妙玄通中而得到具体的把柄，决不是浅见寡闻者所能假借。试看他说：

> 看经须是周遍广博，方得融贯，不致偏执。盖经有此处建立、彼处扫荡，此处扫荡、彼处建立，随时逐机，无定法故。假使只看《楞严》，见势至不入圆通，而不广览《称赞净土》诸经，便谓念佛法门不足尚矣。只看达磨对梁帝语，见功德不在作福，而不广览《六度》《万行》诸经，便谓有为福德皆可废矣。反而观之，执净土非禅宗，执有为非无为，亦复如是。喻如读医书不广者，但见治寒用桂附而斥芩连，治虚用参耆而斥枳朴，不知芩连、枳朴亦有时当用，而桂附、参耆亦有时当斥也。是故执医之一方者误色身，执经之一义者误慧命。予谓《六祖坛经》不可使无智人观之，正虑其执此而废彼也。（《竹窗随笔·广览》）

> 析理不得不严为辨别，入道不得不务有专门。然而执己为是，概他为非，又不可也。此在昔已然，于今尤甚。执一家者，则天台而外无一人可其意；而执简便者，又复诋天台为支离穿凿，非佛本旨。执理性者，则呵念佛为着相；而执净业者，又复但见不念佛人便目之曰外道。乃至执方山者，病清凉分裂全经；执持咒者，疑显教出后人口。如斯之类，种种未易悉数。矛盾水火，互相角立。坚壁固守，牢不可转。吾深慨焉。奉劝诸仁者，曷若各舍其执，各虚其心，且自研穷至理，以悟为则。大悟之后，徐而议之未晚也。（《竹窗二笔·人

患各执所见》）

这是何等明透通达的见解，他等观各方，绝没有一点偏执。然而终必以念佛为归者，见解不可不圆通，而工夫不可不专一也。他屡讲"学贵精专"，并且说：

> 人恒病执着，然亦不可概论。良由学以好成，好之极名着。羿着射，辽着丸，连着瑟，与夫着奕者至屏帐垣牖皆森然黑白成势，著书者至山中木石尽黑，学画马者至马现于床榻间，夫然后以其艺鸣天下，而声后世。何独于学道而疑之？是故参禅人至于茶不知茶，饭不知饭，行不知行，坐不知坐，发箧而忘扃，出厕而忘衣；念佛人至于开目闭目，而观在前，摄心散心而念恒一，不举自举，不疑自疑，皆着也。良由情极志专，功深力到，不觉不知，忽入三昧。亦犹钻燧者钻之不已而发焰，炼铁者炼之不已而成钢也。所恶于着者，谓其不知万法皆幻，而希果之心急；不知一切唯识，而取相之意深，是则为所障耳。概虑其着，而悠悠荡荡，如水浸石，穷历年劫，何益之有？是故执滞之着不可有，执持之着不可无。（《竹窗二笔·执着》）

他竟然认为执着也是不可无的。他以为"入道不得不务有门。"各随方便，任走一门，都可入道。所以念佛者自念佛，参禅者自参禅，讲《华严》者自讲《华严》，讲天台者自讲天台，不相非，不相袭，而也不必相兼，只在掘出泉，不宜徒多弃井也。他所重的是实修实悟。念佛固然要切实下工夫，即参禅也得切实地参，不是可以随便掉弄玄虚的。他说：

> 予未出家时，乍阅宗门语，便以情识模拟，与一座主书，左纵右横，座主惮焉。出家数年后，重会座主于一宿庵，劳问间，见予专志净土，语不及宗，瞿然曰："子向日见地超卓，今反卑近，何也？"予笑曰："谚有之：'初生牛犊不畏虎。'识法者惧，君知之乎？"座主不答。(《竹窗随笔·谈宗》)

> 古人大悟之后，横说竖说，正说反说，显说密说，一一契佛心印，皆真语实语，非庄生寓言比也。今人心未妙悟，而资性聪利，辞辩捷给者，窥看诸语录中问答机缘，便能模仿，只贵颠倒异常，可喜可愕，以眩俗目。如当午三更、夜半日出、山头起浪、海底生尘，种种无义味语，信口乱发。诸无识者莫能较勘，同声赞扬。彼人久假不归，亦谓真得。甚至"一棒打杀与狗子吃""这里有祖师么，唤来与我洗脚"，此等处亦得无忌惮，往往效颦。吁！妄谈般若，罪在不原，可畏哉！(《竹窗二笔·宗门语不可乱拟》)

> 宗门答话有所谓无义味语者，不可以道理会，不可以思惟通故也。后人以思惟心强说道理，则愈说而愈远。岂惟谬说，直饶说得极是，亦只是鹦鹉学人语而已。圆悟老人曰："汝但情识意解，一切妄想都尽，自然于这里会去。"此先德已验之方，断非虚语，吾辈所当深信而力行者也。(《竹窗二笔·无义味语》)

先德开示学人，谓我今亦不论你禅定智慧、神通辩才，只要你下一转语谛当。学人闻此，便昼夜学转语。错了也！既一转语如是尊贵，如是奇特，则知定不是情识卜度见解依通所可袭取，盖从真实大彻大悟中自然流出者也。如其向经教中，向古人问答机缘中，以聪明小智模仿穿凿，取辨于口，非不语句尖新；其实隔靴抓痒，直饶一刹那下恒河沙数转语，与自己有何交涉？今莫管转语谛当不谛当，且抛向不可说世界之外；只牢守本参，密密用心，时时不舍；但得悟彻时，岂愁无语？吾虽钝根，不敢不勉。（《竹窗二笔·一转语》）

这样讲参禅，全是实在工夫，绝非口头三昧之比。他又教人切实研究经典，并且必须读论疏。他说：

有自负参禅者，辄云达磨不立文字，见性则休。有自负念佛者，辄云止贵直下有入，何必经典。此二辈人，有真得而作是语者，且不必论，亦有实无得所而漫言之者，大都不通教理，而护惜其短者也。予一生崇尚念佛，然勤勤恳恳劝人看教。何以故？念佛之说，何自来乎？非金口所宣，明载简册，今日众生何由而知十万亿刹之外有阿弥陀也。其参禅者，藉口教外别传，不知离教而参，是邪因也；离教而悟，是邪解也。饶汝参而得悟，必须以教印证，不与教合悉邪也。是故学儒者，必以六经四子为权衡；学佛者，必以三藏十二部为模楷。（《竹窗随笔·经教》）

如来说经，而菩萨造论，后贤制疏，皆所以通经义而开示众生，使得悟入，厥功大矣。或乃谓佛所说经，本自明显，不烦注释；以诸注释，反成晦滞，于是一概拨置，无论优劣，无论凡圣，尽以为不足观。此其说似是而非。何者？不信传而信经，是亦知本。但草忽卤莽，以深经作浅解，则其失非细。是盖有心病二焉：一者懒病，二者狂病，懒则惮于博究，疲于精思，惟图省便，不劳心力故。狂则上轻古德，下蔑今人，惟恣胸臆，自用自专故。新学无智，靡然乐从。予实悯之，为此苦口。(《竹窗二笔·论疏》)

这种论调简直和清儒尊重汉唐注疏经学即理学之说如出一口，最可表现时代精神。更可玩味的是他也不满意李卓吾，如云：

卓吾超逸之才，豪雄之气，吾重之。然可重在此，可惜亦在此。夫人具如是才气，而不以圣言为量，常道为凭，镇之以厚德，持之以小心，则必好为惊世娇俗之论以自愉快。……乃至以秦始皇之暴虐为第一君，以冯道之失节为大豪杰，以荆轲、聂政之杀身为最得死所，而古称贤人君子者，往往反摘其瑕类，甚而排场戏剧之说，亦复以《琵琶》《荆钗》守义持节为勉强，而《西厢》《拜月》为顺天性之常。噫！《大学》言："好人所恶，恶人所好，灾必逮夫身。"卓吾之谓也。惜哉！(《竹窗三笔·李卓吾》)

卓吾负子路之勇，又不持斋素而事宰杀，不处山林

而游朝市，不潜心内典而著述外书，即正首丘，吾必以为幸而免也。（同上）

由此可知云栖态度之严正。在《遗稿》卷三中还有一篇《答周海门少参》，反复辩驳海门"无善无恶"之说，而断然主张"止恶行善"。其结尾道：

近世挥麈谈禅者率多其人，实证实悟者希得一二。实则古人垂一则语，彻上彻下。只如"诸恶不作，众善奉行"，浅言之，则仅仅避恶名行善，三家村里守分良民亦如是；极言之，则纤恶净尽，万善周圆，天中天，圣中圣，如来世尊亦如是。若定执止恶行善为示钝根，拈吹布毛为示利根，则悟矣。

这不是分明和东林诸子的意见相通了么？他论持戒道：

因戒生定，因定发慧。……戒之时义大矣哉！戒有多种：优婆塞五戒，沙弥十戒，比邱二百五十戒，菩萨十重四十八轻戒，乃至三千威仪八万细行。而约其大纲，则五戒为根本。儒家亦时言戒，戒虽未备，而默与佛制合。……但儒之戒疏，佛之戒密。……（《遗稿》卷三《答孙无高居士广抑》）

云栖是最重戒律的。他特别阐扬《梵纲经》等讲戒律的书。在他的寺中，有《共住规约》，起居饮食，极细微地方，都严立科条，切实执行。他个人的生活，严肃清苦，力避纷华。用儒家的话说，真可谓之经明行修。他对于僧侣的习"外学"与"杂术"，表示反对。他严守佛家立场，对于良知一类似禅非禅的话头，都辨析毫厘，务使儒自儒，佛自佛，不相混淆。方则极方，圆则极圆；而且即方为圆，即圆为方。谨严平实而又博大精微，这可以算是云栖所特有的风格。

（2）紫柏大师　名真可，字达观，晚号紫柏，俗姓沈，吴江人。生于嘉靖二十二年（1543），卒于万历三十一年（1603），寿六十一岁。自幼魁杰雄猛。年十七，即仗剑出游。至苏州，阻雨。虎丘僧明觉偶与相值，异其貌，因留宿寺中。闻僧夜诵八十八佛名，大悦。明晨，遂请僧剃发为弟子。时明觉欲化铁万斤，造大钟。紫柏即毅然自任，径往平湖巨室门外趺坐，卒化铁如所需而归。闭户读书，年半不越阃。在武塘景德寺掩关者三年。后行脚诸方，历参知识。一日，闻僧诵张拙见道偈，至"断除妄想重增病，趋向真如亦是邪"，即语僧曰："错也。常云，方无病，不是邪。"僧云："你错他不错。"紫柏大疑，每至处，书二语于壁间，至头面俱肿。一日斋次忽悟，头面立消。自是凌跞诸方。尝曰："使我在临济德山座下，一掌便醒，安用如何如何。"每念《大藏》卷帙重多，致遐方僻陬有终不闻法名字者，欲刻方册，使易流通。遂倡议募化，初刻于五台，后移于径山，数年始竣事，即世所传《径山藏》也。平生与憨山大师最相契，曾相约修《明朝传灯录》，及兴复曹溪法脉。及憨山以事谪戍雷阳，紫柏深为痛心，眷念不已。又疾矿税害民。每叹曰："老憨不归，我出世一大负；矿税不止，我救世一大负；传灯未续，我慧命一大负。若释此三负，当不复走王舍城矣。"万历三十年，在京师。忽妖书事起，震动中外。时相沈一贯欲借以陷沈鲤及郭正域，多所株连，紫柏亦被逮，死狱中。自始出家，四十余年，胁不至席。心慈面冷，不以道法徇人情。求人如苍鹰攫兔，一见即欲生擒。凡入室不契者，心愈慈而恨愈深，一棒之下，直欲顿断命根，故人多畏之。其见地直捷稳密，憨山以为"足可远追临济，上接大慧之风"。其塔铭有云："是生吾师，如石迸笋；出则凌霄，孰知其本。为法力战，通身汗血。大似李陵，空拳不怯。身虽陷虏，其心不亡。千秋之下，毕竟归王。"可想见其孤军拔起为法奋斗之精神矣。憨山又为作像赞曰：

法界网裂，其维不张。适生大师，力振其纲。踞狮子窟，斫旃檀树。奋迅未伸，爪牙已露。击涂毒鼓，酾甘露浆。饮之者醉，耳之者狂。寂灭性空，轰霹雳舌。奔雷卷电，触者褫魄。以大地心，竖金刚骨，眼里有筋，胸中无物。临济不死，黄蘗犹生。谁知大师，不受其名。大方阔步，不存轨则。翻身掷过须弥峰，一拳槌碎无生国。

读此文真觉虎虎有生气。大概说来，紫柏可算是晚明佛学界一个怪杰，比之云栖，另是一格。他不象云栖那样淳谨，高蹈远引，绝迹朝市纷华是非之场；而是栖栖皇皇，阔步长驱，到处大活动的。他所以遭祸，也正由于此。然而他不顾那些。当他被逮后，语人道：

达朽既被逮矣。有世智辩聪辈愤然谓余曰："和尚厌离尘界，宜修然无累。何载遭白简，犹恋恋京师，致今日之苦耶？"曰："檀越以何物为尘界，何物为苦乎？深山大泽，虎豹龙蛇居焉。蛇虎未尝不苦人也。然探渊者则得珠，凿山者则获璧，是见珠璧之为利，未尝知有龙蛇虎豹也。吾诸大乘沙门，以利济为事。方冒难以救援，安知尘劳之可出。无上大宝，失之于穷子。方矢浩劫以追求，乌知分段之可惜。特患衣珠之喻未喻耳，不患衣之频易也。朽乘此解脱其躯壳，岂但解脱鹘臭弊衣乎？内衣之珠，不假外得，夫何苦哉？檀越言苦，异乎朽之为苦矣。"（《被逮答檀越》）

一心一意，全副精神，都在利济救援追求大宝上，不见有尘劳，不见有危难，不见有生死。旁人看着他遭祸受苦，他并不自知其为苦与祸也。这真是大菩萨心行，真是法门中的忠臣、义士、烈丈夫。我们看《紫柏集》，随处都见得他满腔热忱，淋漓痛切，恨不得一下子教人都成佛。有些人当不起他这种热切期待，反而觉得他难与相处，其实他完全是一片救世度人热心肠。他的风格虽和云栖不同，但其实修实悟真切为性命的精神，完全一样。他指出学佛的七大错，其前四项为：

一者，以为禅家古德机缘可以悟道，悟道断不在教乘上。我且问你：安禅师读《楞严》破句悟道，永嘉看《维摩经》悟道，普庵肃禅师、英邵武，皆读《华严》悟道。你谓惟禅家机缘可悟道，教乘不可悟道，岂非大错？二者，以为知见理路，障自悟门。道不须从眼耳入，须一切屏绝，直待冷灰豆爆，发明大事，始为千了百富，一得永得。我且问你：当世黑白中谁是有知见理路者？你若果检点一个半个出，我也不管他悟道不悟道，敢不惜之，只恐亦不多得。一日，王介甫问蒋山元禅师曰：教外别传，可得闻乎？元曰：公有障，且以教海资茂灵根，更一两生来乃可耳。今人去介甫远甚，尚未解爬先学走，岂非大错？三者，以为念佛求生净土，易而不难，比之参禅看教，惟此着子最为稳当。我且问你：净土染心人生耶？净心人生耶？半净半染人生耶？全净心人生耶？若染心人可生净土，则名实相乖，因果离背；若半染半净生净土者，吾闻古德有言，若人临终之际，有芥子许情识念娑婆世，断不能生净土；若全净心生者，心既全净，何往而非净土，奚用净土为？如是以为念佛一着予能胜参禅看教，岂非大错？四者，有等瞎公鸡，闻真鸡啼、假鸡啼，皆仿效作种种声，以为动念即乖本体，思量便落鬼家活计，况复有言乎？我且问你，此等见识，为是解？为是行？解则何乖动念？何病思量？古人有五斗米饭熟后方能酬一转语，亦不乖本体，诸大禅老皆许其悟彻。又曰：思之思之，鬼神将通之。非鬼神通之，心开而明也。思量何伤？观音闻、思、修三慧熏化一切，你偏以为病，岂非大错？（《紫柏尊者全集》卷三）

这里所说，第一项是专讲禅家机缘而不读经，第二项是专期顿悟屏绝见闻，第四项是不要思量动念，这都是学禅者的毛病；第三项是专持念佛一着，以为最稳便，胜过参禅看教，这是学念佛者的毛病。关于念佛一层，紫柏所说似乎和云栖颇有出入，但实际上是言各有当。云栖生怕人流于狂禅，故摄归念佛一路；紫柏却又怕人把念佛看作一桩便宜买卖也。不管参禅与念佛，讨便宜都不行。经是不可不读的，戒律是不可不持的。总而言之，必须切实做工夫。在这一点上，紫柏和云栖完全一致。他认定闻、思、修都不可少。如云：

堪忍众生之机，苟不以闻、思、修三慧熏发之，则其佛知见终不能开矣。或谓德山临济之徒，未闻其以闻、思、修三慧使人开佛知见也。若其所用棒如雨点，喝如雷霆，使当机者于一念不生未入阴界之地，神而明之而已。若必以三慧熏发之，而当机然后开佛知见者，恐三慧于未入阴界之初无地可着耳。此乃知其终而不知其始者也。昔汾阳昭禅师，有问鸟窠之侍者何以见鸟窠吹衣毛而即大悟耶？昭以偈应之曰："侍者初心发胜缘，寻师访友为参禅。鸟窠知是根机熟，吹毛当下得心安。"如以汾阳此偈观之，则此侍者于多劫之中，不以百千诸佛所藉闻、思、修三慧熏发之久，未必一吹布毛而狂心顿歇也。且久则熟，熟则化。于将化之时，乘其化而发之，譬如箭锋相值，岂巧力之所能预哉？夫巧力不能预之地，不惟闻、思、修无所着处，即云门干屎橛与圆通死猫头，亦无着处也。予故曰：知其终而未知其始者也。如知之，则不疑临济德山之棒喝与夫闻、思、修三慧有所相悬

者也。(《全集》卷二)

一顿棒喝，大彻大悟，岂不直捷痛快？无奈没有这样便宜事。有许多看似"顿"的实际上也都由"渐"而来。熏发之久，既熟而化。乘其将化，一点便成。于是死猫头、干屎橛，都具妙用。人但见其末后的效验，而不知其当初下过工夫也。把临济德山之棒喝，与观音闻、思、修三慧等量齐观，直是极通透的见解。他认为悟道有种种因缘，如云：

> 以相好为缘因者，如观德人之容而鄙吝自消之类是也。以音声为缘因者，如一言之下心地开通之类是也。又以圣教为缘因，大善知识为缘因，善友法侣为缘因，以逆境为缘因，以顺境为缘因，或以精进勇猛，剥皮为纸，析骨为笔，刺血为墨，写大乘圣典为缘因。故曰：佛种从缘起。(《全集》卷四《示法灯居士刺血书〈金刚经〉》)

入道有多门，如何能拘定一格？他论行脚道：

> 古之成大器于当世者，无一人不从行脚中来也。若不遍游知识之门，历炼钳锤之下，而欲成器者，未之有也。虽然，未必常行而不住，亦未必常住而不行。但当行则行，当住则住。其当行者，或饱食闲居，恣情肆欲，不行而住其可乎？其当住者，或逢辣手师承，真正道友，不住而行其可乎？……如或虽欲行脚，求心不息，

缘念纷然，今日某州，明日某县，奔南走北，目盼心驰，至于白首，终无所成。……（《全集》卷四《示慈航运侍者》）

他强调行脚的重要，可见其多方磨炼不落偏枯处。但同时又认定行脚、住山各有其用，他把这事完全看活了。云栖《竹窗随笔》中有讲"行脚住山"的好几条，与此所论正同。他们都能观其会通，而不拘于方隅。顾大韶跋《紫柏集》道：

最可敬者，不以释迦压孔老，不以内典废子史，于佛法中不以宗压教，不以性废相，不以贤首废天台。盖其见地融朗，圆摄万法，故横口所说，无罣碍，无偏党，与偎墙倚壁随人妍媸者大不侔矣。

这话很确当。试看紫柏说：

性宗通而相宗不通，则性宗所见犹未圆满；通相宗而不通性宗，则相宗所见亦未精察。性相俱通，而未悟达磨之禅，则如叶公画龙，头角望之非不宛然也，欲其济亢旱兴雷雨断不能焉。（《别集》卷一《前五识略解》）

这是他融通性与相，又融通性相和禅的明证。在这里虽然好象他特别尊重禅宗，但是如果你再看他许多尊重文字般若，尊重闻、思、修的地方，又将使你茫然自失。事实上他对于宗和教并没什么偏重的。他融通三教的话也很多，但仍是确守佛家的立场，和云栖并没很大差异。最有意义的是：

> 凡学佛，性宗通而相宗不通，常迷于相似般若路头。……于相似般若路头不辨清楚，不免牵诸外典，附会佛书。且性宗一味虚豁灵澈，尘劳中人稍挹波澜，怀抱便觉超放。即如读《庄子》一般，令人心魂游扬浊世之表。于此虚豁快活处受用了。若以为极则永不求进，凡见善知识敲打处便以为生事，此病不消，到底成天然外道去也……震旦国中自昔以来，每有窃谓佛经皆是抽绎《庄》、《老》、六经，自成一家。如此等人，若使其于相宗中讨个分晓，何至失言如此，取后人之笑。(《全集》卷七《示门人》)

这种见解，真是深刻精到，卓绝千古，一扫中国学者向来虚骄自大、笼统汗漫之习。云栖《竹窗随笔》中有"华严不如艮卦"一条：

> 宋儒有言："读一部《华严经》，不如看一艮卦。"此说高明者自知其谬，庸劣者遂信不疑。开邪见门，塞圆乘路，言不可不慎也。假令说读一部《易经》不如看一艮卦，然且不可，况佛法耶？况佛法之《华严》耶？

此与紫柏所讲同一快论。真知灼见者，固不作模糊影响之谈也。紫柏和云栖，表面上，一禅一净，一雄猛一稳健；然而讲到实地，则英雄所见往往略同。紫柏亦极重戒律。他的涉足朝市，他的遭遇横祸，虽有似乎李卓吾，但实际上不能相提并论。试看他批评卓吾自杀事及其与耿天台学术异同处，就知道紫柏见地之精卓，立身之严肃，决非卓吾一辈人所能及了。

（3）憨山大师　名德清，俗姓蔡，全椒人。生于嘉靖二十五年（1546），卒于天启三年（1623），寿七十八岁。年十二，辞亲入报恩寺。十九，礼栖霞云谷大师，剃发受戒。二十六，北游。至京师，参遍融、笑严二老。居五台八年，得自在三昧。三十八，遁迹东海之牢山，建海印寺，施教者十三年。五十，因黄冠诬奏，逮赴诏狱，寻谪戍岭南。因入曹溪，大振六祖法脉，号称中兴，得偿其与紫柏共同这宿愿焉。七十一，至庐山五乳峰。居数年，仍返曹溪以终。钱牧斋序其《梦游集》云：

> 大师与紫柏尊者，皆以英雄不世出之资，当狮弦绝响之候，舍身为法，一车两轮。紫柏之文雄健而斩截，大师之文，纡馀而悲婉，其为昏涂之炬火则一也。昔人叹中峰辍席，不知道隐何方；又言楚石季潭而后，拈花一枝几熄。由今观之，不归于紫柏憨山而谁归乎？后五百年，魔外蜂起。笃生二匠，为如来使，佩大法印，燃大法灯，殆亦儒家所谓名世间出者。稗贩剽贼之徒，往往篡统系，附师承，窃窃然为蜉蚍之撼树。夫师之集行，如日轮当阳，魑魅敛影，而魇寐者犹憒而未寤也。

憨山与紫柏为生死患难中的出世知己，都是"名世间出"中兴禅门的大豪杰，其风格抱负极相类似。试看憨山自述云：

> 余少读史，窃慕程婴、公孙杵臼之为人。念曰："持此心为人臣子者，可谓不忝所生矣。"及长出家，乃曰："吾佛为三界法王，四生慈父，苟能持二子之心为弟子者，可谓不负己灵矣。"及读传灯诸祖机缘，见神光之断臂，船子之覆舟，百丈之于马祖，杨岐之于慈明，叹曰："苟能忘身为法，若诸老之为心者，何患祖道之不昌，法门之不振乎？"嗟夫！丈夫处世，既不能尽命竭力，以事人主，荣名显亲，即当为法王忠臣，慈父孝子，易地皆然，又何屑屑以事龌龊乎？（《梦游集》卷二《促小师大义归家山侍养》）

他以佛门的忠臣孝子自许，后来钱牧斋也正是拿程婴、杵臼、田光、贯高一流人来比拟他。在这一点上，他和紫柏实在是同样精神。讲到参禅，他说：

> 古德教人参禅做工夫，先要内脱身心，外遗世界，一切放下，丝毫不存。单提一则公案话头，如"赵州狗子还有佛性也无"，州云"无"或"万法归一，一归何处"；或审实"念佛的是谁"，随举一则，横在胸中。如金刚王宝剑，将一切思虑妄想，一齐斩断，如斩乱丝。内不容出，外不容入。把断要津，筑塞咽喉，不容吐气。如此着力，一眼觑着，这提话头的毕竟是个什么？如此下疑，疑来疑去，疑到必如墙壁一般，再不容

起第二念。才有妄想潜流,一觑觑见,便又极力提起话头,再下疑情。又审又疑,将此疑团扼塞之,心念不起,妄想不行时,正是得力处。如此靠定,一切行住坐卧,动静闲忙中,咬定牙关,决不放舍。乃至睡梦中,亦不放舍,惟有一念话头,是当人命根,如有气死人相似。如此下毒手撕挨,方是个参禅用工之人。用力极处,不计日月,忽然冷灰豆爆,便是大欢喜的时节。若悠悠任意,一暴十寒,恐终无得力时也。(卷六《示嵩璞恩山主》)

这样讲工夫,何等紧切有力。然而憨山和紫柏一样,也是"不以宗压教"的。如云:

佛祖一心,禅教一致。宗门教外别传,非离心外别有一法可传,只是要人离却语言文字,单悟言外之旨耳。今参禅人动即呵教,不知教诠一心,乃禅之本也。但佛说一心,尚送悟两路说透;宗门直指一心,不属迷悟,要人悟透。其实究竟无二。(卷六《示径山堂主幻有海禅人》)

从上诸祖教人参禅,虽有超佛越祖之谈,其实要人成佛作祖耳,未有欲求作佛祖而不遵佛祖之言教者。舍教而言修行,是舍规矩而求方圆也。(卷八《示六如坤公》)

这是他的禅教一致论。憨山又极力融通三教。他著有《大学决疑》《观老庄影响论》《道德经解发题》及《三教图赞》等文。他判定："孔子为人乘之圣，老子为天乘之圣，佛为能圣能凡能人能天之圣。"又谓："不知《春秋》不能涉世，不知老庄不能忘世，不参禅不能出世。"他既认为佛"未尝以一实法与人"，又认为佛"不灭一法而只破其执"。根据这种观点，即令是外道，只要不执，都有可取；即令是佛法，一有所执，便须排除。最耐寻味的是他论用老庄语讲佛法的一段话。他说：

> 间尝私谓：中国去圣人，即上下千古，负超世之见者，去老，惟庄一人而已。载道之言，广大自在，除佛经，即诸子百氏，究天人之学者，惟庄一书而已。藉令中国无此人，万世之下，不知有真人；中国无此书，万世之下，不知有妙论。盖吾佛法广大微妙，译者险辞以济之，理必沈隐，如《楞伽》是已。是故什之所译称最者，以有四哲为之辅佐故耳。观师有言："取其文不取其意。"斯言有由矣。设或北方有过老庄之言者，肇必舍此而不顾矣。由是观之，肇之经论用其文者，盖肇宗《法华》，所谓善说法者，世谛语言资生业等皆顺正法，乃深造实相者之所为也。圭峰少而宗镜远之者，孔子作《春秋》，假天王之令而行赏罚，二师其操法王之权而行褒贬欤？清凉则浑融法号，无可无不可者，故取而不取，是各有所主也。故余以《法华》见观音三十二应，则曰应以婆罗门身得度，即现其身而为说法。至于妙庄严二子，则曰汝父信受外道，深着婆罗门法，且二子亦悔生此邪见之家，盖此方老庄，即西域婆罗门类也。然此刚

为现身说法，旋即斥为外道邪见。何也？盖在着与不着耳。由观音圆通无碍，则不妨现身说法；由妙庄深生执着，故为外道邪见。是以圣人教人，但破其执，不破其法。是凡执着音声色相者，非正见也。（《观老庄影响论》中《论去取》节）

这段理论极为精辟。原来鸠摩罗什门下，生、融、肇、睿，皆能用老庄语言表达佛理，什公所译诸经，得他们润色，故文特华妙。后来清凉作《华严疏》，极推尊肇公，而多引老庄文句，谓"取其文不取其意。"这都是融会老庄与佛法的。但是另一方面，如圭峰、宗镜，却毫不客气，明斥老庄为外道。憨山对此问题，看得极为圆通。他一方面明说老庄为婆罗门一类的外道，但同时却又说即婆罗门亦未尝不可取，只看你执着不执着耳。欲讲佛法于中国，必不能不假手于老庄，因此土讲道之书，只有老庄为最高，过乎此，则与其文化传统脱了节，非此土人所能接受消化也。方便随缘，这才见得佛法之广大圆融。现在许多人提倡学术中国化，对于憨山这种言论是应该深切注意的。一班儒者常以枯槁寂灭攻击佛家，他加以辩解道：

世之士绅有志向上留心学佛者，往往深思高举，远弃世故，效枯木头陀，以为妙行。殊不知佛已痛呵此辈，谓之焦芽败种，言其不能涉俗利生。此正先儒所指虚无寂灭者，吾佛早已不容矣。佛教所贵在乎自利利他，乃名菩萨。梵语菩萨，此云大心众生。以其能入众生界，能断烦恼，故得此名。菩萨舍世间无可修之行，舍众生无断烦恼之具。……且佛制五戒，即儒之五常。不杀，仁也；不盗，义也；不邪淫，礼也；不饮酒，智也；不妄语，信也。但从佛口所说，言别而义同。今人每发心愿，持佛戒，乃自脱略其五常，是知二五而不知十也。(卷五《示袁大涂》)

这是一种儒佛一致论。自然，从憨山看来，佛法广大深微，儒学也应该为他所包容的。最值得注意的倒是下面一段话：

原夫即一心而现十界之像，是则四圣六凡皆一心之影响也。岂独入天为然哉？究论进修阶差，实自人乘而立。是知人为凡圣之本也。故裴休有言曰："鬼神沈幽愁之苦，鸟兽怀獝狖之悲，修罗方瞋，诸天耽乐。可以整心虑，趣菩提，惟人道为能耳。"由是观之，舍人道无以立佛法，非佛法无以尽一心。是则佛法以人道为镃基，人道以佛法为究竟。故曰："菩提以缘，缘苦众生；若无众生，则无菩提"，此之谓也。所言人道者，乃君臣父子夫妇之间，民生日用之常也。假而君君臣臣，父父子子，不识不知，无贪无兢，如幻化人，是为诸上善人俱会一处，即此世界为极乐之国矣。又何庸夫圣人哉？奈何人者因爱欲而生，爱欲而死。其生死爱欲者，财色名食睡耳。由此五者，起贪爱之心，构攻斗之祸，以致君不君，臣不臣，父不父，子不子，虽先王之赏罚，不足以禁其心，适一己无厌之欲，以结未来无量之苦。是以吾佛愍之曰：诸苦所因，贪欲为本，若灭贪欲，无所依止。故现身三界，与民同患，乃说离欲出苦之要道耳。且不居天上而乃生于人间者，正示十界因果之相皆从人道建立也。……嗟乎！吾人为佛弟子，不道吾佛之心；处人间世，不知人伦之事。与之论佛法，则笼统真如，颟顸佛性；与之论世法，则触事面墙，几如梼昧；与之论教乘，则曰：枝叶耳，不足尚也；与之言六度，则曰：菩萨之行，非吾所敢为也；与之言四谛，则曰：彼小乘耳，不足为也；与之言四禅八定，则曰：彼外道所习耳，何足齿也；与之言人道，则茫不知君臣父子之分，仁义礼智之行也。（《观老庄影响论》中《论行本》节）

他竟然大放厥词，讲起人道来了，竟然以人为中心了。这样一来，几乎要从佛转向于儒了。且不管憨山本意如何，我们对于儒佛问题倒由此可以得到某些暗示。憨山又极力提倡念佛。他说：

近世士大夫，多尚口耳，恣谈柄，都尊参禅为向上事，薄净土而不修，以致吾徒好名之辈，多习古德现成语句，以资口舌便利。以此相尚，遂致法门日衰。不但实行全无，且谤大乘经典为文字，不许亲近，世无明眼知识，卒莫能回其狂澜，大可惧也。大都不深于教乘，不知吾佛度生方便多门归源无二之旨耳。世人但知祖师门下，以悟为上。悟心本意，要出生死。念佛岂不是出生死法耶？（卷八《示西印净公专修净土》）

佛法修行出生死法，方便多门，惟有念佛求生净土最为捷要。如《华严》《法华》圆妙法门，普贤妙行，究竟指归净土。如马鸣龙树，及此方永明、中峰诸大祖师，皆极力主张净土一门。此之法门，乃佛无问自说，三根普被，四众齐收，非是权为下根设也。（卷九《示修净土法门》）

自教流此土，古今依奉修行者，有禅与教两门，人人共由。禅者传灯诸祖，真实了悟自心，其下手工夫，则单提话头参求，直至明见自心而后已。此独彼上根人，一超直入，又须善知识时时调护提撕，方得正路，在昔王臣，亦有能者，盖不多见。是乃出家人易为行耳。今大王尊居深密，不易接见善知识，故不敢以此劝进。其有依教修行，昔有天台智者大小止观，乃成佛要门。其大止观文繁，难于理会。其小止观虽简易，其实要说解明白而下手安心，亦不易入。即能知能行，亦难得亲切。日用现前境界逆顺处多用不上，况末后大事乎？此法亦非大王所易行者，亦不敢进。今独有佛说西方净土一门，专以念佛一事为要，以观想正境为正行，以诵大乘经为引发，以发愿为趣向，以布施为福田庄严。此实古今共由，不论贵贱智愚，俱能真实下工夫。故万人修行，万人效验，愿大王留意焉。（卷十《答德王问》）

书中这一类话甚多，不必赘述。在这一点上，憨山和云栖完全是一样的。大概憨山这个人，其慷慨磊落处类紫柏，其健实明练处又类云栖。三位大师，一时鼎足而立。其微言至论，宏通博辨，多非当时儒者所能及。而其辟浮说，挽狂澜，真切笃实，鞭辟近里，实与王学修正派表现同样的时代精神。

（4）藕益大师及湛然、密云、法藏等　藕益，名智旭，晚号灵峰，俗姓钟，吴县人。生于万历二十六年（1598），卒于清顺治十一年（1654），寿五十七岁。年十七，读云栖《竹窗随笔》，大有感悟。二十四，梦受教于憨山，欣然慕之。以道远未能往学，乃依憨山弟子雪岭出家。其后历往温陵、漳州、石城、展溪、长水、新安，而归老于灵峰。著述数十种，于教、律、禅、净皆有贡献。其《阅藏知津》四十八卷，实为佛书目录学中之名著。其注《梵纲经》，以天台为宗。于天台著述研究特深。故死后其弟子公议以之继续幽溪大师无尽灯之系统，而开出后来清代天台宗之灵峰派。但据藕益自言："愿作台宗功臣，不愿作台宗后嗣。"可见其不以一宗学者自居也。钱牧斋称之云：

呜呼！今世宗师座主，踞曲盝床，建大法幢者，多矣。孰有千经万论，如水泻瓶，横心横口，信心信口，横说竖说，具大辩才，如道人者乎？孰有持木叉戒，水青玉粟，虽复白刃穴头，飞铁灼身，断不肯毁缺针鼻，如道人者乎？孰有笃信大乘最上乘法门，破斥第二义谛，不游兔径，不内牛迹，不乘羊鹿二车，如道人者乎？其立论以为随机羯磨出而律学衰，《指月录》盛行而禅教坏，四教仪流传而台宗昧。举世若教，若律，若禅，无不指为异物，嫉若仇雠。道人坦怀当之，攒锋集矢，无可引避。昔者，宋人论洪觉范曰："宁我得罪于先达，获谤于后来，而必欲使汝与闻之。于佛法与救鸽饲虎等，于世法程婴、公孙杵臼、田光、贯高之用心也。"吾尝谓紫柏、海印（即憨山）二老后，道人殆庶几不愧此语。呜呼难哉！（《书藕益道人自传后》）

读此文可以想见藕益为法奋斗之精神，及其宏通博辨之学识。以之继承三大师后，实在无愧。他认定，"禅为佛心，教为佛语，律为佛行"，三者不可偏废。他说：

> 心外无法，祖师所以示即法之心；法外无心，大士所以阐即心之法。并传佛命，觉彼迷情。断未有欲弘佛语，而可不深究佛心；亦未有既悟佛心，而仍不能妙达佛语者也。今之文字阿师，拍盲禅侣，竟何如哉？呜呼！吾不忍言之矣。昔世尊示入涅槃，初祖大迦叶即白众云："如来舍利，非我等事，今者宜先结集三藏，勿令佛法速灭。"嗟嗟！倘三藏果不足传佛心，则初祖何以结集为急务耶？窃谓禅宗之有三藏，犹弈秋之有棋子也；三藏之须禅宗，犹棋子之须活眼也。均一棋子也，善弈者则着着皆活，不善弈者则着着皆死。均此三藏也，知佛心者则言言皆了义，不知佛意者则字字皆疮疣。若为惩随语生见，遂欲全弃佛语，又何异因噎废食哉？（《阅藏知津叙》）

这样融通禅与教，极为透快，把不读书和死读书两方面的毛病都解除了。他著《周易禅解》，其序文说：

藕益子结冬于月台。禅诵之余,持韦编而笺释之。或问曰:"子所解者是《易》耶?"余亦应之曰:"然。"复有视而问曰:"子所解者非《易》耶?"余亦应之曰:"然。"又有视而问曰:"子所解者亦《易》亦非《易》耶?"余亦应之曰:"然。"更有视而问曰:"子所解者非易非非《易》耶?"余亦应之曰:"然。"侍者闻而笑曰:"若是乎堕在四句中也。"余曰:"汝不闻四句皆不可说,有因缘故四句皆可说乎?因缘者,四悉檀也。人谓我释子也,而亦通儒,能解《易》,则生欢喜焉。故谓是《易》者,吾然之。世界悉檀也。或谓我释子也,奈何解《易》,以同俗儒?知所解之非《易》,则善心生焉。故谓非《易》者,吾然之。为人悉檀也。或谓儒释殆无分也,若知《易》与非《易》,必有差别,虽异而同,虽同而异,则笼统之病不得作焉。故谓亦《易》非《易》者,吾然之。对治悉檀也。或谓儒释必有实法也。若知非《易》,则儒非定儒;知非非《易》,则释非定释。但有名字,而无实性,顿见不思议理焉。故谓非《易》非非《易》者,吾然之。第一义悉檀也。"侍者曰:"不然。若所解是《易》,则人将谓《易》可助出世法,或增益谤。若所解非《易》,则人将谓师自说禅,何尝知《易》,成灭损谤。若所解亦《易》亦非《易》,则人将谓儒原非禅,禅亦非儒,成相违谤。若所解非易非非易,则人将谓儒不成儒,禅不成禅,成戏论谤。乌见其为四悉檀也?"余曰:"是固然。汝独不闻人参善补人,而气喘者服之立毙乎?抑不闻大黄最损人,而中满者服之立瘥乎?春之生育万物也,物固有遇春而烂坏者。夏之长养庶品也,草亦有夏枯者。秋之肃杀也,而菊有黄花。冬之闭藏也,而松柏青青,梅英馥馥。如必择其有利而无害者而后为之,天地恐亦不能无憾矣。且佛以慈眼视大千,知群机已熟,然后示生,犹有魔波旬扰乱之,九十五种嫉妒之,提婆达多思中害之。岂惟尧舜称犹病哉?吾所由解《易》者,无他,以禅入儒,务诱儒以知禅耳。纵令不得四益而起四谤,如从地倒,还从地起。置毒乳中,转至醍醐,厥毒仍在。遍行为外道师,萨遮为尼犍主,意在斯也。"侍者再拜而谢曰:"此非弟子所及也。请得笔而存之。"

他和憨山一样,融通儒佛,使佛法中国化。其剖析名理,剔透玲珑处,真不易得。我们读藕益的书,特别觉得爽利骏快,比之前述三大师又是一格。但其精神是同样宏伟,见解是同样明透的。

除上述四位大师外,尚有湛然圆澄,为曹洞宗的重要人物;密云圆悟,为临济宗的重要人物。他们声势都很隆盛,不愧为一时龙象。另有汉月法藏,名义上从密云承接临济系统,而实自树一帜。他著《五宗原》,其弟子弘忍著《五宗救》,大倡异说。当时密云极力驳斥他们,有《辟妄救略说》。后来清朝雍正帝更特著《拣魔辨异录》,并焚其著述,除其教籍,闹得象煞有介事的。这场公案究竟群情如何,此处且不赘述罢。

第七章　古学复兴的曙光

晚明是一个心宗盛行的时代。无论王学或禅学，都是直指本心，以不读书著名。然而实际上不是那样简单，每一个时代的思想界，甚至每一派思想的内部，常都是五光十色，错综变化的。在不读书的环境中，也潜藏着读书的种子；在师心蔑古的空气中，却透露出古学复兴的曙光。世人但知清代古学昌明是明儒空腹高心的反动，而不知晚明学者已经为清儒做了些准备工作，而向新时代逐步推移了。

试看上章所述云栖、紫柏、憨山、藕益诸大禅师，都是读书很多，主张博学广览。他们的禅教一致论，精神上直和后来顾亭林"经学即理学"之说相接近；虽然他们是讲佛家方面，而亭林是讲儒家方面的。特别是紫柏刻了一部《大藏经》，而藕益遍读全藏，著出一部在目录学上极有价值的《阅藏知津》。这种崇高宏博，读书空气的提高，不分明是古学复兴的征象么？当然，这种征象表现在各方面，并不限于佛家。

晚明时代以读书稽古著称的，有胡应麟、焦竑、陈第、方以智等，稍前则有杨慎、陈耀文，而王世贞亦颇有根柢。这些人除陈、方二氏外，虽都不免于"闻见杂博"，但对于古学复兴运动都是很有关系的。大概杨陈、王、胡，投间抵隙，相引而起，为一组；焦、陈同时而相交游，在某点上亦可并论；方氏最后，亦最特出，卓尔不群。我们且从这几家的学风上对当时古学运动作一鸟瞰罢。

杨升庵慎生当正嘉年间，最号博洽。所著《丹铅录》《谭苑醍醐》等数十种，虽疏舛伪妄，在所不免，然读书博古、崇尚考据之风实从此启。其《古音丛目》《古音猎要》《古音略例》《转注古音略》等，虽不如陈第之精粹，然引据繁富，实为后来研究古音者所取材。其言有曰：

> 夫从乳出酪，从酪出酥，从生酥出熟酥，从熟酥出醍醐，犹之精义入神，非一蹴之力也。学道其可以忘言乎？语理其可以遗物乎？故儒之学有博有约，佛之教有顿有渐。故曰："多闻则守之以约，多见则守之以卓。寡闻则无约也，寡见则无卓也。"佛之说曰："必有实际而后有真空。实则挠长河为酥酪，空则纳须弥于芥子。"以吾道而瓦合外道，一也；以外道而印证吾道，一也。（《谭苑醍醐序》）

他这个博约论极精切有力，实提倡一种新学风，一种新治学方法。他断然主张多闻多见，尚博尚实，和当时心学家所走路数显然不同。他又说：

> 葛稚川云："余抄掇众书，撮其精要。用功少而所收多，思不烦而所见博……"王融云："余少好抄书，老而弥笃。虽遇见瞥观，皆即疏记。后重览省，欢情益深。习与性成，不觉笔倦。"（据胡应麟考证此语出王筠

而非王融）慎执鞭古昔，颇合轨葛、王。自束发以来，手所抄集，帙成逾百，卷计越千……（《丹铅别录序》）

抄书是考据的一种基本工夫。既要言必有征，就不能不博览，不能不抄书。所以后来顾亭林乃至有"著书不如抄书"之说。升庵此论足见其学风之所趋向。当时升庵的影响很大。如陈耀文，对他不服气，因特著《正杨》一书以攻击他。王世贞意见又不同，对于两家各有指摘。胡应麟的《丹铅新录》《艺林学山》，也是专为订正杨著而作。朱国桢《涌幢小品》谓：

自有《丹铅录》诸书，便有《正杨》，又有《正正杨》。古人、古事、古字，此书如彼，彼书如此，散见杂出，各不相同。见其一不见其二，哄然纠驳，不免为前人所笑。

周亮工《因树屋书影》亦谓：

《丹铅》诸录出，而陈晦伯《正杨》继之，胡元瑞《笔丛》又继之。当时如周方叔、谢在杭、毕湖目诸君子集中，与用修为难者不止一人。然其中虽极辨难，有究是一义者，亦有互相发明者。予已汇为一书，颜曰《翼杨》……

不管"正杨"也罢，"翼杨"也罢，总而言之，以升庵为中心，在当时学术界激起很大波动，这是极明显的。升庵和许多其他开风气的人物一样，虽不免谬误百出，遭后人攻击；然而他提出许多过去学者所没有注意到的问题，在许多方面为后来考证家开其先路，要追溯晚明古学复兴运动的由来，总是不能不从他讲起的。

陈耀文，字晦伯，确山人，比升庵稍晚出，而博洽略可相当。所著《经典稽疑》《天中记》等数十百卷，虽驳杂不纯，而见闻终富，直到后来毛西河、姚际恒还时时称引他。其《正杨》之作，叫嚣诋诽，未免太甚。但由陈、杨异同这一场公案，使许多治考证的人增加兴趣不少，对于当时古学运动不能不说是一种有力的刺激。

王弇州（世贞）为一代文坛主盟，其《四部稿》数百卷，风靡一世，初时誉满天下，后亦毁满天下。平心而论，其秦汉伪体，固不足为训；而博综典籍，谙习掌故，终不同于空疏者流，对于当时古学运动也不能说没有一点功绩。

胡元瑞（应麟）为万历间学者，本来也是弇州派下人物，而特以考据见长。所著书籍亦数十百卷，征引典籍，极为宏富。《四库提要》论其《少室山房笔丛》云：

> 盖捃摘既博，又复不自检点，抵牾横生，势固有所不免。然明自万历以后，心学横流，儒风大坏，不复以稽古为事。应麟独研索旧文，参校疑义，以成是编。虽利钝互陈，而可资考证者亦不少。朱彝尊称其不失读书种子，诚公论也。杨慎、陈耀文、焦竑诸家之后，录此一书，犹所谓差强人意者矣。（卷一百二十三）

观此可知胡氏在晚明古学界的地位。他对于升庵著述很下过一番工夫，其《笔丛》中《丹铅新录》及《艺林学山》两部分，对于杨、陈二氏说多所折衷。他说：

> 杨子用修拮据坟典，摘抉隐微，白首丹铅，厥功伟矣。今所撰诸书，盛行海内。大而穹宇，细入肖翘，耳目八埏，靡不该综。即惠施、黄缭之辩，未足侈也。然而世之学士，咸有异同。若以得失瑕瑜，仅足相补。何以故哉？余尝窃窥杨子之癖，大概有二：一曰命意太高，二曰持论太果。太高则迂怪之情合，故有于前人之说，浅也凿而深之，明也汩而晦之；太果则灭裂之衅开，故有于前人之说，疑也骤而信之，是也骤而非之。至剽敓陈言，盾矛故帙，世人率以訾杨子，则又非也。杨子蚤岁戍滇，罕携载籍，绌诸腹笥，千虑而一，势则宜然。以余读杨子遗文，即前修往哲，只字中窾，咸极表章，而屑屑是也。晦伯曰："杨子之言，间多芜翳，当由传录偶乏荩臣。"鄙人于杨子业，忻慕为执鞭。辄于占毕之暇，稍为是正。甕天蠡海，亡当大方。异日者，求忠臣于杨子之门，或为余屈其一指也夫。（《丹铅新录引》）

> 用修生平纂述，亡虑数十百种，《丹铅》诸录其一耳。余少癖用修书，求之未尽获，已稍稍获，又病未能悉窥。其盛行于世，而人尤诵习，无若《艺林伐山》等十数篇，则不佞录《丹铅》外，以次卒业焉。其特见罔弗厌余衷，而微辞眇论亦间有未易悬解者。因更掇拾

异同，续为录，命之曰《艺林伐山》。客规不佞：子之说则诚辩矣。独不闻之蒙庄之言乎？天地一指也，万物一马也。昔河东氏《非国语》，而《非非国语》传；成都氏《反离骚》，而《反反离骚》作。用修之言，世方社而稷之，而且哓哓焉数以辩哗其后。后起者籍焉，子其穷矣。夫丘陵学山而弗至于山，几子之谓也。余曰：唯！唯！窃闻之：孔鱼诘墨，司马疑孟，方之削荀，晦伯正杨，古今共然，亡取苟合。不佞于用修，尽心焉耳矣。千虑而得，间有异同，即就正大方，方兹籍乎，而奚容目睫诿也。夫用修之可，柳下也；不佞之不可，颡鲁人也。师鲁人以师柳下，世或以不佞善学用修，用修无亦迪然听哉。（《艺林学山》引）

他以升庵的忠臣自命，其绳愆纠谬，乃正所以善学升庵。他对于升庵实深向慕，而大受其影响，尽管多有异同，而实在是一条路上的人。他的《四部正伪》，颇为现今作辨伪工作者所表章，亦为《笔丛》中的一部分。

焦弱侯（竑），亦出万历年间，师耿天台而友李卓吾，本是个王学左派的人物。然而他特以博洽著称。所著《国史经籍志》虽不算好书，但对于目录学这一道总算已能注意。其《笔乘》所论，虽多援儒入释，大张狂禅之焰，但精彩处亦不少。最可注意的如《古诗无叶音》卷三中一条：

诗有古韵今韵。古韵久不传，学者于《毛诗》《离骚》，皆以今韵读之。其有不合，则强为之音，曰："此叶也。"予意不然。如"驺虞",一"虞"也,既音"牙"而叶"葭"与"豝",又音五红反而叶"蓬"与"豵";"好仇",一"仇"也,既音"求"而叶"鸠"与"洲",又音渠之反而叶"逑"。如此则"东"亦可音"西","南"亦可音"北","上"亦可音"下","前"亦可音"后",凡字皆无正呼,凡诗皆无正字矣。岂理也哉?如"下",今在祃押,而古皆作"虎"音:《击鼓》云"于林之下",上韵为"爰居爰处";《凯风》云"在浚之下",下韵为"母氏劳苦";《大雅·绵》,"至于岐下",上韵为"率西水浒"之类也。"服",今在屋押,而古皆作"迫"音:《关雎》云"寤寐思服",下韵"辗转反侧";《有狐》云"之子无服",上韵为"在彼淇侧";《骚经》"非时俗之所服",下韵为"依彭咸之遗则";《大戴记》:《孝昭冠词》"始加昭明之元服",下韵"崇积文武之宠德"之类也。"降",今在绛押,而古皆作"攻"音:《草虫》云"我心则降",下韵为"忧心忡忡";《骚经》"惟庚寅吾以降",上韵为"朕皇考曰伯庸"之类也。"泽",今在陌押,而古皆作"铎"音:《无衣》云"与子同泽",下韵为"与子偕作";《郊特牲》"草本归其泽",上韵为"水归其壑,昆虫无作"之类也。此等不可殚举。使非古韵而自以意叶之,则"下"何皆音"虎","服"何皆音"迫","降"何皆音"攻","泽"何皆音"铎",而无一字作他音者耶?《离骚》、汉魏去诗人不远,故其用韵皆同。世儒徒以耳目所不逮,而穿凿附会,良可叹矣。予儿朗生五岁,时方诵《国风》,问曰:然则"驺虞""好仇"当作何音?余曰:"葭"与"豝"为一韵,"蓬"与"豵"为一韵,"吁嗟乎驺虞"一句自为余音,不必叶也。如"麟之趾","趾"与"子"为韵。"麟之定","定"与"姓"为韵。"吁嗟麟兮"一句亦不必叶也。《殷其雷》《黍离》《北门》,章末语不入韵,皆此例也。《兔罝》,"仇"与"逵"同韵,盖"逵"古一音"求"。王粲《从军诗》:"鸡鸣达四境,黍稷盈原畴。馆宅流廛里,士女满庄馗。""馗"即"逵",九交之道也。不知"逵"亦音"求",而改"仇"为渠之反以叶之,迁就之曲说也。

此段讲古音,明确条畅,竟然大类顾亭林《答李子德书》。后来讲古音的多溯及陈第,而不及焦氏此文。实则江慎修已明言:"古无叶音之说,始于焦竑,而陈氏阐明之。"陈兰甫对焦氏此文亦特别加以表章。陈第自己在其《毛诗古音考》的跋文上也说:

往年读焦太史《笔乘》曰:"古诗无叶音。"此前人未道语也。知言哉!岁在辛丑,尝为考证。尚未脱稿,即有建州温陵之游。留滞三年,徒置旧箧中,甲辰春,来金陵,稿未携也。秋末,造访太史,谈及古音,欣然相契。假以诸韵书故本所忆记,复加编辑。太史又为补其未备,正其音切。于是书成可缮写。爰以公诸同好,此道久湮,知之者寡。即吴才老、杨用修,博采精稽,犹未取断言非叶也。太史与愚乃笃于自信,真千载一遇矣。使见者以为是也，古音自此而明；谓未尽也，触类引伸，必自是始。如谓非也，则以待后世子云而已。

观此可知"古诗无叶音"之说，确为焦氏创见，即陈氏所著亦未尝不与之有关系也。

陈第字季立，连江人。治音韵特精。其《毛诗古音考》《屈宋古音义》，为后来言古音者所祖述。《四库提要》在《毛诗古音考》条下论之云：

言古韵者自吴棫。然《韵补》一书，庞杂割裂，谬种流传，古韵乃以益乱。国朝顾炎武作《诗本音》，江永作《古韵标准》，以经证经，始廓清妄论。而开除先路，则此书实为首功。大旨以为古人之音，原与今异。凡今所称叶韵，皆即古人之本音。非随意改读，辗转牵就，如母必读米，马必读姥，京必读疆，福必读逼之类。历考诸篇，悉截然不紊。又《左》《国》《易·象》《离骚》《楚辞》，秦碑汉赋，以至上古歌谣、箴铭、颂赞，往往多与诗合，可以互证。于是排比经文，参以群籍，定为本证、旁证二条。本证者，诗自相证，以探古音之源；旁证者，他经所载，以及秦汉以下去风雅未远者，以竟古音之委。钩稽参验，本末秩然，其用力可谓笃至。虽其中如素音为苏之类，不知古无四声，不必又分平仄；家又音歌，华又音和之类，不知为汉魏以下之转韵，不可以通《三百篇》，皆为未密。然所列四百四十四字，言必有征，典必探本，视他家执今韵部分妄以通转古音者，相去盖万万矣。初，第作此书，自焦竑以外，无人能通其说。故刊版旋佚。此本及《屈宋古音义》，皆建宁徐时作购得旧刻，复为刊传。虽卷帙无多，然欲求古韵之津梁，舍是无由也。（卷四十二）

他完全用比较归纳、以经证经的方法，精密纯粹，调理秩然，在明人著述中可谓特出。这不仅为治古音者辟出一条康庄大道，并且在一般治学方法上，其影响也是极大的。他没有杨慎、焦竑那样博洽，却也不象他们那样驳杂。他和清代朴学家更接近一步了。

方以智，字密之，桐城人，为明末海内所称四公子之一。清兵南下后，曾从永历帝于梧州。后见事无可为，乃弃官为僧。"无可""药地""浮山愚者""极丸老人"，皆其出家后之称号。与王船山时有往还，船山诗文中极称道之。所著《通雅》五十二卷，皆考证名物象数训诂音声，极为精博，迥出明代一般考据家之上。《四库提要》论之曰：

明之中叶，以博洽著者称杨慎，而陈耀文起而与争。然慎好伪说以售欺，耀文好蔓引以求胜。次则焦竑，亦喜考证，而习与李贽游，动辄率缀佛书，伤于芜杂。惟以智崛起崇祯中，考据精核，迥出其上。风气既开，国朝顾炎武、阎若璩、朱彝尊等沿波而起，始一扫悬揣之空谈。虽其中千虑一失，或所不免，而穷源溯委，词必有征，在明代考证家中可谓卓然独立矣。（卷一百十九）

明代考证著述受清人如此推重者，实不多见，由此可知其书之价值。方氏治学方法，最可注意。他说：

> 考究之门虽卑，然非比性命可自悟，常理可守经而已。必博学积久，得征乃决。（《通雅凡例》）

他已经把"考究之门"认成一种专门学问，和那性命之学相对立。他深知这门学问的性质，不能凭自悟，不能凭墨守，而必须广搜博采，日积月累，经过极繁艰的历程，把一切论断都建立在确凿的证据上，即所谓"博学积久，待征乃决"，这已经是把握住考证家治学方法的精髓了。他自述其治学的经过道：

> 吾与方伎游，即欲通其艺也；观物，欲知其名也。物理无可疑者吾疑之，而必欲深求其故也。以至于颓墙败壁之上，有一字焉吾未之经见，则必详其音义，考其原本，既悉矣，而后释然于吾心。（《通雅·钱澄之序》述方氏语）

看他这种到处考索、细大不捐的艰苦工夫，和顾亭林简直没有二样。他还有《物理小识》一书，原附于《通雅》，后别行，乃是由他儿子中通等编成的。其内容大致虽亦本张华《博物志》、赞宁《物类相感志》诸书而衍之，但彼只言克制生化之性，而此则推阐其所以然；虽所录不免冗杂，未必一一尽确，所论亦不免时有附会，但能有意识地提出一种"质测"方法来，已经可算是卓绝千古。王船山称他道：

> 密翁与其公子为质测之学，诚学思兼致之实功。盖格物者，即物以穷理，惟质测为得之。若邵康节、蔡西山则立一理以穷物，非格物也。（《搔首问》）

"质测"即实验，语见《物理小识》。船山指出他和邵、蔡等的区别，非常重要。因为这就是科学所以别于过去一切象数、占验、博物、志异诸书之一基本要点也。这时候西学已经输入了，方氏深受其影响。他用"质测"的方法，根据确凿可靠的事实，敢信古，也敢信今。他说：

> 古今以智相积而我生其后，考古所以决今，然不可泥古也。古人有让后人者，韦编杀青，何如雕板；龟山在今，亦能长律；何源详于阔阔，江源详于缅志；南极下之星，唐时海中占之，至泰西人，始合为图，补开辟所未有。（《通雅》卷首）

他认定，人类知识越积越多，后来居上，今人所知尽多为古人所未及知者。许多明明白白的事实放在面前，断不容我们强闭眼睛，曲从古人。他毫不犹豫地称泰西天文学"补开辟所未有"，可见他对于当时西学是何等的崇拜。他更注重方言辨护俗字，主张拼音文字，处处表现出他的历史眼光，表现出他尊重近代的精神。这些地方已经超越了一般古学家，即清代大师能达到这种的程度的也不多。我们读方氏书，真觉得元气淋漓，处处透露出新时代的曙光。

　　大概明朝中叶以后，学者渐渐厌弃烂熟的宋人格套，争出手眼，自标新异。于是乎一方面表现为心学运动，另一方面表现为古学运动。心学与古学看似相反，但其打破当时传统格套，如陆象山所谓"扫俗学之凡陋"，其精神则一。王阳明已经要讲古本《大学》了，王学左派的焦弱侯竟以古学著名了。自杨慎以下那班古学家，并不象乾、嘉诸老那样朴实头下工夫，而都是才气纵横，带些浪漫色彩的。他们都是大刀阔斧，而不是细针密线。他们虽不免于驳杂，但古学复兴的机运毕竟由此打开了。

　　最后我们还应当一述的，就是当时藏书风气的盛兴。如范氏天一阁、钮氏世学楼、祁氏澹生堂、黄氏千顷斋、钱氏绛云楼、郑氏丛桂堂，都是著名藏书的地方。其余若上义所述焦竑、陈第、胡应麟等都是藏书极富。特别是毛子晋，专以藏书刻书传名后世。他前后积书八万四千册，构汲古阁、目耕楼以保藏之。一时书舶云集于门，邑中为之谚曰："三百六十行生意，不如鬻书于毛氏。"他并且刻了许多古书，流布遍天下。直到现在，稍读古书的几乎无不知有汲古阁，可想见其影响之大。假使没有这样丰富的藏书，那班古学家将无所凭借以用其力。我们讲晚明古学运动，对于这些私人图书馆是不应遗忘的。

第八章　西学输入的新潮

在晚明思想解放的潮流中，除古学复兴外，还另有一个新路向，那就是西学的输入。原来自万历以后，西洋耶稣会教士利玛窦、庞迪我、熊三拔、龙华民、艾儒略、金尼阁、阳玛诺、汤若望等相继来华。他们学识品格本来很好，而又能迎合中国风习，所以逐渐在士大夫间活动起来，取得许多名流的信仰。这些教士中，声名最大的当然推利玛窦。如李卓吾、袁中郎、谭元春、叶向高、李日华、汪廷讷等，都很恭维他，更不要说当时天主教三大柱石徐光启、李之藻、杨廷筠了。他们本为传教而来，但其结果为中国撒布许多科学的种子。我们且先把当时学术各部门中所受他们的影响，作一概略的叙述，然后把最重要的徐光启特别提出来讲一讲。

首先自然要说到天算。那时候所行的"大统历"，循元朝郭守敬"授时历"之旧，错误很多。万历年间，朱载堉、邢云路先后上疏，请求厘正。恰当这时候，利玛窦等来到了。他们都长于天算，其推算之密，制作之巧，实中国前古所未有。于是由徐光启、李之藻等的推荐，得参与历法改革的大业。天启、崇祯两朝十几年间，很把这件事当一件大事办。经他们合译或另撰的书不下百余种，汇为《崇祯历书》《天学初函》。其中如利、徐合译的《几何原本》，几成为后来学算者必读之书。《四库提要》在"测量法义"条下言及此书道：

> 自是之后，凡学算者，必先熟习其书。如释某法之义，遇有与《几何原本》相同者，第注曰"见《几何原本》某卷某节"，不复更举其言。惟《几何原本》所不能及者，始解之。

由这几句话，可知此书影响之大。此外若《测量法义》《测量异同》《勾股义》《浑盖通宪图说》《圆容较义》《同文算指》等，其著者或徐或李，而实皆利氏所译授。《明史·天文志》论其事道：

> 明神宗时，西洋人利玛窦等入中国，精于天文、历算之学，发微阐奥，运算制器，前此未尝有也。

清阮元《畴人传》第四十四卷西洋二附录近世西洋人，首推利玛窦，以利氏东来为"西法入中国之始"，解释其新说颇详。其论赞云：

> 自利玛窦入中国，西人接踵而至。其于天学，皆有所得。采而用之，此礼失求野之义也。而徐光启至谓利氏为今日之羲和云。

风气既开，后来清代学者继续发展。其影响所及，不仅出了几位专门天算学家，并且许多经学家都兼长天算。这是明末西学输入最明显的产果。不过当时所输入的天文学，还是欧洲的旧天文学，也就是托来梅（Ptolemaeus，今译作托勒密，古罗马旧天文学家。——编者注）以来的天文学，而不是歌白尼（Copernicus，今译作哥白尼，波兰天文学家。——编者注）以后的新天文学。因为歌氏的书虽已于1543年出版，但尚未大行。利玛窦等仍囿于当时天主教徒以地球为宇宙中心之成见，而不信歌氏太阳中心说。这也无足怪，因为歌白尼学说之被确认，尚待葛利略（Galilei，今译作伽利略，意大利天文学家。——编者注）出来以后也。

其次是舆地。利玛窦等一班教士，远渡重洋，挟其广博的世界知识，使向来闭关自大的中国人士闻所未闻。异方殊俗，引起不少兴趣。如利氏的《万国舆图》、艾儒略的《职方外纪》……绘图立说，中国人之知有五洲万国自此始。在裴化行所著《天主教十六世纪在华传教志》中，描写利氏在肇庆府的情形，特别详述其地图之为人所注意时道：

在会所的客厅内，悬有一张西文的世界全图。凡来会所参观的人，都宁神注视，并彼此相探问这是一张什么图。因为他们从来没有见过，并从来没想过，世界的缩影是这样的。各重要人员都愿意把这图译成中文，为能更明了图上所含的一切。……利玛窦为应付朋友的请求，即一面参考他的旅行日记及别的西洋书籍，一面借翻译官的帮助，编成一本注解地图的小册子，并在内插入天主教仪式及各地方习俗的记录。……这种地图，虽然有很多缺陷，大家却视为稀世的奇品，不久便流传到全中国各省内。……当着他们见到世界全图，上面表现着一个极庞大的世界，中国是被移置在一个角落，并且看着很小，一般昏愚的人们，有开始嘲笑司铎们的；但是比较明智的人，注意到地图构造是这般精密，上面有经度及纬度，有赤道线，有回归线……因此他们便不自禁地相信图上的一切都是与实际相合的。利玛窦为减除中国朋友对于新式地图的嫉视心，便很小心地把大家对于地图的观点转移。因为中国学者不能忍受他们国家被西洋绘图家抛在世界东部的一个角落上，但是他们又不能立刻懂清数学上的证明；于是利玛窦不得已把地图上的第一条子午线（经过加拿利群岛的子午线）的投影的位置转移，把中国放在正中。这正是一种适合于参观者脾味的地图。众司铎相信，以后演讲时一定有许多便利。来宾见西洋各国与中国的距离几乎远得无法测量，又有重洋相隔，便不再惧能有外力来侵略。（下编第六章）

从这段描写可知当时中国学者地理知识的幼稚，及利氏对于他们的新刺激。利氏地图及其所附说明，从现在看来，自然也还觉得幼稚，但在中国地理学的发展史上，他毕竟划出一个新时代。后来清朝康熙年间，测绘《皇舆全览图》，还全赖一班教士们的力量。清儒对舆地上的兴趣，也未尝不与此有关。（《禹贡》第五卷第三、四期合刊是讲利玛窦地图的一个专号可参考。）

其次是音韵。中国音韵学自与印度交通而进一步，自与西洋交通而又进一步。那班耶稣会教士读中国书，多用罗马字注音。如现仍保存在北平图书馆中殷铎泽用拉丁文翻译的《中庸》等书，即其实例。金尼阁更著《西儒耳目资》一书，以西洋之音，通中国之音，为当时音韵学界别辟新路径。后来方以智著《通雅》、刘继庄著《新韵谱》，都明白承认受西人的影响。清代音韵学之盛，不能说和西学输入没有一点关系。（陈援庵先生著《明季之欧化美术及罗马字注音》一书论此甚详可以参考。）

其次，一切名物度数、利用厚生之学。明末西学输入的结果，不仅发展了天算、舆地、音韵等几种专门学向，实在说，当时整个思想变动也未尝不受其影响。中国学者向来所常讲的是道德伦纪，而对于一切名物度数、利用厚生之事则不甚留意。利玛窦曾言：

> 薄游数十百国，所见中国土地人民，声名礼乐，实海内冠冕。而其民顾多贫乏，一遇水旱，则有道殣，国计亦绌焉者，何也？（徐光启《泰西水法》序中所引）

这段话实在能指出中国的弱点。地大物博，而常患贫，这种奇怪现象，至今犹然。利氏因进言水法，以为富国足民之计。后来熊三拔著《泰西水法》，邓玉函著《远西奇器图说》，种种实用的学问技艺逐渐输入。徐光启既受其影响而著卓绝千古的《农政全书》，而清初诸儒经世致用的思想亦启发于此了。当时西学有广泛的输入，其治学方法亦影响到各方面。如艾儒略所著《西学凡》，讲西洋建学育才之法，把当时欧洲教育制度、学问门类已介绍其大概。李之藻译《名理探》，把西洋论理学也介绍过来了。总而言之，一切名物度数、利用厚生之学，因受西学影响而都渐渐为人所注意了。说到这里，我又想起方以智。不仅他自己著《物理小识》，并且他的祖父野同公、他的父亲潜夫公、他的外祖父吴观我，都是喜欢研究物理的。他的曾祖明善公的门生王虚舟，且著《物理辨》。《物理小识》就是缘此而作的。他的儿子中德、中通、中履，是《物理小识》编纂者，书中多附录其说。

中通更与揭宣往复讨论,录为《揭方问答》一书。这不仅可见方氏的家学渊源,而一时研究物理的风气亦可想见。这种风气系受西学影响,是他们书中明白表示出来的。然而当时与西学关系最深的,究竟还要推徐光启。我们现再以徐氏为中心,作一较详的论述。

徐光启,字子先,号玄扈,谥文定,上海人。生于嘉靖四十一年(1562),卒于崇祯六年(1633),寿七十二岁。官至太子太保,文渊阁大学士,兼礼部尚书。他初遇西教士郭仰凤于韶州,谈道颇洽。后在南京,复遇利玛窦。既而从罗如望受洗。及官翰林,适利氏早在北京,自此过从日密,西洋历法、炮术、农田水利及其他一切名物象数之学遂借以传入。他对于西学有广泛而深刻的认识,并不限于几种专门学艺。就如他说:

《几何原本》者,度数之宗,所以穷方圆平直之情,尽规矩准绳之用也。……盖不用为用,众用所基,真可谓万象之形囿,百家之学海。(利)先生曰:"是书也,以当百家之用,庶几有羲和、般墨其人乎?犹其小者。有大用于此,将以习人之灵才,令细而确也。"余以为小用大用,实在其人。如邓林伐材,栋梁榱桷,恣所取之耳。(刻《几何原本》序)

更有一种格物穷理之学,凡世间世外、万事万物之理,叩之无不河悬响答,丝分理解。退而思之,穷年累月,愈见其说之必然而不可易也。格物穷理之中,又复旁出一种象数之学,大者为历法,为律吕。至其他有形有质之物,有度有数之事,无不赖以为用,用之无不尽

巧极妙者。(《泰西水法序》)

这说明了科学的普遍性、必然性和精确性。他以"不用为用"的数理为基础，到处发挥其"细而确"的科学精神，一扫向来中国学者论事说理模糊影响之病。他时常用数字统计，如云：

月食诸史不载，所载日食，自汉至隋凡二百九十三，而食于晦日者七十七，晦前一日者三，初二日者三，其疏如此。唐至五代凡一百一十，而食于晦日者一，初二日者一，初三者一，稍密矣。宋凡一百四十八，则无晦食，更密矣，犹有推食而不食者十三。元凡四十五，亦无晦食，更密矣，犹有推食而不食者一，食而失推者一，至加时先后至三四刻者，当其时已然。……岂惟诸臣，即臣等新法遂成，似可悉无前代之误，乃食限或差半分上下，加时或差半刻上下，虑所不免。(《月食先后各法不同缘由及测验二法疏》)

这是说台官预告日食，自汉迄明，精密程度，代有进展。宋元以前，常可差至一日；自元迄明，尚可差至三四刻；徐氏采用西洋新法，始减至半刻上下。这一段中国历算演进史，他历历用数字统计指示出来。又如他说：

洪武中亲郡王以下男女五十八位耳，至永乐而为位者百二十七，是三十年余一倍矣。隆庆初丽属籍者四万五千，而见存者二万八千；万历甲午丽属籍者十万三千,而见存者六万二千,即又三十年余一倍也。顷岁甲辰丽属籍者十三万,而见存者不下八万,是十年而增三分之一,即又三十年余一倍也。夫三十年为一世,一世之中,人各有两男子,此生人之大率也。则自今以后百余年,而食禄者百万人,此亦自然之势,必不可减之数也,而国计民力足供乎?(《处置宗禄查核边饷议》)

明初创置宗禄,王禄万石,八降为奉国中尉,犹二百石。到万历年间,连年灾荒,边饷无着,宗禄实难维持了。徐氏从过去推未来,指出其必不可免的趋势。他居然能用数字统计,得出三十年增加倍的"生人之大率"。这简直是马尔萨斯的人口论,而他却还早出世二百年。他最致力于农田水利,在他的《农政全书》中有许多极精彩的话。如云:

尝考宋绍兴中松郡税粮十八万石耳,今年米九十万石,会计加编,征收耗剩,起解铺垫,诸色役费,当复称是,是十倍宋也。……三百年而尚存视息者,全赖此一机一杼而已。非独松也,苏、杭、常、镇之币帛枲纻,嘉湖之丝纩,皆恃此女红末业,以上供赋税,下给俯仰。若求之田亩之收,则必不可办。今北土之吉贝贱而布贵,南方反是,吉贝则泛舟而鬻诸南,布则泛舟而鬻诸北,此皆事之不可解者,若以北之棉,学南之植,岂不反贱为贵,反贵为贱?余居恒谓北方之人必有从事者。若云彼土风高不能抽引,此语诚然,顾岂无善巧之法？而总料其不然，亦未免为悠悠之论。故常揣度后此数十年，松之布当无所泄，无所泄，即无以上供赋税，下给俯仰。（《全书》卷三十五）

他深切认识棉丝等纺织工艺在农村经济中的重要性，并能预见其危机，试把近百年来中国农村所受国际经济侵略的情形和这段话作一对照，当更觉其深识远见真不可及。他随处留心，把各地农业情形、各种农业方式，灿然罗列心目间；所以每发一论，总是真切透到，能抓住要害，决不象旁人专说些空泛笼统不着疼痒的话。区区蝗虫问题，一到他手里，便俨然构成一套科学理论。在《屯田疏稿》中"除蝗"条下，他征引历史事实，应用数字统计，把蝗生之时、蝗生之地、治蝗之法，都原原本本、有凭有据地讲出来。他讲水利更津津有味。在同疏"用水"条下云：

能用水，不独救旱，亦可弭旱。灌溉有法，滋润无方，此救旱也。均水田间，水土相得，兴云起雾，致雨甚易，此弭旱也，能用水，不独救潦，亦可弭潦。疏理节宣，可蓄可泄，此救潦也。地气发越，不至郁积，既有时雨，必有时旸，此弭潦也。不独此也，三夏之月，大雨时行，正农田用水之候，若遍地耕垦，沟洫纵横，播水于中资其灌溉，必减大川之水。先臣周用曰："使天下人人治田，则人人治河也，是可损决溢之患也。"故用水一利，能违数害。燮理阴阳，此其大者。不然，神禹之功，仅"抑洪水"而已，抑洪水之事，则"决九川距海，浚畎浍距川"而已；何以遽曰："水火木金土谷惟修，正德利用厚生惟和。"一举而万事毕乎？是故水能为利，亦能为害，不善用之则为害，善用之则为利。欲违害而就利，寻求体势，不越五法。尽此五法，加以智者神而明之，变而通之，地之不得水者寡矣，水之不为田用者亦寡矣。……用水之源……用水之流……用水之潴……用水之委……作源作潴以用水……

看他讲得面面俱到，真把水利科学化了。他认"西北治河，东南治水利"，为救时至计，而将"水学"基础置于"勾股测量"之上。此义见于他的《勾股义序》。他在《漕河议》中更说：

今诚得守敬其人，令博求巧工算史、为之佐史，西自孟门，东尽云梯，南历长淮，北逾会通，无分水陆，在在测验。近用准旱，远立重表……务令东西南北，地形水势，尽识其纡直倨勾，又尽识其广狭浅深，高下夷险，灿然井然，而后仿裴氏之遗规，终若思之绪业，绘图立论，勒成一书。

他治河不是孟浪从事的，而先要把中原地形大规模地测量一番，制出详确可靠的地形图，以作依据，这真是科学家的作风。这种伟大的工作计划，直到现在还需要我们去努力实现。他还有个伟大计划，就是要建立一个分工合作把许多科学集中起来的研究机关。他知道科学是不能单传密授，而需要许多人公开研究的。他引利玛窦的话道：

先生尝为余言：西士之精于历，无他谬巧也，千百为辈，传习讲求者三千年。其青于蓝而寒于水者，时时有之，以故言理弥微亦弥著，立法弥详亦弥简。(《简平仪说序》)

这是科学家不同于术士的地方。徐氏集合西士，创立历局，实即根据此意。当时局中所译西书，兼及各科，本不限于天算。但按着徐氏理想计划，还更要"旁通众务"，大规模地干一番。他在《条议历法修正岁差疏》中有云：

且度数既明，又可旁通众务，济时适用，此则臣之所志，而非臣之所能，故不无望于众思群力之助也。

于是乎他提出急要事宜四款。其第四款"度数旁通十事"，就涉及：(1)气象学，(2)水利工程，(3)音乐，(4)军事学，(5)统计学，(6)营造学，(7)物理学与机械工程，(8)地理学与制图学，(9)医学，(10)钟表学。最后他总括说道：

臣闻之《周髀算经》云："禹之所以治天下者，勾股之所由生也。"盖凡物有形有质，莫不资于度数故耳。此须接续讲求。若得同事多人，亦可分曹速就。

这个计划如果实现，简直就是一个大规模的科学研究院。徐氏与欧洲近代科学始祖培根为同时人。培根曾著《新大西洋》(New Atlantic) 一书，假想一学术研究机关，名梭罗门馆

(Solomon House），馆中延聘三十六位科学家，其半数编辑古今经籍中的科学论说，其余十八人复分六组，试行各种实验，而审察其结果，最后目的乃在求万事万物之理而获得新发明。这个理想研究院和徐氏所拟"旁通众务"的计划，很有些相类。然而培根去世后四十三年间，《新大西洋》风行一世，刊印了十版，英国皇家学会即依照其模型而成立于一六六〇年。后来这个学会中人才辈出，成为近代科学的大本营，溯其渊源，不能不说是受培根之赐。徐氏的计划，却只成立了那么个历局，翻译了那么些西书，虽然在中国学术上也留下深刻的痕迹，但其理想究竟没有圆满实现，继续发展，辟出一个科学的新天地。徐氏的伟大，在许多方面实超过培根，然而历史条件限制了他。这不是徐氏的不幸，而实在是中国的不幸呵！

关于晚明时代西学输入情形，各书论及者甚多，故本章只略述大概。至徐氏学术，本文所论多根据竺可桢先生《近代科学先驱徐光启》一文。该文见民国二十三年（1934）上海所出《徐文定公逝世三百年纪念文汇编》中，甚精彩，可参考也，最后我介绍一段趣话，即《袁小修日记》卷四所载：

> 看报，得西洋陪从利玛窦之讣。玛窦从本国航海来，凡四五年始至。初住闽，住吴越，渐通华言及文字。后入都，进自携天主象及自鸣钟于朝。朝廷馆穀之。盖彼国事天，不知佛。行十善，重交道，童真身甚多。玛窦善论，工著述。所入甚薄，而常以金赠人，置居第僮仆甚都，人疑其有丹方若王阳也。然窦实多秘术，惜未究。其言天体若鸡子，天为青，地为黄，四方

上下皆有世界，如上界与下界人足正相邻，盖下界者，如蝇虫倒行屋梁上也。语甚奇。正与《杂华经》所云"仰世界，俯世界，侧世界"语相合。窦与缙绅往来，中郎衙舍数见之。寿仅六十，闻其人童真身也。

当时学者初见西人，都用好奇的眼光，作极幼稚可笑的推想，其隔膜误解往往有更甚于此者。(此类材料甚多，拟另撰《明清间学者对于西学的印象》一文以论述之)。

由此益可见徐、李诸子真复乎不可及了。

第九章　余论

　　由以上数章所述，可以看出来晚明思想界有几个明显趋势：其一，从悟到修，这表现于东林各派的王学修正运动，以及云栖、憨山等尊重戒律，特唱净土；其二，从思到学，这表现于古学复兴，及西学的输入；其三，从体到用，这表现于张居正、徐光启等的事功思想，及左派诸人的大活动；其四，从理到气，这表现于刘蕺山等的反理气二元论。这几种趋势，矛盾冲突，参互错综，形成一个斑驳陆离的局面。然而进一层追求，观其会通，尚可以看出一个总趋势，即从超现实主义到现实主义是也。从悟到修，悟虚而修实，从思到学，思虚而学实，从体到用，体虚而用实，从理到气，理虚而气实。大体说来，在晚明思想界占中心地位的还是王学和禅学。最能代表现实主义潮流的事功派、西学派、古学派，这时候还只是刚刚抬头。然而在王学和禅学内部，也未尝没有现实主义的倾向。如来禅和祖师禅，东林派和狂禅派，右派王学和左派王学，各有其现实主义的一方面。这各种现实主义倾向渐渐汇合成大潮流，于是乎清初诸大师出来，以经世致用、实事求是相号召，截然划出一个思想史上的新时代。这一班大师都是明代遗民，他们的早年生活，还有些应该叙入晚明思想史以内的。

　　当明朝灭亡，清顺治帝初入中原的时候，孙夏峰已六十一岁，黄梨洲三十五岁，顾亭林三十二岁，王船山二十六岁，李二曲十八岁，颜习斋十岁，还有陆桴庭、张杨园、王寅旭、张稷若、傅青主、魏叔子……都是他们一辈人。这班大师中，习斋这时候年还太小，无可表现；二曲正在孤寒中挣扎，亦还未见声光；船山稍露头角矣，而旋遭乱离；其早已活跃于明末思想者，只有夏峰，其次则梨洲、亭林而已。

夏峰资格最老，梨洲《明儒学案》中已经有他的位置。他早和魏大中、周顺昌定交，以气节相期许。当魏忠贤毒焰正烈，魏、周与杨、左诸君子被难时，他挺身营救，义声震一时。他和鹿伯顺为共同讲学的挚友，都以陆、王为宗。他们体认真切，不蹈王学末流猖狂之习。大体上说，他们实与东林派桴鼓相应，而为其羽翼。及伯顺殉流寇之难，北方学者只有夏峰岿然独存。国变后，他自河北移居河南，讲学于苏门山，直至九十二岁而终。他晚年学风稍变，和会朱陆，兼综汉唐、打破门户之见，而一以躬行实践、经世致用为归。当时大河南北之学者几乎尽出其门下，即颜李学派亦未尝不渊源于此，实清初北学一大宗也。这是后话，姑且不谈。

梨洲之父黄忠端公尊素，亦东林派要人，死于魏忠贤之难。崇祯帝即位，梨洲年十九，入京讼冤，椎击许显纯，为父报仇。归家后，折节为学，遍读江南各大家藏书。更从学刘蕺山，力摧陶石梁一派之异说。其后遭遇国变，从南明诸王屡起义兵。直至事无可为，乃返乡，重振蕺山讲席，更远绍永嘉、金华诸先正经制文献事功之遗绪，蔚成东南学者一大宗，而为清朝一代浙东学术之开山。如但就其国变以前的早年生活观察，其学业实尚在草创时代也。

亭林本亦江南大族，早年曾和归庄等征逐文坛，露头角于复社，一时有归奇顾怪之目。又与潘柽章、吴赤溟为友，二子皆长于文史之学，入清后以庄氏史案被杀者也。由此可知亭林早年亦明末声气中人。然而他此时已纂辑《肇域志》及《天下郡国利病书》。其自序云：

> 崇祯己卯，秋闱被摈，退而读书。感四国之多虞，耻经生之寡术，于是历览二十一史，以及天下郡县志书，一代名公文集，及章奏文册之类，有得即录，共成四十余帙。一为舆地之记，一为利病之书。（《天下郡国利病书》序）
>
> 此书是崇祯己卯起，先取《一统志》，后取各省府州县志，后取二十一史参互书之。凡阅志书一千余部，本行不尽，则注之旁；旁又不尽，则别为一集，曰备录。（《肇域志序》）

观此可知当时亭林已留心当世之务，从事博览详考，后来朴实考订、经世致用之学风已发端于此了。

此外船山早年曾受知于高汇旃，而与声气中人相往来，汇旃，忠宪公景逸之子也。桴庭、杨园，亦都曾侍从蕺山讲席，后来才各走自己的路。总而言之，自顾、高诸子倡道东林，风声所播，社事大兴。直至明亡以后，东南一带学术团体，如几社、狷社、读书社等不计其数，而以复社为尤著。上述诸大师多出身此等社团中，其敦节行，立名义，蒿目时艰，以澄清天下为志，固犹是东林之流风余韵也。及遭逢国变，创钜痛深之余，浮华尽划，益务本实，德慧术智经艰苦锻炼而更为精进。于是向之以才情意气倾时者，且以实学实用卓然为一代大师。顾、黄诸子之学，虽皆大成于清初，要其在明朝末年所过之一段早年生活实自有其重要意义也。

上面各章中，除第一章提及湛甘泉外，后来再没有讲到这派其实甘泉为白沙弟子，为阳明讲友，而且享寿又高，直到阳明死后好多年他还讲学，所以当时湛学之盛，几不下于王学。他以"随处体认天理"为宗，对于阳明多效诤议。他条列阳明格物之说有四不可：

> 自古圣贤之学，皆以天理为头脑，以知行为工夫。兄之训格为正，训物为念头之发，则下文诚意之意即念头之发也，正心之正即格也，于文义不亦重复矣乎？其不可一也。又于上文知止能得为无承，于古本下节以修身说格致为无取，其不可二也。兄之格物云正念头也，则念头之正否，亦未可据。如释、老之虚无，则曰"应无所住而生其心，无诸相，无根尘"，亦自以为正矣。杨、墨之时，皆以为圣矣。岂自以为不正而安之？以其无学问之功，而不知所谓正者乃邪而不自知也。其所自谓圣，乃流于禽兽也。夷、惠、伊尹，孟子亦以为圣矣，而流于隘与不恭，而异于孔子者，以其无讲学之功，无始终条理之实，无智巧之妙也。则吾兄之训，徒正念头，其不可三也。论学之最始者，则说命曰："学于古训乃有获"；《周书》则曰："学古入官。"舜命禹则曰："惟精惟一。"颜子述孔子之教则曰："博文约

礼。"孔子告哀公则曰:"学问思辨笃行。"其归于知行并进,同条共贯者也。若如兄之说,徒正念头,则孔子止曰"德之不修"可矣,而又曰"学之不讲"何耶?止曰"默而识之"可矣,而又曰"学而不厌"何耶?又曰"信而好古敏求"者何耶?子思止曰"尊德性"可矣,而又曰"道问学"者何耶?所讲所学,所好所求者,何耶?其不可者四也。(《答阳明王都宪论格物》)

甘泉自己对于格物怎样解释呢?他说:

仆之所以训格者,至其理也。至其理云者,体认天理也。体认天理云者,兼知行合内外言之也。(《答阳明王都宪论格物》)

格者,至也,即格于文祖、有苗之格。物者,天理也,即言有物,舜明于庶物之物,即道也。格即造诣之义,格物者即造道也。知行并进,学、问、思、辨、行,皆所以造道也。故读书、亲师友、酬应,随时随处皆求体认天理而涵养之,无非造道之功。诚、正、修工夫皆于格物上用,家国天下皆即此扩充,无两段工夫。此即所谓止至善。尝谓止至善则明德、亲民皆了者,此也。如此方可讲知至。孟子深造以道,即格物之谓也;自得之,即知至之谓也;居安、资深、逢源,即修、齐、治、平之谓也。(《答阳明》)

关于格物这个问题,实在太纠纷。自宋以后,几乎有一家宗旨,就有一家的格物说。甘泉解格物为"造道",为"至其理",而终归于"随处体认天理",自成他的一家言。至于批评阳明四不可之说,前两条系章句文义问题,本非阳明所重视。阳明大旨只是以格物为诚意的实功,把八条目一贯起来,不分作几段工夫,以符合于他的"致良知"。至于详细文义上,他实在还没有斟酌至当,有待于后来的补充修正。不过这和湛、王两家根本路线没大关系,尽可存而不论。重要的是甘泉所说三、四两项。其实这两项仍是一项,不过说阳明只有"尊德性"而没有"道问学"罢了。讲到这里,就牵涉着朱、陆异同一大公案。向来分判朱、陆的,总说是陆偏于"尊德性",而朱偏于"道问学"。这种说法本出自朱子自己,而陆象山当时就加以反对道:"既不知尊德性,焉有所谓道问学?"陆王派的特色,就在把"道问学"当作"尊德性"的工夫,不离行以言知,不离心以言理。换句话说,朱子把"道问学"与"尊德性"平列起来,是二元的;陆子把"道问学"统属于"尊德性"之下,是一元的。所谓朱偏于"道问学"陆偏于"尊德性"这种说法,也只有这一为平列、一为统属的意味上,是可以成立的。假如真要在"行"外另讲个"知","心"外另讲个"理","尊德性"外另讲个"道问学",那就已经成为朱子的同调了。甘泉所指阳明学说的毛病,正同于一班朱学家的观点。只要把阳明答罗整庵及顾东桥那两篇论学书看一看,自可了解阳明本旨并不是那样简单。最有趣的是:甘泉的老师陈白沙,本是明代学者从朱转陆的第一人,是阳明道学革新运动的先驱;现在甘泉却依凭师说,作为朱学事实上的支柱,而反抗进一步的革新潮流了。更妙的是:甘泉之学,一传而为何吉阳、唐一庵,再传而为许敬庵,三传而为刘蕺山,从调和湛、王,渐变而为王学修正派，以挽救王学末流之弊，而开辟思想史上另一个新的局面，这样一来，湛学又成为王学的功臣了。历史上的事情，相反相成，迭起迭伏，往往如此。

最后想一谈晚明时代下层社会的思想运动。这个运动和王学有关，特别是和左派王学有关的。本来王学比朱学容易接近下层社会。焦理堂说：

> 紫阳之学，所以教天下之君子；阳明之学，所以教天下之小人。……行其所当然，复穷其所以然，通习乎经史之文，讲求乎性命之本，此惟一二读书之士能之，未可执颛愚顽梗者而强之也。良知者，良心之谓也。虽愚不肖不能读书之人，有以感发之，无不动者。（《雕菰集》卷八《良知论》）

这段话很有意味。王学本极活动，本是彻上彻下的。自童子至于圣人，自天子至于庶民，不管你什么程度，什么地位，什么职业，都可以随分用力。各人有各人的良知，就不妨各就力之所及自致其良知。既无须"半日读书，半日静坐"，也不必"即凡天下之物，莫不因其已知之理而益穷之，以求至乎其极"。当下具足，易知易能，阳明直然说：

> 与愚夫愚妇同的，是为同德；与愚夫愚妇异的，是为异端。（《传习录》下）

他正是以愚夫愚妇的良知良能为标准。他有一篇《谕泰和杨茂》，教一个聋子哑子致良知。看他那样指点人的方法，真是亲切简易，真是"夫妇之愚可以与知，可以能行焉"。阳明认定圣人之所以为圣，不在知识才能，而在其心之纯乎天理。他曾以精金喻圣人，以分量轻重喻才力大小；更说尧、舜如黄金万镒，文王、孔子九千镒，禹、汤、武王七八千镒，伯夷、伊尹四五千镒；分量不同，其为纯金则同；才力不同，其纯乎天理而为圣人则同。照这样讲，圣人不定要黄金万镒，七八千镒也可以，四五千镒也可以。究极言之，做个半斤半两的圣人，也当然没什么不可以。这样一来，圣人的资格也就放宽，聋圣人、哑圣人、工圣人、农圣人，大大小小，形形色色的圣人，都该为阳明所容许。于是许多下层社会的分子，都有机会闯入圣人的门墙了。

首先跳出个王心斋，其生平经历与学术在第二章中已经讲过他的。他以一个盐丁，居然成为王学大师，开出泰州一派。王学的风行一世，要算由于这个学派的鼓吹力量为最多。心斋的弟子王一庵说：

> 自古农工商贾，业虽不同，然人人皆可共学。孔门弟子三千，而身通六艺者才七十二，其余则皆无知鄙夫耳。至秦灭学，汉兴，惟记诵古人遗经者，起为经师，更相授受。于是指此学独为经生文士之业，而千古圣人与人人共明共成之学，遂泯没而不传矣。天生我师，崛起海滨，慨然独悟，直宗孔孟，直指人心。然后愚夫俗子，不识一字之人，皆知自性自灵，自完自足，不假见闻，不烦口耳，而二千年不传之消息，一朝复明矣。

(《明儒学案》卷三十二《王一庵语录》)

这段话昌言农工商贾、愚夫俗子,不识一字之人都可与共学,并且也只有这样的学才是真正的圣学。不错,心斋就是出身下层社会的,由他所领导的泰州学派,更掺进许多下层社会分子。如樵夫朱恕、田夫夏廷美、陶匠韩乐吾等都是。后来李二曲著《观感录》,就是特别表彰这班平民学者的。这里面最可注意的是韩乐吾。他于农隙聚徒讲学,农工商贾从之游者千余,可知其影响之大。《明儒学案》记他:"一村既毕,又之一村,前歌后答,弦诵之声,洋洋然也。"试想这是何等气象!李卓吾述罗近溪讲学的情形道:

> 至若牧童樵竖、钓老渔翁、市井少年、公门将健、行商坐贾、织妇耕夫、窃履名儒、衣冠大盗,此但心至则受,不问所由也。况夫布衣韦带、水宿岩栖、白面书生、青衿子弟、黄冠白羽、缁衣大士、缙绅先生、象笏朱履者哉?是以车辙所至,奔走逢迎。先生抵掌其间,坐而谈笑。人望丰采,士乐简易,解带披襟,八风时至。(《焚书》卷三《罗近溪先生告文》)

这真所谓"夫子之门,何其杂也"。在这样复杂的群众间讲学,传统的士大夫气息自然要消除几分。并且这班左派分子都主张教学相长,主张"教不倦"即"学不厌",主张"察迩言""取诸人以为善"。他们看那班牧竖樵夫都是共学的师友,都有可"察",都有可"取"。这使他们的意识自然渐渐下层社会化了。晚明狂禅运动风靡一时，实在和这有很大的关系。这种下层社会的思想运动，一方面说是怪诞而驳杂的，另一方面说却是虎虎有生气的。晚明思想界，或多或少，或正或反，整个都受这种影响。从这里入手研究下去，我们对于当时思想上的种种表现，也许更能有会心罢。

春秋战国思想史话

向青年读者说几句话（代序）

这本小书是特意为贡献给青年朋友们而写出的。首先考虑到的一个问题是，为什么青年们要读中国古代思想史？作为一个现代的青年了解这些古老思想，究竟有什么必要，有什么好处呢？我想从三方面来谈一谈这个问题：

第一，可以使青年认识和热爱祖国丰富的思想遗产。中国是世界上伟大的文明古国之一，我们的祖先，在他们长期历史活动的实践过程中，发挥了无穷的聪明智慧，积累了很多宝贵经验，给我们留下无比丰富的文化遗产。例如近几年来，我们在祖国医学、农学、艺术……各方面所发掘出来的许多宝贵东西，大大引起国际间的重视，予以很高的评价。这就证明，决不象胡适所说那样，我们的祖先，这也不如人，那也不如人。恰恰相反，我们的祖先遗留给我们巨大文化宝库，使我们得以拥有这许多优秀的文化财富，拿来贡献给全人类而自豪。从思想史来看，每一个时代都有杰出的思想家，他们以其创造性的思想劳动，揭露真理，反映现实，推动时代前进。就拿春秋战国来说，真是一个光辉灿烂的时代。当时诸子百家，著书立说，各有自己的阶级立场，各有自己的政治主张，各有自己的思想方法，各有自己的人生观和宇宙观。思想上的"百家争鸣"，正反映了一个伟大历史变革的时代，反映了社会现实生活的种种动态。真是洋洋大观，可以给我们多方面的启发和教育。但是有些人看不见祖国这种丰富的遗产，把一部中国思想史用"封建落后思想"几个字一笔抹杀，反以掇拾外国学者的一言半语而沾沾自喜，这种妄自菲薄的思想和态度是非常要不得的。我们认为要青年学习中国古代思想史，正是要掘开我们祖先流传下来的思想宝藏，把那些琳琅满目的各家学说有批判地介绍给青年看，使他们认识它、熟悉它，以至重视它，引起他们对于祖国的自豪感。这是一种有力的爱国主义思想教育。

第二，可以使青年受到一种生动的历史唯物主义教育。我们讲古代思想史，不是把各家各派的学说随便罗列出来，任意地乱讲，而是要以历史唯物主义的观点，阐明历史发展的客观规律性，指出在一定历史条件下，某种思想怎样产生、发展和消灭；怎样代表自己的阶级利益，为阶级斗争服务；怎样反映现实，而又推动现实，指导现实，这里面是有一种深刻的科学理论贯注着的。比如孔子、墨子、老子的学说，各有它的社会基础，和一定的具体历史条件相联系，都不是偶然出现的。有些人不懂得历史发展的客观规律性，而只是孤立地就思想论思想，抓住些表面的现象，随便解释，任意附会，于是乎什么"积极的救世派"和"极端的破坏派"的笼统头衔顺手给孔子和老子分别送上（见胡适《中国哲学史大纲》），而墨子竟成了印度人（胡怀琛和卫聚贤讲的），这算什么思想史呢！我们认为中国思想史和其他各民族的思想史一样，都不能跑出一般历史发展规律以外。我们的任务，就是要踢开那些唯心主义的胡诌，从中国思想史的具体事实中，探索它的客观规律性，显示出历史唯物主义的真理。有些青年朋友们可能对于历史唯物主义的理论概念还很生疏，如什么

"社会存在决定社会意识"啦，"经济基础与上层建筑"啦……可能还不大理解其具体含义。可是我们也不一定要搬弄这些名词和概念，只要根据历史唯物主义的精神实质，实事求是地、很具体地把中国思想史上的真实情况叙述出来，那就是最生动的历史唯物主义教育，那将比抽象地讲理论更容易理解，也更有丰富的内容。

第三，可以揭破那些神秘说教，给青年们一种思想斗争的武器。我们珍重和热爱我们祖先传下来的思想遗产。但是这种珍重和热爱是有分析的，一定要辨别清楚哪些是"精华"，哪些是"糟粕"；同时也是恰合分际，立脚在现实上的，决不是脱离实际，莫明其妙地乱捧。有许多反动学者、顽固派或国粹主义者，硬想把中国拉出一般历史发展轨道以外，把中国说得一切特殊，一切优越，把几个古代"圣贤"推崇到不可理解，好象不是这个世界中的人的样子。梁漱溟就是个例子，他讲什么"孔家哲学""周孔教化"……真是神乎其神。照他的讲法，好象偏偏我们中国得天独厚，当上古时代，就降生下周公、孔子这样的大圣人，给我们"制礼作乐"，使我们能过着"理性"的生活，懂得人生的真义，直至形成汉以后"伦理本位""职业分途"那样独特的社会，没有走上象西方那样阶级斗争的错误道路，看是多么美妙吧！我想青年朋友们听到这种怪论，一定会感觉到莫明其妙，要想批评，也苦于摸不着头脑。其实这些怪论是经不起历史唯物主义的阳光照耀的。任何思想学说，归根究底，都不能不是它那个一定历史时代的产物，从一定现实社会中生根，给一定社会阶级服务，都不是那么神圣，超出凡尘的。我们讲古代思想史，正是要帮助青年认识那些稀奇古怪的东西，撕破它们那些美丽的面纱，剥露出它们的真实形象来，不再陷入它们的迷魂阵。

从以上所述看来，叫青年读古代思想史实在具有很大的现实意义，决不是什么多余的事，自然，这里面也有很多困难。首先说，那些古老的思想体系，以及表达的方式和使用的术语，对于现代青年来说，都是很生疏，不习惯的。什么"性"啦、"道"啦、"理"啦、"气"啦，都是些现代读物上所绝少碰到的老名词。青年一读这些书，简直象走进另一个世界，到处陌生，这已经够别扭了。如果再加以旁征博引和烦琐考证，那真要把人陷入云里雾中，又怎么能叫青年来接近它呢？为着减轻青年们阅读的困难，就要求写古代思想史这一类书必须写得很通俗，能把那些古老思想用明白生动的现代语言表达出来。但是要满足这一要求也不大容易。既需要把那些古老思想剥烂揉碎，融会贯通，理会得透熟；又需要能真正掌握历史唯物主义的精神实质，灵活运用，而不是教条主义地生拉硬套，另外还得善于写深入浅出的通俗文字。不具备这几点，要写出一本适合于青年阅读的古代思想史是办不到的。我自己知道水平低，没有具备这些本领。现在写《春秋战国思想史话》这本小书，谨持这种态度：不旁征博引，作烦琐的考证；不支离蔓衍，在枝叶上纠缠；不模糊影响，讲些连自己也不懂的道理；而只是提纲挈领地，抓住些明明白白的主要论点，就自己所能理解到的讲个透彻；遇有必须引用的古书原文，该解释的解释，该翻译的翻译，总之要叫人家看懂。这是我的一点小小企图，究竟是不是真能办到，我也没有把握。如果青年朋友们读这本小书，能随时给我提出宝贵的意见，那自然是我最恳切希求的了。

第一章　春秋战国
——一个"百家争鸣"的伟大历史变革时代

一提到春秋战国，大家都知道这是中国思想史上一个最光辉灿烂的"百家争鸣"的时代。在这个时代里，出现了那么多的思想派别和那么多的杰出的思想家，形成了那么尖锐而复杂的思想斗争的场面。这是秦汉以后两千年来，任何时代都不能比拟的。到底是怎么一回事呢？为什么那个时代的学术思想特别活跃，特别繁荣呢？难道说那是偶然的，真象某些人所说的"运会使然"？难道说那只是几个大人物随心所欲地创造出来的局面？这种神秘的、唯心主义的历史观，自然是极端荒谬的，不能够解决任何问题。我们应该知道，每一个时代的思想潮流，都是那一个时代现实社会生活的反映，都有它一定的历史条件，一定的物质基础。要想了解春秋战国时代为什么会呈现出那样五光十色的思想流派，就必须从当时整个的伟大历史变革中求其根源。

春秋战国时代是中国历史上一个社会大转变的时代，这是大家向来所公认的。过去的历史学家常常好讲"三代以前"怎么样，"三代以后"怎么样，在中国历史的发展上明显地划出一条分界线。他们所谓"三代以后"，事实上是指周室东迁以后，从春秋战国时代开始的。不管他们对于这一个历史大变革是怎样认识，怎样估价，也不管直到现在大家对于这个历史大变革的性质——究竟是从奴隶社会向封建社会的转变呢？还是从封建社会前期向封建社会后期的转变呢？——有着怎样不同的看法，但是总没有人否认这是历史上一个大变革的时代。我们现在姑且撇开理论上的纠缠，只就这个历史大变革时代的显著标志谈一谈吧。

（一）农村公社的瓦解

中国古代社会的发展，也和世界上其他民族一样，是经过一个农村公社广泛存在的历史阶段的。大概当殷周时代，虽然已经出现了奴隶制度，已经进入到奴隶制社会，但是并没有因此就摧毁了从原始社会蜕变下来的农村公社，而是和农村公社结合起来，形成一种特殊的奴隶制社会。这种农村公社的具体形态，表现为所谓"井田"制度。什么是"井田"制度呢？照郭沫若先生的说法，乃是按"一定亩积"而"规整划分"的一种土地制度。也就是说，按一定亩数，划成一方块一方块的，分配给农民去耕种，好象井的形状，这就叫作"井田"。当时土地还没有成为个人的私有财产，而是属于国家的。所谓"普天之下，莫非王土"，"王"就代表着国家，实际上也就是代表着全体贵族，因为那时候的国家是贵族的国家，是贵族对于一切公社成员和奴隶实现阶级统治的一种工具。这样，我们可以说，当时的土地制度实际上是为全体贵族所公有的土地国有制，而不是土地私有制。在这种制度下，土地不能自由买卖，而是由国家分配的。国家按定例一份一份地把土地分配给农民去耕种，同时又连土地带农民一份一份地按等级分配给贵族，以供养他们。这就是说以国有的名义，而仍保存着农村公社的形式。在这个土地制度上面，供养着天子、诸侯、大夫等一系列大小不等的贵族所组成的一个庞大贵族层，他们共同来剥削广大农民的劳动果实。农民一方面是公社成员，同时也是国家和贵族的奴隶，这种特殊的土地制度和阶级关系，标志着殷、周奴隶制社会的主要特征。

到了春秋战国时代，由于铁器的广泛使用，生产力大大提高。于是乎贵族们利用农民的剩余劳动力，在公田以外，大量开垦荒地，成为自己的私田，逐渐造成"私肥于公"的现象；同时，随着农业技术的提高，逐渐把三年重新分配一回的井田制下的旧办法，改变为在一块土地上划分成两片或三片轮流耕种的"辕田制"的新办法，使农民所耕种的土地长期固定下来，不再频繁地重新分配，这就向土地私有制靠近了一步。到了商鞅变法，"废井田，开阡陌"，"任民所耕，不限多少"，把土地制度来了个彻底改革，从此确立了土地私有制，而从春秋中叶以来农村公社逐渐瓦解的历史过程到这时候也就完成了。这是一个根本性的大变化，因为它动摇了殷、周奴隶制社会的经济基础。随着农村公社的逐渐瓦解，不仅在经济上引起很大的变化，而且在政治上、军事上，乃至社会风气和人们的思想意识上都引起了一系列的变化。这的确是一个历史变革的显著标志。

（二）工商业的兴起

如上所述，以农村公社为基础的殷、周社会，是一种自给自足的社会。每一个公社自成一个小天地，和外界的经济联系是很稀疏的。当时，农民的衣食所需，自然都是亲手自造，简陋的农具也不一定需要去找匠师；就连贵族们生活上所需要的东西，也自有他们统治下的农民来供给，不仅供给农产品，而且还要"为公子裘"，"为公子裳"，服各种工役，献各种用品，什么都包办下来了。自然，有些高级用具和奢侈品需要专门技巧或者从远方罗致，不是公社中一般农民所能供给的，所以特别从公社中选拔出一部分人，让他们专门从事工艺和商业的活动。但是这只是隶属于官府，专为贵族服务的一种官工、官商，还不是一种私人独立的社会行业，正和农民隶属于贵族而不能独立于社会以外是一样的。但是从春秋以后，工商业就逐渐发达起来。到了战国，更显然形成了一个工商业空前繁荣的新时代。

春秋战国时代工商业的发达，表现在都市的兴起，表现在商人的活动，表现在货币的流通，表现在手工业的多样分工。正如孟子所说，"一人之身而百工之所为备"，一个人所需用的东西，已不能全由本身自造，而必须由各种手工业者来供给，所以不能不"通功易事"，拿出各自的生产品互相交易。荀子还说："北海则有……然而中国得而畜使之；南海则有……然而中国得而财之；东海则有……然而中国得而衣食之；西海则有……然而中国得而用之。故泽人足乎木，山人足乎鱼，农夫不斫削陶冶而足械用，工贾不耕田而足菽粟。"可见当时全中国各区域间交易频繁，已经形成一互相联系，互相依赖的经济网，绝不象从前那样各公社隔绝孤立，老死不相往来，纯是自然经济的世界了。由于工商业的发展，形成了许多繁盛的都市。如齐国的临淄，居民就有七万户，苏秦曾形容道："临淄之途，车毂击，人肩摩，连衽成帷，举袂成幕，挥汗成雨。家殷人足，志高气扬。"这种繁荣景象，当然是春秋以前所看不到的。

（三）阶级关系的变化

随着经济基础的变化，整个的社会结构，阶级关系也都起了变化。很明显的如：

（1）贵族的没落　当殷周时代，一切政治经济等都为世袭的氏族贵族所垄断。到农村公社逐渐瓦解，土地变成可以买卖的东西以后，他们的经济基础已经很不稳固了。并且随着工商业的发展，从各方面汇集来的新异物品，不断刺激一般贵人（当作贵族。——编者注）们的欲望，使他们的生活日趋豪奢腐化，渐渐陷入贫困的深渊。于是乎他们一方面加紧剥削农民，一方面向商人高利贷者去乞讨，再一方面竭力从事掠夺土地的战争。在不断的内外战乱中，在骄奢淫逸的大量消耗中，贵族的命运只有一天一天地衰败下去。"弑君三十六，亡国五十一。""栾、郤、胥、原、狐、续、庆、伯，降在皂隶。"我们只要翻一翻《左传》，就可以看到穷途末路的贵族的没落景象活现眼前。

（2）地主的兴起　地主是随着土地私有制而出现的一个新兴阶级。他们或者是原来的贵族，利用农民的剩余劳动力，增值许多私有田产；或者是由于经商投机而致富，在自由买卖的条件下兼并了许多土地。这些都是在农村公社逐渐瓦解中所发生的新现象。他们能够"尽地力"，把正在发展的农业生产力从农村公社——井田制——的束缚中解放出来，由于自由兼并的结果，遂造成从前所没有的"富者田连阡陌，贫者无立锥之地"的现象。从此封建地主代替旧的氏族贵族而成为新兴的统治阶级。

（3）市民的活跃　在一个自然经济的社会中，根本就无所谓都市，自然也无所谓市民。自从工商业有了发展，许多工商业者聚集在一处，于是乎都市慢慢形成了，跟着也出现了市民阶级。当时市民中最活跃的是商人。从《左传》《国策》《史记·货殖列传》中，可以找出很多春秋战国时代商人活动的例证。其他还有很多从事手工业以至屠狗卖浆……形形色色的人物,他们在市民中形成一个特殊阶层。

(4)小农的破产 当春秋以前,公社农民臣属于贵族,照例领得一份土地去耕种。农村公社逐渐瓦解后,这些小农算是解放了。可是在土地自由兼并的新情况下,他们时时刻刻受着失掉土地的威胁。他们有的转化为佃农、雇农,甚至沦落为奴隶,也有一部分流浪到城市,成为城市的贫民。他们在一种新的潮流中被解放了,同时却又被这一新的潮流所吞没。秦汉以后中国农民的历史悲剧,从此揭开了序幕。

(四)反映在思想界的阶级斗争

当社会大变动的时期,各阶级盛衰消长,起了很大变化,彼此利害迥然不同,尖锐地对立着,都要为自己的阶级利益而斗争。这反映在思想界,就形成"百家争鸣"的局面。我们从表面上只看见春秋战国时代各学派争辩得那样热闹,却不知那里面正包含着各阶级的现实利害关系,包含着极其尖锐的阶级斗争。

春秋战国时代究竟有多少学派呢?这很难说。司马谈讲"六家"(儒、墨、名、法、阴阳、道德),《汉书·艺文志》讲"九流"(儒、墨、道、法、名、阴阳、纵横、农、杂。另有小说家不列在九流之数),荀子、庄子,说法又各有不同。我以为司马谈所讲的"六家",的确都是当时的重要学派,可是除这"六家"以外,自成一家之言的还很多。我们现在不必纠缠在这些学派的分合上,更重要的是分析这些学派所代表所反映的阶级关系。

大体说来,儒家是古代贵族文化的保持者。他们讲礼乐,讲名分,讲宗法,讲井田,讲孝弟仁义,把传统的贵族文化加以总结，加以整理修订，加以系统化、理论化，并赋予了一些新内容、新意义，想用以教化人民挽救当时社会的危机。这种代表贵族的学说几经变化与发展，一直成为后来统治阶级的正统思想。墨家舍己为人，长于技巧，直接和儒家相对立。他们所代表的是下层社会，而特别和手工业者接近。道家代表已经没落了而过着隐遁生活的贵族。他们饱经世变，阅历过许多成败兴亡，看破了人世的"繁华"，又因为沦落在社会下层，接近农民，所以对当时的统治者抱有反感，而时时流露出不平的叹声。法家是新兴地主阶级的代言人，讲变法，务耕战，积极进取，什么古先圣王，孝弟仁义之类都不放在眼中，气象极为泼辣。名家辨名析理，富于抽象概念。他们用诡辩方法打破一切传统的是非然否的标准。他们显然是从市民的环境中产生出来，而带有商人的色彩。阴阳家可以说是儒家的别派，他们另有一种适应新贵族要求的学说。还有农家的许行，他的学说的确是代表朴素的农民思想。总而言之，诸子百家从各方面代表着各自的阶级利益。学术上的"百家争鸣"，正反映出当时社会在历史大变革中尖锐的阶级斗争。下面我们就举出各学派的几个主要代表人物，把他们的学说作一稍为具体的叙述和分析。

第二章 孔子

孔丘（公元前551—公元前479年），字仲尼，鲁国人。他本是殷朝的后代，世为宋国的公族。自从他的远祖大司马孔父死于殇公之乱，家人流亡到鲁国，才为鲁人，姓孔氏。他的父亲叔梁纥曾做过鄹邑大夫，但早死，所以孔子幼年是孤贫的。他当过委吏（管会计）和乘田（管牛羊）等下级小吏。在政治上最得意的一个短时期是他当鲁司寇（管刑法），并且跟着鲁定公去赴夹谷之会，折服了齐国，取得些外交上的胜利。除此以外，便是带着许多学生，"周游列国"，却是始终没有得志。直到晚年才回鲁国，专门从事教育和著述事业以终。现存《论语》一书，可以说是孔子的一部言行录，是孔门弟子及再传弟子们编的，这是研究孔子思想的最主要最可靠的材料。

（一）金鸡一鸣天下晓

孔子是儒家的创始人，就他的学术思想和根本立场来说，他应当算是守旧，而不能算是开新。但是一种学术界的新风气是从他开始了。本来，春秋以前，学在官府，各种学术为贵族所独占，一般人很难得到学习文化的机会。到了春秋时代，随着政治上和社会上的变化，各种典章制度也都不能维持原来的样子。于是世代掌管各种专业的职官，如礼官、乐官之流，渐渐失掉了他们的旧职，所谓"官失其守"，而流散在民间。孔子并没有固定的老师（所谓"无常师"），他问礼于老聃，访乐于苌宏（一作苌弘。——编者注），学琴于师襄……到处访问搜求，正是向这些人学到很多东西。他把这些东西整理概括，删诗书，订礼乐，赞《周易》，修《春秋》，传授给很多学生。从此开创了私人讲学的风气，于是乎一个学派一个学派接着出来，形成"百家争鸣"的局面。就这一点讲，孔子对于诸子百家的兴起，好象起了"金鸡一鸣天下晓"的作用。这在中国思想史和教育史上有很大的意义。后来读书人把孔子奉为大祖师，好比木匠敬鲁班，铁匠敬老君一样，也并不是偶然的。

（二）礼与正名

孔子所传授的古代学术的内容是什么呢？概括地说，就是一个"礼"字。周朝人使用这个"礼"字很广泛。试看《左传》上记载列国士大夫，每评论一件事，总好说"礼也"，或者说"非礼也"。我们现在常讲"合理"或"不合理"，"合法"或"不合法"，而他们所讲的却是"合礼"或"不合礼"。"礼"不仅是指着冠、婚、丧、祭等的各种仪节而言，而实在是当时的一种道德规范，把当时社会中的等级关系和宗法关系具体表现出来。当时对于等级关系和宗法关系讲得很严格，也就是说把尊卑、贵贱、亲疏、厚薄，划分得很清楚。比如说："天子堂高九尺，诸侯七尺，大夫五尺，士三尺。"堂的高低有一定尺数，一看就知道是哪一个等级的堂。"天子之妃曰后，天子死曰崩，诸侯曰夫人，大夫曰孺人，士曰妇人，庶人曰妻；诸侯曰薨，大夫曰卒，士曰不禄，庶人曰死"，随着身份地位的不同，对他的老婆的称呼也不同，甚至对于他们的死也不一样说法，如此等等，规定得很具体，很明确，这都叫作"礼"。一个"礼"字，把当时整个社会秩序，社会关系，一切典章制度都概括了。

但是从春秋开始的社会大动乱，使一切旧制度、旧秩序都维持不住，把许多"礼"都弄得名存实亡，徒具形式，甚至大夫竟敢乱用天子的礼乐，简直闹得君不象君，臣不象臣，父不象父，子不象子，这真是古代贵族统治下的社会大危机。为着挽救这个社会危机，于是孔子出来，要把周朝的旧典整理恢复，以继承文、武、周公的大业。他时常"梦见周公"。对于周公的"制礼作乐"，他的确是"心向往之"的。当时虽然已经是"礼坏乐崩"，但周朝的旧典毕竟还存在，还没有象后来战国时代那样的彻底破坏，荡然无存；当时的周天子，虽然仅拥虚位，但在名义上毕竟还是个"天子"，不象以后七国都称起"王"来，而周天子反而降称为"东周君"和"西周君"，这个"天子"的名义也不存在了。有个名义，有个形式存在，比着连这个名义和形式都不存在，毕竟还要好些，还要比较容易地把旧典恢复挽救回来。正是在这样条件下，孔子提出了"正名"的主张。

有一次，他的学生子路问他，假如到卫国去执政，首先要做什么事。他回答道："必也正名乎。"他首先要做的一件事就是"正名"。为什么"正名"这样重要？他下边解释道："名不正则言不顺，言不顺则事不成，事不成则礼乐不兴，礼乐不兴则刑罚不中，刑罚不中则民无所措手足。"这关系可大了。我们常说"名正言顺"，那典故就是从这里来的。怎样"正名"呢？它的具体内容正如孔子对齐景公说的："君君，臣臣，父父，子子。"这就是说，君要成个君，象个君，合乎君之道；臣要成个臣，象个臣，合乎臣之道；父要成个父，象个父，合乎父之道；子要成个子，象个子，合乎子之道。每一个"名"都有它一定的含义，一定的道理。我们常说，"顾名思义"。君、臣、父、子只要各按它那个"名"的含义，各按它那个"名"所指示的道理做去，自然就各得其当。所谓"君不君，臣不臣，父不父，子不子"，就是说和自己那个"名"不相称，就是"名实不符"。孔子很重视那个"名"，首先要做到"名正言顺"，这样就可以使人"顾名思义"，终于达到"名实相符"，恢复了那些"礼"，那些旧典的精神。举一个具体的例子来说吧。如《春秋》上有这么一句："天王狩于河阳。"就是说周天王到河阳那个地方去巡狩（巡察诸侯们称职不称职的意思）了。单就这句话看来，冠冕堂皇，周天子还是赫赫威灵，蛮象个天子的样子。其实呢，这一次周天子到河阳去并不真是什么"巡狩"，而倒是晋文公把他召去的。"诸侯"竟然能召"天子"，假如据事直书"晋侯召王于河阳"，还成什么话！真叫作名不正而言不顺。现在不那样说，不管实际上如何，天子总是以巡狩的名义到河阳去的。这样，"天子"还俨然是个"天子"，总算维持住体统。尽管诸侯那样跋扈，但是名分所在，不容僭越。孔子修《春秋》，在这些地方极为严正，正是贯彻他的"正名"主义。后来有"名教"之说，什么"纲常名教"，"名教罪人"都是从孔子这种"正名"思想演变来的。

（三）仁——孔子的一个中心概念

孔子继承古代学术的主要内容是一个"礼"字，而他的一个新贡献，他所赋予"礼"的一个新意义，却在一个"仁"字。一部《论语》讲"仁"的五十八章，用"仁"字一百零五个，可见"仁"这个概念在孔子学说中的重要。什么是"仁"？虽然讲法很多，但是我总觉得还是孟子讲得亲切中肯，即"仁也者，人也"。"仁，人心也。""仁"就是"人心"，就是"人"之所以为"人"。换句话说，不"仁"就是没有"人心"，就不算"人"。这样讲法好象很笼统，其实最可以表达孔子学说的真精神。孔子的进步方面和保守方面都可以从这里看出来。关于这一层，还需要多说明几句。

首先，孔子这个"仁"的概念可以说是一种人文主义思想。因为他强调了"人"，处处讲人道所当然，讲人之所以为人，把什么问题都归结到人心和人性上，正和那种天鬼迷信，神权思想相对立。最明显的表现，如他说："务民之义，敬鬼神而远之""未能事人，焉能事鬼""未知生，焉知死"。他只重视做人的道理，对于鬼神问题存而不论。不过这里好象存在着一种矛盾：一方面要"敬"鬼神，另一方面却又要"远"鬼神，对于鬼神问题并未多加考虑，鬼神究竟是有是无，还没有确定，而却大讲其丧礼和祭礼，对象还没有弄清楚，究竟向谁行礼呢？这似乎讲不通，其实孔子已经拿人文主义的精神把这个问题解决了。他明明讲"务民之义"，也就是说"尽其为人之道"。为什么要"敬鬼神"？从孔子看来，这也只是尽其为人之道，使自己心安理得，究竟有没有鬼神来接受我的"敬"，那倒不必追问。他把"敬鬼神"，把丧礼和祭礼，根本看成人的良心问题，是"崇德报功"而并不是迷信，是"人"的问题而并不是"神"的问题，是"心"的问题而并不是"物"的问题。例如古代有一种祭祀名叫"蜡"，连什么猫啦、虎啦都祭祀，这分明是一种拜物教的遗迹。但是孔子却说："古之君子，使之必报之。迎猫，为其食田鼠也；迎虎，为其食田豕也。……蜡之祭，仁之至，义之尽也。"(《礼记·郊特性》)哪怕是草木鸟兽，只要使用过它，得过它的好处，就要报答它。尽管对方完全不知道，甚至根本是无知之物，我也不辜负它的好处，也要尽自己的心尽自己应尽之道。一片真情厚意好心肠，所以说是"仁之至，义之尽"。这里面一点原始迷信意味也没有了。又如，他的弟子宰予以为父母死了，守丧三年，时间太长了，主张缩短一下。他就诘问道："食夫稻，衣夫锦，于汝安乎？"（三年丧期未满，让你吃稻米，穿锦衣，你心里安吗？）哪知宰予竟然很直率地回答道："安。"于是乎孔老夫子只好说："君子之居丧也，食旨不甘，闻乐不乐，居处不安，故不为也。今汝安，则为之！"（君子居丧，原来是因为吃饭也吃不下，听音乐也听不下，正常居处着心里不安，所以才不那样办。现在你既然"安"，那你就那样办吧！）宰予吃了个没趣出来了，老夫子还恨恨不已地说："予之不仁也！子生三年，然后免于父母之怀。予也，有三年之爱于其父母乎？"（宰予真是不仁啊！每一个孩子生下来三年才能离开父母的怀抱。宰予啊，你也受过父母三年的抚养哺育吗？）按说呢，不行三年之丧似乎应该说是"非礼"，可是这里直斥为"不仁"，也就等于说，宰予没有人心，这是多么严重的问题啊！

　　如上所述，丧礼、祭礼都是行其心之所安，自尽其为人之道。以此类推，一切礼也都是行其心之所安，自尽其为人之道。这就是以"仁"讲"礼"，以人文主义的精神讲"礼"。所以孔子说："人而不仁如礼何；人而不仁如乐何。"离开"仁"，"礼"的真精神就失掉了。后来宋儒张横渠说："礼义三百，威仪三千，无一事而非仁也。"也就是说各种各样的"礼"都是"仁"的表现，都是从人心、人性中自然产生出来。这和孔子的讲法是很相符合的，都将"礼"归到人心、人性上，这就使"礼"得到一种新意义，从一个新的理论基础上把"礼"的尊严重新树立起来。孔子就是用这种办法来维护和恢复周朝的旧典，来挽救古代贵族统治的危机。这样，从一方面看，他以仁讲礼，高唱"天地之性人为贵"，强调"人"的尊严，从原始迷信、神权思想中，把人性解放出来，在当时历史条件下，显然具有进步意义；但是从另一方面看，他拿古代贵族所制定的"礼"来作为一般做人的标准，把人性规格化，违犯了"礼"，违反了古代贵族所制定的"人"的规格，就是"不仁"，就是失掉"人性"，就不算"人"，这分明是以贵族性来冒称人性，极力为古代贵族统治作辩护，他的阶级本质，他的保守（原作为"反动保守"。——编者注）思想，从这里也显然暴露出来。

（四）封建圣人

孔子在中国历史上是有特殊地位的。他生当春秋末年，由旧氏族贵族所统治的初期奴隶制社会正在崩解，而逐渐向封建社会转化。他恰成一个过渡时代的过渡人物，起了一种继往开来，承先启后的作用。文化是有继承性的。古代贵族的统治经验和许多文化遗产为后来的封建主所接受，尽管精神实质已经起了变化，但是有许多地方仍然可以大体上因袭下去，供他们利用。孔子学说的历史命运正是这样的。当新兴地主最初起来和旧贵族作斗争的时候，他们本来是采用法家的学说，对孔子一派的儒家学说，认为迂阔，嘲笑攻击，一直弄到焚书坑儒。可是到了汉朝，有鉴于秦朝的失败，觉得极端的法家学说会引起反抗，于是才转而利用儒术。自从汉武帝以后，孔子学说一直成为中国封建社会的正统思想，孔子的地位越来越高，被尊为"至圣先师""万世师表"。其实在历代统治阶级和儒者手里，孔子学说的精神实质已经起了很多变化，早和法家与道家的学说混搅在一起。关于这一层，在本书末章还要谈到，这里暂且不再多说。总而言之，孔子把古代贵族文化整理总结，正是孟子所谓"集大成"。在这些文化遗产里面，可以供封建地主利用的东西自然很多。他那种等级思想和宗法思想成为后来封建社会的天经地义。他那一派纲常名教的道理，那一些"惟女子与小人为难养也"，"民可使由之，不可使知之"，"天下有道则庶民不议"，以及轻视"老农""老圃"的言论，也成了维护封建统治阶级的武器。因此，他本人也成了封建社会里的圣人，号称为"圣之时者也"，意思就是能随"时"而变化的圣人。

但是孔子的这种变化毕竟有一定的限度，跟着历史的发展和变化，跟着中国封建社会的解体和半殖民地半封建社会的崩毁，孔子在历史上的这种偶像地位也终于由动摇而趋于毁灭。早在"五四"时代就有人提出"打倒孔家店"的口号。以后跟着新文化运动的开展，跟着中国人民革命事业的胜利前进，孔子学说的反动性暴露得越明显，在人民的心目中，就越发没有它的地位了。尽管还有人极力阐扬"孔家哲学"，但是那只是反动的封建思想想借尸还魂，作最后挣扎，是起不了什么作用的。

然而从历史上考察，孔子毕竟不失为我国古代一个伟大的思想家和教育家，从他的言论和行动中，我们可以吸取很多有益的东西。在《论语》里面就有数不清的关于立身、处事、治学的好格言。不讲别的，单看他"学而不厌，诲人不倦"，"发愤忘食，乐以忘忧，不知老之将至"，等等，这样全心全意献身于学术和教育事业的无限忠诚，多么使人敬慕呵！

第三章 墨子

墨翟，鲁国人，也有说他是宋国人的。他的生卒年岁，各家说法都不很准确，大概在春秋末，战国初，公元前490—前403年之间，略与孔子再传弟子们同时。他的世系出身也不详。《史记》上说他做过宋国的大夫，也难确定，从他的书上看我们只知道他曾经救过宋国，免遭楚国的进攻而已。总而言之，他不象孔子那样出自名门世胄，他的生活和作风也不象孔子那样的贵族气味。向来"孔、墨"并称，或者"儒、墨"并称。从现存《墨子》书中，可以看出墨子所创立的墨家学说和孔子所创立的儒家学说，处处针锋相对。这是中国思想史上最早出现的互相对立的两个大学派。拿两家学说对照来看，格外显出墨家所具有的代表下层社会的特殊色彩。

（一）十大主张

墨家的十大主张：兼爱、非攻、尚贤、尚同、天志、明鬼、非乐、非命、节用、节葬，在《墨子》书中各有专篇。倘若单把那几篇文章粗粗一看，也不见有什么特异地方，不知道为什么儒家极力攻击他。如果你把这些主张和儒家的理论仔细比较一下，就知道他们两家的主张虽然有时候看着差不多，而其实相差很远，根本不能相容。荀子以儒家的观点批评墨子道：

> 墨子有见于齐，不见于畸。(《荀子·天论》)
> 墨子蔽于用而不知文。(《荀子·解蔽》)
> 上功用，大俭约，而僈差等。(《荀子·非十二子》)

"齐"与"畸"，"用"与"文"，下字极精，恰当地把儒墨两家对立的地方指点出来。"齐"是"齐一"，也可以说是"一般"的意思；"畸"是"畸异"，也可以说是"特殊"的意思。"用"是"实用"，"文"是"礼文"。"上功用，大俭约"，乃是说讲"用"不讲"文"，"僈差等"是一视同仁，不分等差，是说讲"齐"不讲"畸"。总而言之，儒家注重"畸"，注重"文"；而墨家注重"齐"，注重"用"，拿"齐"和"用"的意味来理解墨家的十大主张，就格外显出墨家学说的特色。

例如"节用""节葬""非乐"，都显然是从用的观点上立论。墨子有一个原则，就是"诸加费不加于民利者圣王弗为"(《节用中》)。本来儒家也未尝不讲"节用"，但他们是以"礼"为节，而并非一概尚俭。墨子却不然，凡是只增加费用而对于人民并不能增加什么利益的都不干，而他所认为对人民有利益的事又只限于最起码的物质生活需要。因此他主张：饮食"足以充虚、继气、强股肱、耳目聪明则止"；衣服"冬服绀緅之衣轻且暖，夏服絺绤之衣轻且清则止"。只需吃得饱，能使身体强健，穿得适合气候，不受热，不受寒就好，至于讲究什么美味和华饰，对于人并没有实际好处，都是多余用不着的。根据这种精神，当然要主张"节葬"和"非乐"。厚葬只是靡费，会有什么用处？儒家所以主张厚葬者，因为他们要从这上面表一表活人的心，并且由葬的厚薄也可以显示出贵贱的等级来。墨家不管这些，单看对于人民有没有"用",当然要加以反对。至于墨子所以"非乐",也是因为"乐"对于人民没有"用",因为"撞巨钟、击鸣鼓、弹琴瑟、吹竽笙而扬干戚",并不能给人民"衣食之财",并不能"兴天下之利,除天下之害",而徒然"厚措敛乎万民",浪费人民的资财。本来"用"的标准也很活。广泛点说,"乐"何尝没有"用"。但是墨家所谓"用",意义极狭,除非对于维持生活有直接关系,如衣食之类,或者能禁暴止乱,他们都认为是无用的。音乐自然不能当饭吃,当衣穿,也不能说撞一撞钟,弹一弹琴,就可以把寇乱平定了。拿这样的标准来讲,"乐"自然是没有用,自然要非"乐"。墨家这种极狭隘的实用观点,儒家、道家都攻击它。然而这种不讲享受,"生勤死薄","以自苦为极"的生活,正反映出当时劳动人民的本色。在当时贵族统治的社会中,一般劳苦大众所迫切要求的本来只是些物质的生活资料,什么精神陶冶,如音乐之类,他们根本没有福气享受,只能当作贵族们所专有的奢侈品加以反对而已。

再就墨家最重要的主张"兼爱"来说,表面上和儒家所谓"泛爱"、所谓"仁",何尝不有些相近。但是这里面有两点重要差别:其一,儒家讲"爱",着重在"心"上,墨家却一定要考虑实效。如所谓:"兼相爱,交相利""爱利万民""兼而爱之,从而利之""义,利也""孝,利亲也"……言"爱"必及"利",爱非空爱,必伴以实际的利益,显然贯串着尚"用"的精神,这是和儒家不同的。其二,儒家"亲亲",亲其所亲,把亲疏厚薄分别得很清楚,主张有差等的爱。墨家却提出"兼以易别"的口号,只讲"兼",不讲"别",根本打破亲疏厚薄的差别观念,而主张"兼而爱之",一视同仁。在这一点上,儒家所表现的是

"畸",而墨家所表现的是"齐"。我们须要知道,儒家所主张的"亲亲"之道,是建筑在宗法制度上的。宗法制度只有贵族才讲得起。至于劳苦大众,都是所谓"匹夫匹妇",那有什么宗法可言。他们流浪江湖,四海为家,只有广漠的同胞观念而已。

"尚同"是主张政治上、思想上的整齐划一;尚贤是不论亲疏贵贱,平等看待,都是重"齐"而不重"畸"的表现。《尚贤》篇说:

不义不富,不义不贵,不义不亲,不义不近……虽在农与工肆之人,有能则举之。……故官无常贵,而民无终贱。

不党父兄,不偏富贵,不嬖颜色,贤者举而上之,富而贵之,以为官长。

儒家讲"尊贤",讲"贤贤",也何尝不是"尚贤"。但儒家"贤贤"以外,还有"亲亲","贵贵"。这样一来,"贤"就不成为用人的唯一的条件。孟子说:"亲之欲其富也,爱之欲其贵也。亲爱其身,所以富贵之地。兄为天子,弟为匹夫,可谓亲爱之乎?"根据这种理由,虽以象之不贤,也居然可以受封。因为他是舜的御弟,合乎"亲"的条件,"贵"的条件,单不合乎一个"贤"的条件是没要紧的,这样,儒家的尚贤就有例外而墨家却无例外;儒家的尚贤是相对的,而墨家却是绝对的。"兄为天子,弟为匹夫",从墨家看来,有什么不可呢? 在这里不容许有什么特殊情形,也就是看不见所谓"畸"。这是墨家和儒家不同的地方。至于《尚同》篇主张天子去"一同天下之义",以免去"一人一义，十人十义"的混乱现象，这是要统一思想，更显然表现出墨家尚"齐"的精神。

墨家的天鬼观念也和儒家不同，如《天志》《明鬼》两篇，把天和鬼讲得活灵活现，好象看见了一样，极明显地主张有鬼论。而其所以如此主张的理由，又全从对于人民的实际利害上着眼，全从这种主张所起的作用，所收的效果上着眼，并没有讲什么精深微妙的理论。象儒家对于天鬼问题那一套人文主义的见解，他们是没有的。《非命》篇也是专从实用上立论，并不象伪《列子·力命》篇那样从理论上辨析"力"和"命"的问题。还有"非攻"，是"兼爱"的实行；而其以实力帮人守城，反抗侵略，不单空谈了事，又正是他崇尚实用的表现。

总之，墨家的确是讲"齐"不讲"畸"，讲"用"不讲"文"。通贯十大主张，随处都可以看出这种意味。儒家说这是"蔽于用而不知文"，是"有见于齐，不见于畸"；那么，墨家也未尝不可以反唇相讥，说儒家是"蔽于文而不知用"，是"有见于畸，无见于齐"。两种思想恰好针锋相对，倒是很有意味的。

（二）会党式的集团

墨家这个集团，有组织，有纪律，有共同的信条，并且有生活上的共同联系，和后世下层社会所结成的会党道门很有些相类。墨子在一群"墨者"中，不仅是一位传道授业的先生，同时却还象是他们这个集团的领袖。他掌握着很大的权力，能发号施令，指挥他的门徒。他常派遣他的门徒到各处去活动。如："游公尚过于越"（《鲁问》），"出曹公子于宋"（同上），"使胜绰事项子牛"（同上），"游耕柱子于楚"（《耕柱》），"使管黔敖游高石子于卫"（同上）。这班人都负有领袖的使命，并不是个人行动。有不能完成其使命的，就被撤回。如使胜绰事项子牛，就是派他去齐国作"非攻"运动的。但是他不称职，"项子牛三侵鲁地，而胜绰三从"，不能坚持自己的主义，所以谴责他，把他召回来。又如墨子曾派禽滑厘等三百人去帮助宋国守城，准备抵抗楚国的侵略，那更是有名的故事。《淮南子》上说："墨子服役者百八十人，皆可使赴火蹈刃，死不旋踵。"墨家这种服从领袖壮烈牺牲的精神，直到墨子死后很长时间还保持着。请看下面一件故事：

墨家有个巨子（墨家的首领称为巨子）名叫孟胜，和楚国的阳城君很友善。当阳城君往楚国京城那里去的时候，把阳城这个地方托付给他。后来阳城君死难了，楚国派人来接收阳城。孟胜不肯辜负阳城君的委托把地方交出，但又没有力量抗拒，所以想报以死。他的弟子徐弱劝他道："如果死了有益于阳城君，那就死了也可以。死了并没有什么益处，反倒使墨家之道绝传，这来不得呀。"孟胜说："我和阳城君，又是师友，又是君臣。如果不死，从今以后，求严师的，求贤友的，求良臣的，都将不来我们墨家了。死了正是实行墨家之道而使它流传。宋国田襄子是一位贤者，我将要把'巨子'这个职位传给他，还怕什么墨家之道绝传呢。"徐弱说："既是这样，那我就请先死以开路。"于是孟胜、徐弱和其他弟子八十三人都死了。只剩下二人到田襄子那里去传达孟胜的命令。可是他们在任务完成以后，也要回阳城去死。虽然田襄子以新巨子的名义来加以制止，而他们不听，还是回去死了。当时很多墨者议论他们，认为这是不听巨子的命令（这个故事见《吕氏春秋·上德》篇）。

从这段悲壮的故事里，一方面可以见墨者的侠义，一方面也可以见"巨子"的权力。重然诺，轻死生，趋义赴难，本是侠客的道德，墨家却把这种精神充分地表现出来。巨子说死，于是八十三人都一同随之而死。这真是所谓"皆可使赴火蹈刃，死不旋踵"。尤其有意味的是那两位派出去传达命令的墨者。他们本来可以不死，然而非回去死了不可。死且不必说，还落个"不听巨子"的罪名，因为新巨子不准他们死。这种牺牲精神和森严纪律，在别家是看不到的。

再说，墨家是主张"兼爱"的，是主张"有力相营，有道相教，有财相分"的。在他们团体里，颇带一点"有饭大家吃"的意味。如墨子曾经派耕柱子到楚国去工作。有些墨者往那里去，耕柱子没有在生活上充分供给他们，因而他们回去向墨子说，让耕柱子在楚国没有什么好处。墨子不以为然。后来耕柱子果然送回来十金。从这段故事可以知道墨者有分财于团体的义务。倘若有财而不让大家共享，就要受团体的责备。又如墨子责备他的弟子曹公子道："今子处高爵禄而不以让贤，一不祥也；多财而不以分贫，二不祥也。"（《鲁问》）有财不仅要献给自己的团体，并且还得分给一般穷人。这完全象后世下层社会的会党所崇尚的道德。

墨家尊天明鬼，大有"替天行道"的意味。这也和后世会党极相类似。

总之，服从领袖，严守纪律，慷慨牺牲，仗义疏财，有饭大家吃……凡后世会党中所常看见的，多早已见于墨家。如果我们夸大点说，墨家简直是一个最初的会党。

（三）科学、技巧

墨子在讲学方面与孔子并称，同时他又具有特殊的技巧，常常和最著名的巧匠公输般——即以前木匠们所供奉的鲁般爷——牵连在一起。相传公输般曾经用木头做了个鸟，飞上去三天还不落下来。他自以为是天下之至巧了。可是墨子对他说："你做木鸟，不如我做车辖（车轮围绕车轴的一部分）。我用三寸木材，不大一会儿就削成一个车辖，能够担负起五十石的重量。做出来的东西于人有利的就是巧，于人无利的那算是拙。"（另一传说，做木鸟的就是墨子）在《墨子》书中，还有公输般替楚国做"云梯"，将用以攻宋，而墨子和他比赛技术的故事。又如书中《备城门》以下十几篇，墨子和禽滑厘讲论守御的方法，其中多说到制造和建筑的技术。在其他各篇，亦惯用百工作比喻，常常提到关于工艺的事。如此等等，可以说明墨子的确是长于技艺，既不同于儒家的鄙视技巧，也不同于道家的崇尚朴拙，他自具一种特色，恐怕他的阶级出身是和手艺人有些关系。

因为墨者多擅长技巧而从事手艺，在他们的劳动过程中，在他们和物质世界的经常接触中，很自然地取得一些科学知识。现在《墨子》书中的《经》和《经说》几篇，很有些关于光学和力学的知识。特别是几何学，似乎已经搞成一套体系。他们有一定的术语。如：全体叫作"兼"，部分叫作"体"，点叫作"端"，线叫作"尺"，面叫作"区"，立体叫作"厚"……都下有明确的定义，可见他们研究这门学问已经是条理分明，不是偶然随便讲的。象这一类关于自然科学的知识，在《墨经》中不胜列举，而在别家著述中却很少见到。因为有些人感觉奇怪，以为墨家为什么这样特别？莫非墨家来自外国，不是中土所产吗？于是说什么墨子是印度人，种种牵强附会的怪论都提出来。如果我们知道墨家本是出自劳动人民，多是从事手工技艺者，那末，根据他们的特殊经验，特殊视野，因而得到这些特殊知识，乃是毫不足怪的。

墨家不仅从劳动过程中吸取一些关于自然科学的知识，并且还形成他们的一套逻辑，一套知识论。他们把知识分为三类："闻、说、亲"。"亲知"是从亲身经验得来的知识，这是最基本的，但范围有限。"说知"是从推论得来的知识，如勘探者发现煤矿，地下情况，并未亲见，实据地上，推论而知。另一类是"闻知"，是从旁人听来的知识（不管是直接、间接、从口传或从书本上）。就如墨子这个人，我们当然没有亲眼见过他，并且也没法子根据什么理由推论出个墨子来，我们所以知道中国历史上有个墨子，乃是从书本上听人家告诉给我们的。他们更详细讲述种种辩论推理的方法，但决不是诡辩。如当时有些诡辩家争论"同异"问题，讲起"同"来什么都是"同"，讲起"异"来什么都是"异"，其结果弄得"同异"混淆，以至根本抹去了"同异"的界限。墨家不是这样。他们把"同"分为四种：二名一实叫作"重同"（重复的重）；同连在一个整体上，叫作"体同"；同在一处叫作"合同"；有共同特点叫作"类同"。和这相反，也有四种的"异"。如此，讲"同"一定要指出是哪一种的"同"，怎样"同"法；讲"异"一定要指出是哪一种的"异"，怎样"异"法，一点不许混淆。由此可见墨家辨析名理，严肃认真，和诡辩家的文字游戏绝不相类。这也反映出劳动人民实事求是的唯物主义的精神。

（四）墨家主张民选天子吗？

既然说墨家所代表的是下层社会、劳动人民，那末，是不是如某些人所说，墨家主张"民约论"，主张民选天子呢？倒也凑巧，在《墨子》书中，《经上》篇恰好有一句："君，臣萌（同'氓'，即'民'的意思）通约也。"君之所以成为君，乃是由臣民公约而来，这不明明是"民约论"吗？《尚同》篇又恰好有过些话："夫明乎天下之所以乱者，生于无正长，是故选择天下贤良圣智辨慧之人，立以为天子……"天子是选立的，这不明明是主张民选天子吗？其实这种说法是不可靠的。首先说，"臣萌通约"的"约"字不一定当"契约"讲，也许当"约束"讲。假如解作"臣民都受约束于君"，岂不和"民约论"的意味恰好相反吗？即使当"契约"讲吧，也许是名学意味上的"约定俗成"（这是《荀子·正名》篇的成语，乃是说一切名称都是由社会规定的），不一定就是政治意味上的"民约论"。究竟这句话应该怎样讲法，可不可当作民约论，还须从墨学的各方面加以参证，单凭这一个孤立的句子是不行的。至于《尚同》篇那句话，仅只说"选"，却没有说谁选，"选"字上面没有句主。你以为说"选"就必须是"民选"吗？这倒不一定。《尚同》篇的另一段明明说过："古者上帝鬼神之建国设都立正长也……"可见墨子的意思，以为正长是上帝鬼神立的，并不是民立的。以彼证此，则天子亦当是上帝鬼神选的，而不是民选的。或者有人要说：上帝鬼神还不是个空名吗？事实上还得假手于民。名神选而实民选，也可以说是间接的民选吧。我以为这种说法仍然不能成立，而只是重复"天视自我民视，天听自我民听"的老调。我们知道在欧洲政治思想史上，"民约论"正是由反对"王权神授说"而起。他们说君主权力不是神授的，而是民授的。假使可以承认神选就是民选，那么"民约论"也可以和"王权神授说"合而为一了。这成什么话！

其实墨家之不主张民选天子是有旁证的。墨家是个有组织的团体，其领袖为"巨子"，发号施令，有绝大的权力。"巨子"职位并非由一群墨者选举而来，乃是由旧巨子自择新巨子而传其位，很象佛家的传衣钵。假使墨家能够取得政权的话，无论从理论上，从事实上，巨子都必然要掌握全国最高的权力，而形成一种带宗教性的政权形式。我们须要知道，墨子很象一位教主，他的一切言行都依托于"天志"。他主张兼爱，就说天意叫兼爱；他主张非攻，就说天意叫非攻；他主张非乐、非命、节用、节葬、尚贤、尚同一切都说是本于天意。把许许多多的天意实现出来，就成了他们所要建立的地上天国。在这天国中，天子称天而治，掌有绝大的权力，什么"民约论""民选天子"，根本是谈不上的。但是也有些人因此就认为墨家是反动的专制主义者，所反映的不是下层社会的思想，这也是错误的。我们应该知道，民权政治本来是近代市民阶级兴起以后，所要求的东西，古代劳动人民所要求的政治形式还并不是这样。我觉得墨家的团体和教义，在某些地方颇类乎原始的基督教。从考茨基在《基督教的基础》里面所描写的看来，我们可以知道原始基督教比着墨家更带深刻的革命意义。然而他们政治理想的实现，也不过是一种教会政治。墨家的政治思想恐怕与此也不甚相远吧。如果结合墨家"尚贤"的主张看来，除原始的宗教意味以外，倒还可以说是一种"贤人政治"。贤人政治当然还不能算是民权政治，但是，它反映了墨家对当时贵族阶级那种"家天下"的政治制度的不满；再说，"传贤"毕竟胜于"传子"，从某种意义上说，贤人政治比当时的贵族政治也进了一步。

第四章　老子

老子这个人，和《老子》这部书，应该分别来看。有人说，老子就是老聃，相传他在周王朝那里管过图书，孔子还向他问过礼，后来去周西行，过函谷关，给关尹著了五千言的《道德经》，就不知去向了。但是就现存《老子》这部书——即《道德经》——来看，实在很难相信是春秋末年的老聃著的。经许多人考证，这部书大概写作于战国中期。这里面可能有一些老聃的遗言，后来把老聃尊为道家之祖，也自有道理。但是事实上，当春秋末年，道家还只是处在萌芽状态，还没有作为一个学派而出现。我们姑且不打这种考证官司，反正老子《道德经》是道家的一部经典著作，拿来代表早期的道家学说应该是没有多大问题的。

（一）理想化的村落社会

道家学说是从一班"隐士"中间酝酿出来的，老聃也正是其中的一个。这班隐士，在那个历史大变革中，处于没落地位，过着隐遁生活。他们不满现实，又逃避现实，思想倾向消极，不敢向前看，只好向后看，因此把理想寄托在原始的村落社会。从《老子》书中我们可以看见他们所描写的乌托邦——

> 小国寡民。使民有什伯之器而不用，使民重死而不远徙。虽有舟舆，无所乘之；虽有甲兵，无所陈之。使民复结绳而用之。甘其食，美其服，安其居，乐其俗。邻国相望，鸡犬之声相闻，民至老死不相往来。

这样一个社会，是自然的，不是文明的；是自由的，不是强权的；是自给的，不是交易的；是静止的，不是活跃的；是小规模的，不是大规模的。老子不象儒、墨诸家主张大一统，他所谓"小国寡民"，实在还算不得"国"，算不得"民"，而正是一种原始的村落社会。他只想有许多小村落在大地上自然地散布着，并不希望成为一个有组织的大国家。他痛恨强权，所以说："强梁者不得其死""民不畏死，奈何以死惧之"。他反对战争，所以说："佳兵者不祥。"他反对重税，所以说："民之饥，以其上食税之多，是以饥。"他反对烦苛的法令，所以说："法令滋章，盗贼多有。"如此等等，他认为都是当权者的罪恶。他似乎觉得政府是万恶的渊薮。他要摆脱这样强权的统治，而代以自由自在的村落社会。在这样社会中，文化却不高。他们生活很简单，既用不着机械，也用不着文字。他们不识不知，全听自然的支配。老子说："以智治国国之贼，不以智治国国之福""常使民无知无欲"。一切知识，一切文化，徒足以长诈伪而丧天真，都是他们所要除去的。在这样社会中，交通贸易，殊不发达。他们"老死不相往来"，"虽有舟舆，无所乘之"。他们自己生产，自己消费，完全是一种自给自足的自然经济。在这样社会中，人们固着在一定地方，"重死而不远徙"。生产方式，风俗习惯，都不大起变动。他们认为自己所吃的饭食就是天下最好吃的饭食，自己所穿的衣服就是天下最美丽的衣服，自己所居的地方就是天下最安适的地方，自己所习惯的风俗就是天下最合意的风俗。各自心满意足，永远因袭下去，一切都是静沉沉的。试把"小国寡民"这一章和都市中熙来攘往的情形稍一比较，就显然见到另一个世界，这不是活生生的一个原始村落社会的写照吗？这样的政治理想完全是反历史的，正反映了没落的贵族阶级找不到出路的心情。可是在古代封建社会里，这种理想一直吸引着那些所谓高人隐士们的憧憬。

（二）歌颂自然

老子崇尚"自然"，这是从来没有异辞的。他说："人法地，地法天，天法道，道法自然。"把自然抬到最高的地位，所谓"道"也只是"自然"之道，层层推究，最后总归到"自然"上。他不说世界是神造的，由神主宰一切，而认为世界上一切都是自然之道，自己如此。他不仅不象墨家那样"尊天、明鬼"，并且也不象儒家那样对于天鬼问题说得恍恍惚惚，而是干脆摆脱了关于天鬼的原始迷信。他说："天地不仁，以万物为刍狗。""刍狗"就是用草扎成的狗，为给死人陈列用的，如象现在葬埋时候所用的纸人、纸马……一样。这种东西，用的时候象煞有介事地摆出来，用过了烧掉、抛掉，一点也不爱惜。从老子看来，万物都象"刍狗"一样，时而摆出来，时而又抛弃掉，自生自灭于天地间，什么天心仁爱，生育万物，象儒家那种说法，他是断然反对的。以自然论代替神造论，以"机械论"代替"目的论"，为后来各家无神论开其先路，这实在是老子的一大贡献。

但是我们也不要过于夸大老子的"自然"主义，而把它现代化。他只是歌颂"自然",教人复归"自然",而并不是对"自然"作科学的分析研究。"自然"只是"自己如此"的意思。说一切现象都是"自己如此",而不去别立一个"造物主",这可以算是一种进步思想。但是譬如有人问你为什么刮风,你就说它自己刮起来了;问你为什么下雨,你就说它自己下起来了。这样的答案究竟解决了多少问题?五千言《道德经》简直是一部"自然"赞美诗。讲到社会,教人回复原始状态;讲到人生,教人回复婴儿状态。长言咏叹,歌颂"自然"的美妙,这里面是含有一些"自然崇拜"意味的。

(三)无为而无不为

老子既是崇尚"自然",凡属于"自然"的都是好的,一经人为便不好了,这样他当然要主张"无为"。他说:"我无为而民自化,我好静而民自正,我无事而民自富,我无欲而民自朴。"他所理想的君主,并不是给老百姓办许多好事,叫大家歌功颂德,而是有他等于没有他。"太上不知有之,其次亲之、誉之……"最好的君主是大家简直不知道有这个君主,至于大家"亲之、誉之",歌功颂德,那倒已经是第二等的君主了。"功成事遂,百姓皆谓我自然。"不知不觉,自然而然,大家都生活得好好的,那还有什么功德可颂呢?坏就坏在"有为"上。"民之难治,以其上之有为,是以难治。"这显然表示出老子对于当时统治者那种胡作乱为的深切反感。可是老子的"无为",并不简单是不满现状的一种消极抗议,也不简单是返淳还朴的一种天真幻想,他这里面的确还有他自己的一套奥妙,我们须得加以进一步的分析。

老子有这么几句话:"欲将取天下而为之,吾见其不得已。天下神器,不可为也。为者败之,执者失之。""神器"二字很可玩味。他活生生地看到,"天下"是个神妙的东西,要去"为"它也"为"不得。一"为"它反而坏了,一"执"它反而丢了。你说神妙不神妙?老子相信一切事物都有个自然之道,都有它发展的自然规律。我们只能随顺着它,决不可用人为力量加以干扰。这叫作"辅万物之自然而不敢为"。他说:"致虚极,守静笃。万物并作,吾以观其复。夫物芸芸,各复归其根。归根曰静,静曰复命,复命曰常,知常曰明。不知常,妄作,凶。"这就是叫人虚心静气,坐观天下之变。尽管万事万物纷然并起,但最后都还得回到它的老根。回到老根就静下去,静下去就算回复其自然之命,回复其自然之命就算得其常道。认识这个常道叫作"明"。不认识这个常道而胡作乱为,就要受灾害了。大概老子看见过多少成败兴亡,从那里面体会出一些自然的道理,认为事物的发展变化总有它自然的归趋。因而要沉机观变,以静制动。他知道"天下难事,必作于易;天下大事,必作于细",所以要"图难于其易,为大于其细",不待事情发展到"大"了,"难"了,而当它还细小,还容易的时候,就解决它。看着他是"无为",实际上正是他妙于为。不动声色,不费手脚,什么都做好了。所以说"无为而无不为"。这里面是有一些把戏。所以后来竟成为一种帝王统治术,并且许多政治家、军事家、拿羽毛扇的人物,往往喜欢"黄老"(黄帝、老子),实在不是偶然的。

(四)一个"反"字的妙诀

在老子许多微妙的言论里面有个诀窍,那就是一个"反"

字。他好说相反的，互相矛盾的话，几乎成了一个公式。如："大巧若拙""大辩若讷""大直若曲""大成若缺""大音希声""大象无形""曲则全""枉则直""洼则盈""敝则新"，乃至"不争而善胜"，"无为而无不为"……处处是反语。这就叫作"正言若反"，正面话好象成了反面话。你说他是故弄玄虚吗？不，这里面贯串着他的根本的方法论和宇宙观。

如上面所讲，老子是相信自然之道，相信宇宙间有个不可违犯的自然规律的。一切事物的运动变化都离不开这个自然规律。那末这个自然规律究竟是怎么一回事呢？老子告诉我们："反者道之动。"这就是说，自然之道是向着相反的方向运动变化的。根据事物向反面发展这个规律而加以利用，他常常把事情看得透过一层。大家以为不利的，他反因以为利；大家看着是福的，他却从那里面看出祸来。所以说："祸兮福所倚，福兮祸所伏。"因此，他总是从反面下手。"将欲歙之，必固张之；将欲弱之，必固强之；将欲废之，必固兴之；将欲取之，必固与之。""以其不争，故天下莫能与之争。""后其身而身先，外其身而身存。非以其无私耶？故能成其私。"他认为"柔弱胜刚强"，所以总是自处于柔，自处于弱，自处于下。他说："天下莫柔弱于水，而攻坚强者莫之能胜""江海所以能为百谷王者，以其善下之，故能为百谷王"。刚说个"反者道之动"，紧接着就说"弱者道之用"。可见他以"弱"为用，正是依照那个"反"字的规律来的。这里面的确有他一套"处世哲学"，带着些权谋术数的色彩，所以能为后来许多政治家、军事家所利用。但是无论如何，他的确认识些矛盾统一、矛盾发展的道理，这不能不说他包含一些辩证唯物主义的思想因素。

第五章 庄子

庄周，战国时代的宋国人。他的生卒年岁大概和孟子略相当而稍晚一些。他似乎也是一个从旧贵族阶级没落下来的人物，曾在他的家乡蒙那个地方当过一段管漆树的小官吏。他的生活很贫困，曾经靠打草鞋过活，有时候连饭也吃不上，还得向朋友借米。但是他很"清高"，对于那班富贵得意人物极端嘲笑。他觉得人生如梦，好象"看破红尘"的样子。现存《庄子》一书在中国思想史和文学史上都有很大的影响。

（一）全身免害

道家学说，特别象庄子的学说，尽管讲得非常玄远微妙，好象超出凡尘，但归根究底，只是要"全身免害"而已。庄子并不象他表面那样洒脱自在，在他的心目中，这个社会实在是很不太平，处处会碰到危机。他认为我们简直都是"游于羿之彀中"。羿是个善射的人，"彀中"犹之乎说是射程中。游于羿的射程里边，随时都有被射中的危险。这就是说，我们好象在箭头上过日子，也正象我们平常说的"在刀尖上过日子"一样。有一次他张着弹弓，注视着一个"异鹊"，就要打去，忽然发现这个"异鹊"正在准备着去捕捉前面的一个"螳螂"，而那个"螳螂"呢，也正在捕捉更前面的一个"蝉"。这样一个"螳螂"在前，"异鹊"

在后，迭相残杀，危机四伏的局面，使他触目惊心，于是乎连弹弓也丢掉而走开了。把社会看成这个样子，除了"苟全性命于乱世"，还有什么可干？所以老子已经是"人皆求福，己独曲全，曰：'苟免于咎'"（见《庄子·天下》篇引）。不求得什么福，只求能免祸就够了。庄子更是委曲婉转，费尽苦心，寻求全身免害的方法。例如，一次，他和弟子们到山里，看见一棵大树，长得不成材料，做什么用都不行，木匠们走过来连睬它也不睬。于是他向弟子们说，"此木以不材得终其天年"，这棵树就因为长得不成材料，没有用，所以才能不受砍伐，长到这么大呀。随后，他们路过一个朋友家里，朋友为着款待他们，叫家人杀一只雁。可是雁有两只，一只能鸣，一只不能鸣，究竟杀哪一只呢？当然就杀了那一只不能鸣的。于是乎弟子们提出问题了：那棵树以不材得终其天年，而这只雁却是以不材致死，究竟是"材"好，还是"不材"好呢？庄子只好回答道："周将处于材与不材之间。"也"材"也"不材"，这似乎可以幸免了，然而也还靠不住。所以最后他发挥出"一龙一蛇"，"一上一下"的一段议论，这就是说，该当龙时就当龙，该当蛇时就当蛇，一屈一伸，随时变化，这才是最好的处世之道呢。事实上，庄子所谓"道"，就是一种"全身免害"之道。他明明说：

　　知道者必达于理，达于理者必明于权，明于权者不以物害己。至德者，火弗能热，水弗能溺，寒暑弗能害，禽兽弗能贼。非谓其薄之也，言察乎安危，宁于祸福，谨于去就，莫之能害也。（《秋水》）

看他讲"道"的妙用，全在善于屈伸而自全其身。这也可以说是杨朱一路"为我""贵己"的思想吧。

（二）人貌而天行

尽管一龙一蛇，随时变化，深得处世的妙法，但有时候仍不免遭祸，这又怎么办呢？庄子告诉我们说："无可奈何而安之若命。"既然人力无可施，没有办法了，那就只有认为命该如此，听其自然。生就任他生，死就任他死。把自己变成"虫臂"也好，变成"鼠肝"也好，随他去。"视丧其足，犹遗土也。"即使受了刖足之刑，把自己的脚砍掉了，就好象丢掉一块土一样，心里也没有什么难过。人间哀乐全入不到心里，好象失掉了人的感觉一样。这就叫作"有人之形，无人之情"。因为形状是个人，所以能处在人群中；但是因为没有了人的心情，所以人间的是非善恶好象和他没有什么关系。本来是非善恶都是就人的思想行为而言的，只有人才讲到是非善恶上。假如一个人的行动竟然象刮风、下雨、鸟鸣、花开一样，全是一种自然现象，那还有什么是非善恶可言呢？这样，超脱了生死祸福，超脱了是非善恶，自由自在，游戏人间，这就是庄子的理想生活。这是一种不认真的生活态度，把生不当成生，把死不当成死，善恶是非，看得不过是那么回事。他教人象"虚舟""飘瓦"一样。无端飞来一块瓦，打在你身上，纵使你是一个性情极褊急的人，也不至于对这瓦发脾气。一个船碰了你，你发火了，正要向那船上的人闹气，但是一看见船上并没有人，你的气也就消了。为什么会这样？因为"虚舟""飘瓦"都是无知之物，对这些无知之物发什么脾气呢？庄子把这样"有人之形，无人之情"，象自然界的无知之物一样的人,称为"人貌而天行"。形貌是个人,而他的行动却活象"天"一样。这种境界怎样做到呢?庄子不断提到一个"忘"字。"忘年","忘义","忘我","忘物",生死得丧,一齐忘掉,这不就大解脱,大自在了吗?很显然,这是没落阶级在物质世界中找不到出路,而只好自己哄自己,作一种无可奈何的精神麻醉罢了。

(三)盗亦有道

庄子所代表的是没落贵族的思想,对于一切当权的统治阶级是深切痛恨的。他看当时那些"诸侯"们都是大盗窃国。他打个比喻:为着防小偷,所以把箱箧封得紧紧的,锁得牢牢的,可是一旦大盗来了,连你的箧都拿走,还惟恐你封锁得不紧不牢呢。以此类推,世俗所讲的什么"圣智仁义",无非是为窃国大盗作工具,没有这些,他们的国还守不住呢。如田成子杀齐君而盗其国,"所盗者岂独其国耶?并与其圣智之法而盗之。故田成子有乎盗贼之名,而身处尧舜之安,小国不敢非,大国不敢诛,十二世有齐国,则是不乃窃齐国并与其圣智之法,以守其盗贼之身乎?"(《胠箧》)齐国原有一套"圣智之法",满以为可以防止他的国家被人家窃去了。哪知道就有田成子这样的大盗,不仅窃去齐国,并且连他所用以守其国的那一套"圣智之法"也一并窃去。这样,齐国的"圣智之法"倒反而为田成子服务了。"为之斗斛以量之,则并与斗斛而窃之;为之权衡以称之,则并与权衡而窃之;为之符玺以信之,则并与符玺而窃之;为之仁义以矫之,则并与仁义而窃之。"(同上)道高一尺,魔高一丈。防住了小盗,却便利了大盗。"窃钩者诛,窃国者为诸侯。诸侯之门,而仁义存焉。"（同上）小盗有罪，而大盗当权。窃国大盗也居然讲起仁义来了，这真是对于仁义的极大讽刺。

当个大盗也不容易，正需要圣智仁义这一套。"跖之徒问于跖曰：'盗亦有道乎？'跖曰：'何适而无有道耶？夫妄意室中之藏，圣也；入先，勇也；出后，义也；知可否，智也；分均，仁也。五者不备而能成大盗者，天下未之有也。'"（同上）看，从跖这个著名的大盗口中居然讲出一大套圣智仁义来！没有这一套就不能成大盗。什么是"仁"？分赃均匀。什么是义？让大伙先退。他把当时统治阶级所讲的那一套圣智仁义的丑恶本质作了无情的揭露。

（四）一切在变

庄子学说最精彩的地方，在乎他有一种"变"的哲学，一种"动"的宇宙观。他看宇宙万象都是刻刻不息地在那里流转变化。例如他说：

物之生也，若骤，若驰，无动而不变，无时而不移。（《秋水》）

万物皆种也，以不同形相禅……（《寓言》）

万物都象飞跑一样，一息不停地在变化着。每一个东西都在变化的过程中。每一个东西都作为另一个东西的种子而存在，一连串地变一个形态又一个形态。分明给我们画出一个活宇宙来。这无疑地要算一种辩证观点。把这种观点应用在社会历史上去，庄子也有许多很通达很聪明的话，如：

> 仁义，先王之蘧庐也，止可以一宿而不可以久处。（《天运》）
>
> 夫水行莫如用舟，而陆行莫如用车。以舟之可行于水也，而求推之于陆，则没世不行寻常。古今非水陆欤？周鲁非舟车欤？今蕲行周于鲁，是犹推舟于陆也。……故礼义法度者，应时而变者也。今取猨狙而衣以周公之服，彼必龁啮挽裂而后慊。观古今之异，犹猨狙之异乎周公也。（同上）
>
> 昔者，尧舜让而帝，之哙让而绝；汤武争而王，白公争而灭。由此观之，争让之礼，尧舜之行，贵贱有时，未可以为常也。（《秋水》）

这些话真是剔透玲珑，开明极了。他认为古今之异，犹之乎水陆舟车之不同；行古道于今世，犹之乎使猴子穿着周公的衣服。把所谓"仁义"那些大道理都只当作客店（蘧庐）一样，只能在旅途中临时暂住一下，长久住下去是不行的。"礼义法度，应时而变。"早晚市价不同，"未可以为常"。这里边一点保守泥古的气味都没有了。

可是这里发生一个问题：既然说一切都要"应时而变"，同时又要返淳还朴，回复到原始自然状态，这是不是矛盾呢？我觉得这里面是有点矛盾的。但是庄子所以这样讲，倒另有个道理。我们应该知道，庄子基本上是一个虚无主义者，他是否定一切的。这种虚无主义一方面反映了没落阶级对现实的不满，所以什么都要否定；另一方面也反映了没落阶级找不到出路，对什么都没有信心。他说什么"应时而变"，无非想证明一切都不可靠，什么好，什么坏，一切都没有定准。照他讲，大小没一定，寿夭没一定，都是相对的。什么是正味、正色……也都没一定，都是相对的。"彼亦一是非，此亦一是非"，"是亦一无穷也，非亦一无穷也"。是非善恶都没一定，都是相对的。这样一来，也就无所谓大小、寿夭，无所谓正味、正色，无所谓是非善恶，而一切都被否定。于是乎浑浑噩噩，漆黑一团，不是正回到他所理想的那个自我麻醉的"混沌"境界了吗？可是尽管如此，他这个一切皆变的看法，毕竟带有进步性，里面闪烁着一种辩证思想的光芒。

第六章　孟子

孟轲（公元前372—前289年），邹人，孔子的三传弟子（孔子—曾子—子思—孟子）。他原是鲁国贵族孟孙氏的后代，不过在他以前好几代早已衰落下去了。他曾经游历齐、梁、宋、滕诸国，还给齐宣王当了一段客卿。但终于不得志。现存《孟子》一书，大概是他的弟子们就他平生的言论编纂起来的。孟子一向被认为是继承孔子学说的正统，至并称为"孔孟"。他对于孔子的学说在许多方面有所发挥，可是把孔子学说更加唯心主义化了。他在后来中国思想史上有极大的影响。

（一）人性皆善

孟子是性善论的首倡者，可以说他的全部学说都是建立在这个基础上的。他认为人性皆善，主要的证据有如下几点：

（1）良知良能　他说："人之所不虑而知者，其良知也；所不学而能者，其良能也。孩提之童，无不知爱其亲也；及其长也，无不知敬其兄也……"人生下来就是具有良知良能，如小孩子不用学都会爱亲、敬长，可见善是人性中所固有的。

（2）平旦之气或夜气　他说："……虽存乎人者，岂无仁义之心哉？其所以放弃其良心者，亦犹斧斤之于木也。旦旦而伐之，可以为美乎？是其日夜之所息，平旦之气，其好恶与人同者几希。则其旦昼之所为又梏亡之矣。梏之反复，则夜气不足以存。夜气不足以存，则其违禽兽不远矣。人见其禽兽也，以为未尝有良心者，是岂人之情也哉？"人都有良心，纵然白昼之间，做种种坏事把他凿丧，但是当清夜间，当五更鼓儿时候，摸摸心口，良心还会发现。这不又可以证明人性本善吗？

（3）突发的怵惕恻隐之心　他说："今人乍见孺子将入于井，则必有怵惕恻隐之心。非所以纳交于孺子之父母也，非要誉于乡党朋友也，非恶其声而然也……"突然看见小孩子要掉到井里，任何人都会不自觉地立刻惊惶起来，赶紧去救他。这里面一点私人打算也没有，既不是想和孩子的父母拉交情，又不是想得到乡党朋友间的夸奖，也不是怕落坏声名，完全是出于良心之自然。在这一瞬间，人性皆善，也分明是可以看出来的。

根据人性皆善的看法，自然可以推出"人皆可以为尧舜"的结论。这样，尊重"人"的价值，强调"人"的尊严，正是从孔子那里继承下来的优良传统。但是把"善"归到人性上，看成是先天的，而并非社会的历史的产物，这一方面是把那些封建道德神圣化，并且笼罩上一层唯心主义的云雾，同时，凡是不合乎封建道德标准的，都可以加上个违反人性的罪名，而骂他们不是人。孟子明明说过："人之所以异于禽兽者几希，庶民去之，君子存之。"人和禽兽所差别的就那一点点，可是那一点点只有"君子"（贵族）保存着，而"庶民"（小百姓）却都失掉了。

（二）民为贵

尽管孟子有他的阶级偏见，但他还是能够替民众发出些呼声来。他满怀悲悯地控诉出当时人民呻吟在虐政下的颠连无告。

他主张与民同乐。他痛骂独夫、民贼、暴君、污吏。他竟然说出"民为贵",而"君为轻"的话来。他把君臣关系看成相对的:"君之视臣如手足,则臣视君如腹心;君之视臣如犬马,则臣视君如国人;君之视臣如土芥,则臣视君如寇仇。"臣竟然能把君当作仇敌看待,这还了得!有一次,邹君问他:当邹国和鲁国打仗的时候,邹国的官吏战死了几十个,而人民却没有跟着去战死的。要说杀他们吧,不胜其杀;要说不杀他们吧,这样仇恨官长,坐视不救,实在太不成话了。究竟该怎么办呢?孟子却这样回答:"凶年饥岁,君之民,老弱转于沟壑,壮士散而之四方者,几千人矣;而君之仓廪实,府库充,有司莫以告,是上慢而残下也。曾子曰:'戒之!戒之!出乎尔者反乎尔者也。'夫民今而后得反之也。君无忧焉。"你平常虐待百姓,不管他们的死活,到紧急关头,他们自然要报复你。这就叫作"出乎尔者反乎尔",照样回敬你一下,你何必怪罪他们呢。孟子在这里显然是替人民辩护。他所以这样说,只是想拿人民反抗来对君主吓唬一下,使他知道警惕,其根本目的仍是为着巩固君主和贵族们的统治。但即使是这样,他的眼睛也总算看到人民方面了。

孟子极重视得民心。他说:"三代之得天下也,得其民也;得其民者,得其心也。得天下有道,得其民斯得天下矣;得其民有道,得其心斯得民矣;得其心有道,所欲与之聚之,所恶勿施焉而已。"如果暴虐百姓,必致身败名裂,永受唾骂。"暴其民甚,则身死国亡,不甚则身危国削,名之曰'幽、厉',虽孝子慈孙,百世不能改也。"得天下,失天下,关键全在民心向背上,说得这样深切著明,无论如何,不能不说是很好的政治格言。

如上所述,孟子学说中很富有人民性,所以清末搞民主运动的往往拿他做旗帜,很起了些宣传鼓动的作用。但是如果真以为孟子主张民主政治,那就错误了。因为孟子只是反对暴君,而想望仁君,他并没有主张,也不可能主张,变君主为民主,从政治制度上加以改革。这自然是受阶级的和历史条件的限制,从下面两节所讲就可以看出这里面的道理。

(三)劳心与劳力

孟子有深刻的等级制度和剥削阶级的思想意识,这最明确地表现在他的一段有名的言论:"有大人之事,有小人之事。且一人之身而百工之所为备,如必自为而后用之,是率天下而路也。故曰:或劳心,或劳力;劳心者治人,劳力者治于人;治于人者食人,治人者食于人,天下之通义也。"在另一章里,他还说:"无君子莫治野人,无野人莫养君子。"他把社会上的人清清楚楚地分成两大类:一类是"大人"(君子),是"劳心者",是统治者,是受人供养者;另一类是"小人"(野人),是"劳力者",是被统治者,是供养人者。他认为这是天经地义,是不可变的社会通则。"君子"治"野人","野人"养"君子",等级制度万岁!剥削制度万岁!他并且很巧辩地把这说成是社会分工,"通功易事"。可不是吗?一个人生活所需要的东西是多种多样的。一忽去耕田,一忽去打铁……什么事情都要自己一个人去干,那怎么能行呢?所以必须各方面来分工。"或劳心,或劳力",从孟子看来,正合乎分工的道理,这是再自然、再合理不过的事情了。但是这算一种什么分工呢?正象古罗马的某一位学者那样:把社会比作人的机体,说人体有两手,可以执行任何工作;有胃,可以消化食物。同样,在社会上,应该有一部分人肩负各种劳动;应该有另一部分人,消费别人劳动的果实。这样的分工,和木匠、铁匠的分工能够相提并论吗?在铁匠和木匠之间,也有谁剥削谁、谁统治谁、谁贵谁贱的等级存在吗?所以孟子的社会分工论,虽然从历史发展上来看,未尝不包含某种进步意义,但是很明显,打上了他所代表的阶级的烙印,成为一种最典型的等级统治的剥削阶级的思想,长期地为后来封建统治阶级所利用。

(四)所谓王道

孟子所想望的政治,并不是民主政治,而是"王政"——"王道"政治。"王道"和"霸道"是中国政治思想上正相对立,一直互相争辩着的两大思想派别,而首先明白提出这个王霸问题的就是孟子。孟子尊"王"而贱"霸"。他说:

> 以力假仁者霸,霸必有大国;以德行仁者王,王不待大,汤以七十里,文王以百里。以力服人者,非心服也,力不赡也;以德服人者,中心悦而诚服也。
>
> 霸者之民,欢虞如也;王者之民,皞皞如也。杀之而不怨,利之而不庸,民日迁善而不知为之者。夫君子所过者化,所存者神,上下与天地同流,岂曰小补之哉?

这就是说:王者尚德,霸者尚力;王者感化人,霸者劫制人;王者实行仁义,霸者假仁假义;王者过化存神,象天地造化一样,使人自然向善而不显其功,霸者功业赫然,而实不过苟且小补,姑救一时之弊。看他把"王道"说得多么美妙啊!但是归结起来，所谓王道政治也不过就是所谓德化政治。孔子早就主张"以政为德"。又说："道之以政，齐之以刑，民免而无耻；道之以德，齐之以礼，有耻且格。"孔子并没有说什么"王道"和"霸道"，但是他所崇尚的"德"和"礼"，正是孟子所谓王道；他所看不起的"政"和"刑"，正是孟子所谓霸道。孟子曾比较"政"和"教"的效用道：

> 仁者不如仁声之入人深也，善政不如善教之得民也。善政民畏之，善教民爱之；善政得民财，善教得民心。

根据孟子的看法，霸者所重在"政"，王者所重在"教"。重"教"而轻"政"，不是和孔子德礼政刑之论完全一致吗？大体说来，"王道"和"霸道"的对立就是"德治"和"法治"的对立。王道从人文主义出发，霸道从实利主义出发。王道的理论体系是"修身、齐家、治国、平天下"，道德和政治不分，伦理和法律不分，乃至家和国不分；霸道则把家和国、道德伦理和政治法律，截然分开，看君主个人德行的好不好无关于国家的治乱。尽管孟子把王道讲得天花乱坠，拿尧舜三代作为自己的乌托邦，但是实际上这只是一种理想化了的贵族政治。这种政治的社会背景，是自然经济，是宗法制度。随着自然经济和宗法制度的日趋崩溃，这种政治主张也日甚一日地被认为迂阔、唱高调。关于这些道理，和下文讲法家（韩非）的地方综合来看就容易明白了。

第七章　荀子

荀卿名况,赵人。生卒年岁未能确定。他一生的重要事迹大概都在公元前298—公元前238年之间。他曾经到过当时讲学最繁盛的地方——齐国的稷下。当齐襄王的时候,稷下学者如田骈、慎到等都已经死去,荀卿在那里成为岿然突出的大师。他在赵国见过赵孝成王,也到秦国见过秦昭王,都没有得志。最后到楚国春申君那里,做了个"兰陵令"。春申君被害后,他也被废,就留在兰陵,著书以终。荀卿向来和孟子并称,代表儒家的两大流派。他出现在战国晚期,批判并吸收了诸子百家的学说,所以其内容极为丰富,而又特别带有唯物主义的色彩。韩非、李斯都是他的弟子。

（一）性恶论

孟子讲性善,荀子讲性恶,这是大家都知道的。《荀子》书中单有《性恶》一篇,一开头就说:"人之性恶也,其善者伪也。"这不是极明显地主张性恶吗?但是问题并不这样简单,还得把荀子关于人性学说的具体内容仔细加以分析。

首先看荀子说:"性者,本始材朴也;伪者,文理隆盛也。无性则伪之无所加,无伪则性不能自美。"(《礼论》篇)他拿"性"和"伪"对举而言。"伪"是荀子所用的一个特别名词,是

"人为"的意思，而不是"虚伪"或"诈伪"的意思。他说"性"是"本始材朴"，就是说"性"是一种原始材料。单是这种原始材料，不加以"人为"的力量，使它"文理隆盛"，它固然不能"自美"；但是离了它，那"伪"也无从"伪"起。照这样讲，"性"虽然不能说就是"善"，却也是少不了的一种为"善"的原始材料，这能算得上"恶"吗？

再看他说："凡生乎天地之间者，有血气之属必有知，有知之属莫不爱其类。"（《礼论》篇）紧接着就极力形容鸟甚至小燕雀，怎样爱群恋故，似乎比孟子讲"乍见孺子将入于井"一段还写得更是娓娓动人。这哪里还象什么"性恶论"，岂不简直成了"性善论"了吗？

的确，荀子有些话简直和孟子没有什么分别。如他说："涂（途）之人可以为禹。"（《性恶》篇）这和孟子所说"人皆可以为尧舜"不是一模一样吗？"人皆可以为禹"也罢，"人皆可以为尧舜"也罢，总之都承认人是具有可以做圣人的原始材料的。那末，又为什么一个讲性善，一个讲性恶呢？这里面有一个逻辑问题。孟子说："乃若其情，则可以为善矣，乃所谓善也。"因为性"可以为善"，所以就主张"性善"。荀子的说法恰好与此针锋相对。他说："小人可以为君子，而不肯为君子；君子可以为小人，而不肯为小人。小人、君子者，未尝不可以相为也，然而不相为者，可以而不可使也。故涂（途）之人可以为禹则然，涂（途）之人能为禹，未必然也。"（《性恶》篇）"可以为尧舜"，"可以为禹"，都只是"可以"而已；却不见得就成为尧舜，成为禹了。"可能"和"现实"中间有距离。"可以而不可使也。"可以为善而不能使人必为善，也不能就算是善。这是荀子从逻辑上向孟子的"性善论"所放出的一枝（当作支。——编者注）利箭。照这样推论，他尽可以和孟子有共同的语言，承认"人皆可以为尧舜"，承认"人皆有不忍人之心"……但是归结还是反对"性善论"。因为孟子说来说去只不过是说性"可以为善"，可是"可以为善"还不能说就是善呀。

但是，照这样推论，不仅否定了孟子的"性善论"，连荀子自己的"性恶论"也不能成立。因为既然说"可以为善"不能算就是"善"，那末，同样的，"可以为恶"也不能算就是"恶"。如果说孟子所谓"怵惕恻隐之心"不足以作为"性善论"的理由，那末如荀子所谓"饥而欲食，寒而欲暖，劳而欲息，好利而恶害，是人之所生而有也，是无待而然者也，是禹桀之所同也"（《非相》篇），也同样不足以作为"性恶论"的理由。象这一类"欲食""欲暖""欲息"……的自然要求，本来不可以善恶论，怎么能算是"恶"呢？这里面荀子似乎有些自相矛盾。但是，尽管如此，荀子不把"善"当作先天的，人性所固有的，而特别强调一个"伪"字，强调人为，这里面实具有强烈的唯物主义色彩。关于这一点，看下一节就更清楚了。

（二）礼义法度的起源

和某些神秘主义者或者唯心主义者不同，荀子讲礼义法度的起源，既不假托神意，也不说是人性中所固有，而认为是经过古圣人的深思熟虑，权衡利害，给大家创造出来的。他说："今人之生也，方知蓄鸡狗猪彘，又蓄牛羊，然而食不敢有酒肉；余刀布，有囷窌，然而衣不敢有丝帛；约者有筐箧之藏，然而行不敢有舆马。是何也？非不欲也，长虑顾后而恐无以继之故也。……今夫偷生浅知之属，曾经而不知也。……况夫先王之道，仁义之统，诗书礼乐之分乎。彼固天下之大虑也，将为天下生民之属长虑顾后而保万世也……"（《荣辱》篇）"长虑顾后"，为长远利益打算，个人生活如此，治天下亦应当如此。照荀子讲，礼义法度都是古圣人为天下万世长远利益打算而制定出来的。

那末究竟礼义法度对于人有什么用处呢？对于这一点，荀子反复申明，讲得特别起劲。他说："人生而有欲，欲而不得则不能无求，求而无度量分界则不能不争，争则乱，乱则穷。先王恶其乱也，故制礼义以分之，以养人之欲，给人之求，使欲必不穷乎物，物必不屈于欲，两者相持而长，是礼之所起也。"（《礼论》篇）又说："夫贵为天子，富有天下，是人情之所同欲也。然则从人之欲，则势不能容，物不能赡也。故先王案为之制礼义以分之，使有贵贱之等，长幼之差，知愚能不能之分，皆使人载其事而各得其宜，然后使谷禄多少厚薄称之，是夫群居和一之道也。"（《荣辱》篇）又说："水火有气而无生，草木有生而无知，禽兽有知而无义。人有气、有生、有知，亦且有义，故最为天下贵也。力不若牛，走不若马，而牛马为用何也？曰：人能群，彼不能群也。人何以能群？曰：分。分何以能行？曰：义。故义以分则和，和则一，一则多力，多力则强，强则胜物，故宫室可得而居也。……故人生不能无群，群而无分则争，争则乱，乱则离，离则弱，弱则不能胜物，故宫室不可得而居也，不可少顷舍礼义之谓也。"（《王制》篇）他抓住一个"群"字的大题目，认为"人生不能无群"，而人之所以"能群"，所以异于禽兽，就在乎有"礼义"。各个人的欲望是无穷的，如果没有"礼义"，不按照

"贵贱之等,长幼之差"……规定出"度量分界",使各得其宜,那就必然要"争",要"乱",不能维持人群,生活下去。"礼义"正是"群居和一之道",是生死治乱所关的大节目。荀子只就大利大害上明白分析,决不谈玄说妙,很富有说服力。可是,很明显,他是站在贵族的立场上说话。他美化了礼义法度的作用,而掩盖了他的阶级性。儒家传统的等级制度观念在这里又以一种新的理论形式很强烈地表现出来。

(三)法后王

孟子法先王,荀子法后王,也是一种很流行的说法。但是"法后王"的含义究竟怎么样呢?先看他说:"人道莫不有辨,辨莫大于分,分莫大于礼,礼莫大于圣王。圣王有百,吾孰法焉?故曰,文久而息,节族久而绝,守法数之有司极礼而褫。故曰,欲观圣王之迹,则于其粲然者矣,后王是也。彼后王者,天下之君也。……故曰,欲观千岁,则数今日;欲知亿万,则审一二;欲知上世,则审周道……"(《非相》篇)从古到今,许许多多"圣王",究竟应该法哪个呢?只能法那时代较近,我们知道得"粲然"明白的"后王"。因为任何事物,时间"久"了,就要失传。古先圣王的事迹年代太"久",已经考究不清楚了。所以他更清楚地说:"五帝之外无传人,非无贤人也,久故也;五帝之中无传政,非无善政也,久故也;禹汤有传政,而不若周之察也,非无善政也,久故也。"(《非相》篇)时代越近知道得越详细,时代越远知道得越模糊。好在"文武之道同伏戏"(《成相》篇)。前圣后圣,道实一贯。"欲知上世,则审周道"就可以了。"文武"就是荀子所具体指出来的"后王"。有"文武之道"明摆在眼前，又何必另外找什么"先王"，高谈渺茫难稽的羲、农、黄帝呢？当时"托古"的风气很盛，大家都在"法先王"，似乎越"先"越好。你搬出黄帝，我就搬出神农，一直"先"上去，看谁"先"过谁吧。在这种情况下，荀子提出"法后王"的主张，尊重当代，屏绝一切荒唐附会的"先王"神话，毫无疑问，这是有进步意义的。

但是，如果因此认为荀子就具有历史进化思想，那也不见得。因为他根本认为古今一理，没有什么变化。他说"类不悖虽久同理"，所以明明指斥那些主张"古今异情，其所以治乱者异道"的人为"妄人"。(《非相》篇) 这和后来韩非所主张的"世移则事异，事异则备变"，显然相反。他更明白地说："道不过三代，法不贰后王。道过三代谓之荡，法贰后王谓之不雅。衣服有制，宫室有度，人徒有数，丧祭械用皆有等宜。声则凡非雅声者举废，色则凡非旧文者举息，械用则凡非旧器者举毁。夫是之谓复古，是王者之制也。"(《王制》篇) 一面"法后王"，同时却大讲其"复古"，口口声声"旧文""旧器"，看来多么矛盾！其实荀子明明把"后王"和"三代"并举，有时候更具体地把"后王"指定为周文、武，这就荀子当时而言，也可以列入"先王"了。因此他可以说："至治之极复后王。"(《成相》篇)"复后王"也正是"复古"。可见"后王"只是"古先圣王"中的较"后"者，并不是指当代随便一个王而言。不然的话，"后王"上面怎么能安上个"复"字？"法后王"和"复古"怎么能相提并论呢？由此可知，荀子的"法后王"和后来韩非、李斯等变法、贵今的思想还不能混淆在一起，至多可以说是走向他们的过渡，实质上还并没有脱离儒家则古昔、称先王的传统。

（四）天道观

荀子学说中一个最精彩的地方就是他的天道观。他打破什么天人感应、灾异机祥的迷信，不承认有意志能给人祸福的天，而只承认自然现象、自然规律的天，只承认客观存在着不随人意志而转移的天。他说："天行有常，不为尧存，不为桀亡。"（《天论》篇）天道运行，自有常度，不随人的好坏而改变。如日蚀、星陨之类，人们常认为是"灾异"，是上天对于某些坏人坏事表示谴责的应照。荀子却认为这都是自然现象，无关于人事的治乱。他说："星坠、木鸣，国人皆恐。曰，是何也？曰，无何也。是天地之变，阴阳之化，物之罕至者也。怪之可也，而畏之非也。夫日月之有蚀，风雨之不时，怪星之傥见，是无世而不常有之。上明而政平，则是虽并世起，无伤也；上暗而政险，则是虽无一至者，无益也。夫星之坠，木之鸣，是天地之变，阴阳之化，物之罕至者也。怪之可也，而畏之非也。"（《天论》篇）有些不常见的自然现象，如"星坠、木鸣"之类，觉得很奇怪，倒也是人之常情，因为不常见嘛。至于"畏之"，那就不对了。人事治乱那是人自己的事情，和这些自然现象的有无毫不相干，有什么可"畏"呢？人事自人事，天道自天道，一点神秘气味没有，这是一种很开明的唯物主义观点。又如荀子说："雩而雨何也？曰，无何也？犹不雩而雨也。日月食而救之，天旱而雩，卜筮然后决大事，非以为得求也，以文之也。故君子以为文，而百姓以为神。以为文则吉，以为神则凶也。"（《天论》篇）他一点也不迷信。"雩"是一种求雨的典礼。他明明知道，下雨不下雨不在乎求不求，求雨等于不求雨，明明知道，敲锣打鼓并救不了日月食，卜筮也并不能决大事。然而天旱了，千千万万人命所关，不可没有一种焦急忧惶的表示；日月悬象著明，为大众所瞻仰，现在忽然被食了，不可没有一种惊慌的表示；国家有战争祭祀等"大事"了，占卜一下，亦所以表示郑重。这都是人道所当然，人心所不容已，都是应有之"文"，应有之"礼"。"君子以为文，百姓以为神。"小百姓迷信，他们这班有文化的"君子"们并不迷信。这是儒家的人文主义，可是在这里面也分明包含着浓厚的无神论思想。

荀子不仅能打破传统的迷信，同时还批判地吸收了道家自然主义的天道观而加以根本的改造。他有一段最特出的话："大天而思之，孰与物畜而裁（今本作制，依王念孙改）之；从天而颂之，孰与制天命而用之；望时而待之，孰与应时而使之；因物而多之，孰与骋能而化之……"（《天论》篇）这段话好象正是针对着道家自然主义的天道观而发。试看老庄，岂不正是"大天而思之"，正是"从天而颂之"，正是"望时而待之"，正是"因物而多之"？他们完全是服从自然，崇拜自然，成为自然的奴隶。所以荀子曾经批评，"庄子蔽于天而不知人"，这是很中肯的。荀子就不是这样。他根据儒家人文主义的精神，特别强调人为，从道家自然主义天道观的基础上更进一步提出一种很健康的新天道观。他不是在悬想"自然"的伟大（大天而思之），而是要把"自然"作为自己的所有物而加以裁成，使适合自己的需要（物畜而裁之）；不是在歌颂"自然"的神妙（从天而颂之），而是要掌握"自然"的规律而加以利用（制天命而用之）；不是在等待"自然"给予好时机（望时而待之），而是要适应所有时机而善于使用（应时而使之）；不是在坐享"自然"

所赐予的现成丰富的物资（因物而多之），而是要发挥人的能力，使其更加繁衍变化（骋能而化之）。这完全是以人力利用自然，驾驭自然，征服自然，是一种很积极的唯物主义的世界观，和老庄的气象迥然不同。从这里也更可见出老庄所代表的是没落阶级的思想；而荀子这位新儒家，的确和韩非、李斯一流人物有些脉络相通了。

第八章　惠施、公孙龙

惠施（约公元前370—公元前310年）曾经做过魏国的宰相，和庄子辩论过。公孙龙（约公元前320—公元前250年）曾做过平原君的门客，和孔穿辩论过。这两位学者是名家的代表人物。公孙龙（今作增补。——编者注）现存有《公孙龙子》一书。《庄子·天下》篇也有关于他们的思想资料。

（一）诡辩主义的两大类型

战国时代的"名家"学说，和希腊的"智者"相似，都是所谓"诡辩派"。在这些学者中，一派以惠施为代表，讲"合同异"，是一种相对主义的学说，一派以公孙龙为代表，讲"离坚白"，是一种绝对主义的学说。这可以说是诡辩主义的两大类型，可以把他们各色各样的诡辩说法都概括在这里面。现在我们分别讲述一下：

（1）惠施的相对主义　惠施主张"合同异"，说是"万物毕同毕异"。从同的一方面看，可以说万物都是相同的；从异的一方面看，也可以说万物都是相异的。这样，同和异就没有什么分别，都没有一定，都是相对的。把这种相对主义贯彻下去，他可以主张"天与地卑，山与泽平"，天和地、山和泽的高下是相对的；可以主张"龟长于蛇"，"白狗黑"，长短、黑白都是相对的；可以主张"天下之中央"在"燕之北，越之南"，主张"今日适越而昔至"，今天往越国去而昨天到了，南与北，今与昔，也都是相对的。他说："日方中方睨，物方生方死。"太阳正在当中，也就是正在斜着；物正在生着，也就是正在死着。他看什么都是变动不居，没有一定的。

惠施这一派的诡辩学者，看到事物性质的相对方成，看到事物处在不断变化中，事物间的差别只是暂时的，因此，在他们的学说中反映了某些客观辩证法的因素。但是，他们把事物的相对的一方面片面地夸大，从而否定了事物本身的固定性，否认了事物间的质的差别和事物间的矛盾对立，抹杀了具体事物的特点。应该知道，事物虽有相对性，但是在特定的条件下，特定的限度内，每一事物都有它一定的稳定性、一定的特点以与其他事物区别。如南与北虽是相对的，但在燕与越之间，越只能是南，而燕只能是北；今与昔虽是相对的，但拿今日与昨日来讲，今日只能是今而昨日只能是昔。这些地方是固定不变的。惠施这班学者把一切都相对化，同也是异，异也是同；黑也是白，白也是黑；长短、高下……都漫无差别，没有一定，尽可以说是什么就算什么，这是一种极端相对主义的诡辩学说。

（2）公孙龙的绝对主义　公孙龙主张"离坚白"，认为石头的坚度、白色的石头本身是三回事，彼此分离不相连属的。他从以下两点得出了这样一个奇怪的结论：首先，他认为石头的"坚白"属性是和人的主观感觉联系在一起的。他的论证是，眼只能看见石头的颜色，手只能感触石头的硬度；但眼看不见硬度，所以坚性对视觉说是不存在的；手摸不出白色，所以白色对触觉说是不存在的。根据这种观点，他认为只有"坚"性、"白"性和一般的"石"，并没有坚而又白的具体石头，坚、白、石是彼此分离的。他形而上学地割裂了人的认识作用的统一性,从而否认了物质属性的客观实在性,从主观唯心主义观点提出了"离坚白"的诡辩。其次,他还认为坚白两种属性是脱离石体独立自存的东西。他的论证是:具有"坚白"性质的东西并不限于石头,所以"坚白"是脱离石头独立存在的。他甚至宣称"坚白"也是脱离一切物体能独立自存的东西。他割裂了物质的属性和物体本身的联系,实际上肯定属性是脱离物质而存在的实体,又从客观唯心主义观点提出了"离坚白"的诡辩。

公孙龙还有一个著名的诡辩,就是"白马非马"。他认为"马"的概念表示马的形体,"白"的概念表示马的颜色,"白马"包含着"马"和"白"两种因素,因此不能跟"马"等同起来。他还认为,当人们要"马"的时候,各种颜色的"马"都可以满足要求,但当人们要"白马"的时候,其他颜色的马就不能满足要求了,所以"白马"不是"马"。

在这种学说中,公孙龙看到"马"和"白马"两种名词的用法是有区别的。在内涵上"白马"比"马"多,在外延上"马"包括各种类型的马。因此"马"和"白马"不能混同起来。他看到"个别"和"一般"的差别,这在中国逻辑史上是一个重要贡献。但他夸大了这种区别,形而上学地把"一般"和"个别"割裂开来,否认了二者之间对立而又统一的辩证关系,从而认为实际的白马与马也没有联系。从这种形而上学的观点出发,他终于肯定一般的马是脱离具体特殊的白马独立存在的。这与列宁所说"一般只能在个别中存在"的真理显然正相敌对。(以上所讲"坚白论"和"白马论"大部分系摘录北大哲学系所编的《中国哲学史讲授提纲》的原文,特此声明。)

公孙龙是专从概念上分析问题的。"白"是一个概念,"马"是一个概念,"白马"又是一个概念。除下白马、黄马、黑马……还有一个"一般"的马。除下白马之白、白雪之白、白玉之白……还有一个"一般"的白。从具体的"白马"上,分析一个抽象的"马"的概念,还分析出一个抽象的"白"的概念。而所谓"白马"者,其名之所指,既非"马",又非"白",亦只能自成其为"白马"。"白"与"马"各自独立,"白马"与"马"亦各自独立。在公孙龙眼里,只看见一个一个不相连属的抽象概念而已。惠施把什么都混同起来,公孙龙却把什么都割裂开。前者看什么都可以互相转化,没有一定,是相对主义的典型;后者看什么都是各自独立,不相连属,是绝对主义的典型。他们恰好各走到一个极端。

(二)名家学说的市民性

名家学说是市民思想的反映,是从商业都市中孕育出来的。我们可以从三方面来谈这个问题:

(1)从名家的产地来看　我们知道名家最重要的代表人物惠施和公孙龙,一个是魏人,一个是赵人。传说中的名家首创者邓析又是春秋时代的郑人,而郑就是后来韩国的都城。这样说来,三晋实为名家的产生地。这是很有意义的。司马迁说"三晋多权变之士",这虽是指公孙衍、张仪一流纵横家而言,但名家的产生和这些"权变之士",实需要同样的社会条件。什么社会条件呢?就是商业发展,都市繁荣,有见闻广博、头脑复杂的大批市民。《吕氏春秋·上农》篇有一段话:"民舍本而事末则好智,好智则多诈,多诈则巧法令,以是为非,以非为是。"这段话除开它里面所含重本轻末即重农轻商的意味我们不管外,倒可以用来说明纵横家的起源,而尤其是可用来说明名家的起源。这两家虽然一则向"诈"的方面发展(纵横家),一则向"巧法令"的方面发展(名家),但其"好智"同,其"以是为非,以非为是"同。他们都是以"舍本而事末"的市民为基础,以三晋为其大本营。这实在不是偶然的。

就拿名家最初的策源地郑国来说,当春秋时代,那就是商业最发展的地方。试看《左传》上所载许多郑国商人的故事,如弦高犒师啦,子产拒绝韩宣子向商人去索玉环,郑商人谋出晋智莹于楚啦,都足见郑国商人特别活跃。在这样一个商业中心地,人们的头脑不会象农民那样单纯,自然很容易出现一些新鲜事物。名家的诡辩,是当时一种新学说,正是"好智""巧法令""以是为非,以非为是"的结晶品。象邓析这样的人,教民争讼,简直把郑国的执政者搞得没有办法,真不愧为"好智""巧法令""以是为非,以非为是"的代表人物。名家托始于他,实在是有道理的。战国时代,商业更发达了。大梁、邯郸都是当时极为繁盛的商业都会,恰好成为惠施、公孙龙一班名家人物活动的地盘。除三晋外,还有擅东海鱼盐之利的齐国,自春秋以来,一向开风气之先,为各种新鲜事物的产生地。战国中叶,齐国的稷下成为全中国学术最灿烂的地方。其中名家人物如田巴之流是不少的。

(2)从名家学说的抽象性和破坏性来看 对于事物的属性或概念作抽象的分析,这是名家学说的一个特征。最显著的如上文所讲公孙龙"白马非马"的学说,完全是在抽象的概念里绕圈子。公孙龙并且单有一篇讲"指物",认为"物莫非指"。什么是"指"？就是每一个名词所指的概念。"物莫非指"者，也就是说每一个名词是一个概念。譬如说"马"是一个概念，"白"是一个概念，"白马"也是一个概念。这不仅公孙龙，一般说来，名家都是重视这个"概念"、重视这个"名词"的，所以荀子批评他们道："惠子蔽于辞而不知实。"（《解蔽》篇）司马谈也批评他们道："名家苛察缴绕，使人不得反其意，专决于名而失人情。"（《史记·太史公自序》）他们都是攻击名家专在名词上诡辩而不合于实情。他们重在"物"，名家重在"指"。他们重在认识具体的事物，名家重在分析抽象的概念。

我以为这种抽象性的学说，是都市的产物，是市民思想的反映。在农村中，在自然经济条件下，一尺布只是一尺布，一斗米只是一斗米，映射在人们眼中的全是这些具体的个别的事物，所以抽象的思想是不容易发生的。但是在都市中，在商品经济条件下，情形就不同了。在市场上，货币起着重要的作用，货币把一切商品都抽象化了。一尺布不是一尺布，一斗米也不是一斗米，它们间性质的差异完全失掉而都由若干数量的货币来代表。因此，从市民中间就很容易孕育出抽象性的学说。在先秦诸子中，名家正是市民思想的代表，所以他们特别长于抽象的分析。各家学说在这一方面很受他们的影响。

名家学说的另一个特征是它对于传统的思想信仰的破坏性。不管"合同异"也好，"离坚白"也好，乃至什么"鸡三足""卵有毛""白狗黑""犬可以为羊"……总而言之，"以是为非，以非为是"，一反大家向来的说法。这对于传统的思想信仰显然具有极大的破坏性。在这里，什么传统的是非善恶的标准都被他们一脚踢开了。所以荀子批评他们"不法先王，不是礼义，而好治怪说，玩琦辞……"(《非十二子》篇)他们管什么"先王"，什么"礼义"呢。好"怪"，好"琦"，也可以说是新兴的市民思想反对旧思想传统的反映。

（3）从名家的社会政治思想来看　名家不单是玩弄诡辩，也不单是破坏传统的思想信仰，他们还自有一套社会政治思想。虽然他们关于这方面的理论大都失传，但是从他们仅传的几段轶事中，亦可以略窥他们主张的大概，兹简述如下：

一曰泛爱。《庄子·天下》篇述惠施所讲的十事，其最后的一条即"泛爱万物，天地一体也"。这自然是很明显主张"泛爱"。就连公孙龙的白马非马论也和这种思想有关系。当公孙龙和孔穿辩论这个问题的时候，曾经举出一个故事道：楚王出去打猎，把弓失掉了，楚王不让去找，说是楚人失弓，楚人得之，何必找呢。孔子听说了，就批评道：楚王很仁义，但是还不彻底。只需说"人"丢了弓，还是"人"得到它就对了，何必加上个"楚"字？照这样说，孔子既然可以把"楚人"和"人"区别开，为什么我就不可以把"白马"和"马"区别开呢？原来公孙龙"异白马于所谓马"，等于"异楚人于所谓人"。单讲"白马非马"，你只感觉到它的名学上的意味，可是一推论下去，说是爱"楚人"不算爱"人"，这就牵涉到伦理道德方面，显然其中也包含了一种泛爱思想。

二曰偃兵。"偃兵"就是停止战争的意思，是一种反战或"非攻"的思想。由"泛爱"而主张"偃兵"，也是很自然的。《吕氏春秋》里面有公孙龙讲偃兵的两段故事，一是游说燕昭王，一是游说赵惠文王，可见公孙龙是到处作反战运动的。惠施为着避免战争而不惜牺牲自己"去尊"的主张，可见他对于反战运动也很热心（事详下段）。

三曰去尊。惠施有一种"去尊"的学说，很可注意。《吕氏春秋·爱类》篇载："匡章谓惠子曰：公子学去尊，今又王齐王，何其倒也？"下边是惠施回答的话，大概是说"王齐王"可以避免战争，救民之死，所以就牺牲了自己"去尊"的学说。这和名家"泛爱""偃兵"的主张显然很有关系。至于"去尊"是怎样讲法，这一学说的内容是什么，这里并没有解释。但据匡章的话看来，既然"去尊"，就不应该"王齐王"，不应该尊齐王为王，"去尊"和"王齐王"互相冲突，那末，也许"去尊"就是不要尊奉谁为"王"，就是不要"王"的意思。倘若真是这样，那就格外值得重视了。

四曰制法。名家并不单是"诡辞以乱法"，他们自己也还要制法。如为名家所托始的邓析，就是一方面"巧法令"，钻郑国现行法的空子，把他们搅乱得没办法，同时，他自己却另制一套法，后来也被郑国采用了，虽然他自身被杀。据《吕氏春秋》记载，惠施也曾给魏国制过法。法成了，叫人民看，叫惠王看，叫翟翦看，都说好。但是翟翦认为好是好，却是不可用。为什么呢？他说：譬如举大木的，大家前呼后应，唱着"哟嗬哟嗬"的调子，这个调子对于举大木是很好的。难道说没有更好听的"郑卫之音"吗？可是"郑卫之音"对于举大木的并不如"哟嗬哟嗬"这个调子合适。照这看起来，惠施所制的法一定是很漂亮，很动人，所以谁看见都说好。但是从翟翦批评他好而不可用这一点来看，也许他制的法，在当时可能行不通，有一点"唱高调"的意味。虽然是一种新法，然而和当时法家如商鞅一班人所制定的新法恐怕又有些不同吧。

五曰正名。这并不是儒家正名分的意思，而是所谓"名以正形，形以正名"，是一种综核名实的主张。在《公孙龙子》里面，明说是"疾名实之乱……欲推是辩以正名实而化天下焉""古之明王，审其名实，慎其所谓"。可知名家以"正名实"为一种政治手段。但是名家的正名实和法家又自不同。法家注重的是循名以责实，而名家却是要因实以制名。上述的引文里，一则曰"欲推是辩"，再则曰"慎其所谓"，可知名家工夫全用在辨析名词上。辨析名词的实际用处在厘定法令。如邓析、惠施都曾以巧于辨析名词而制成漂亮的新法典。假使这些法典能够保存下来的话，我们从那里面也许可以看见名家正在政治上应用的许多琦辞妙义，也许还有些"非常异义可怪论"吧。

从以上所述，可知名家的社会政治思想有许多地方可以和墨家相通。但是我们必须注意，名家和墨家有根本不能混同的地方：其一，名家没有墨家那样会党式的组织；其二，名家没有墨家那样刑徒般的生活；其三，两家虽都有浓厚的名学兴趣，但是名家是违反常识的，如离坚白，合同异，墨家是合于常识的，如合坚白，离同异，彼此恰恰相反；其四，名家自有来源，他们托始于邓析，并没有奉墨翟为始祖，所以庄子、荀子都把惠施和墨子分别论述，没有把他们列成一家。大概名家很带些商人气息，可以说代表着市民中的上层；墨家和手工业者都有关系，可以说代表着市民中的下层。他们虽然都反映些市民思想，但是又各自具有显著的特色。

第九章　宋牼、许行、邹衍等

当战国中叶,约略和孟子、庄子同时,或稍前稍后的学者自成一派的很多。除上面所讲各家外,再举几个重要代表人物谈一谈:

(一)宋牼

宋牼亦称宋钘,或宋荣,《孟子》《庄子》《荀子》《韩非子》书中都曾提到他,可见他也是当时"显学"之一。他的著述久已失传。据郭沫若先生考订,现在《管子》书中的《心术》《内业》《白心》《枢言》等篇是宋牼和尹文的遗著。从这几篇的内容看,他应该是一位道家的人物。但是《荀子·非十二子》篇既然把他和墨子列在一起,而照《庄子·天下》篇所述这个学派的大概情况来看,他的确带有浓厚的墨家色彩。我们只好说他非墨非道,亦墨亦道,而自成一家。

宋牼是热心救世,积极作"禁攻寝兵"反战运动的。他忍饥挨饿,日夜不休地到处奔走,"上说下教","强聒不舍",甚至"上下见厌而强见也",一心一意"愿天下之安宁以活民命"。他教人"宽",教人"恕",教人寡欲,教人受了侮也不以为辱,这样去调和海内,使大家都过得去,"人我之差毕足而止"。他的确是"其为人太多,其自为太少"。他强力忍垢,宣传教义,大有宋朝人所谓"斥之不退，讪之不怒"的风味。

宋牼还有一种"别宥"的学说。"别宥"就是"去宥"，就是教人不要心有所蔽。《吕氏春秋·去宥》篇述其大旨道："……齐人有欲得金者，清旦被衣冠往鬻金者之所，见人操金，攫而夺之。吏搏而束缚之，问曰：'人皆在焉，子攫人之金，何哉？'对曰：'殊不见人，徒见金耳。'此真大有所宥（囿）也。夫人有所宥者，固以昼为昏，以白为黑，以尧为桀，宥之所败亦大矣。亡国之主，其皆甚有所宥耶。故凡人必'别宥'然后知。'别宥'则能全其天矣。"白昼攫金，但见金不见人，这是很著名的一个故事。人各有所"宥"，有所"宥"则不能认识事物的真相，而颠倒错乱，黑白混淆。"去宥"则通知物情而无所隔阂，所以"接万物以别宥为始"。知道自己有所"宥"，则不敢执己而自是；知道"宥"为人所通有，则对于人的错失自能原谅。这样，也就能"宽"，能"恕"，而不至于"斗"，不至于"战"了。

总而言之，宋牼之学，正如庄子所概括，"以禁攻寝兵为外，以情欲寡浅为内"。他虽然也讲什么"道"，什么"灵气"，但是和道家那样消极的态度很不相类，而倒是很象墨家那样，充分表现出热心救世、积极活动的精神。

（二）许行

许行是所谓"农家"的代表人物。有人把他归入墨家，甚至说他就是墨子的再传弟子许犯，我看靠不住。因为据《孟子》，许行既自托为"神农之言"，并没有认墨子或大禹为其祖师，并且他提倡"君民并耕"和"市价不贰"的学说，并非墨家所有。

不过他也是代表下层社会的一个学派,在某些方面和墨家有点相通。如《孟子》中述他"其徒数十人,皆衣褐,捆屦织席以为食",并且声称"愿受一廛而为氓"(给一所房子当老百姓),这样自处于老百姓的地位,自食其力,过着极刻苦的生活,不是和墨家很相类吗?其实墨家虽然"生勤死薄"生活很刻苦,但是还没有教人都必须参加生产劳动。如《墨子·鲁问》篇就明明说:"王公大人用吾言,国必治;匹夫徒步之士用吾言,行必修。故翟以为虽不耕而食饥,不织而衣寒,功贤于耕而食之,织而衣之者也。故翟以为虽不耕织乎,而功贤于耕织也。"这简直是孟子"通功易事""劳心""劳力"的一派论调。至于许行却不然,他主张"君民并耕",谁都得参加生产劳动。他说:

贤者与民并耕而食,饔飧而治。今也滕有仓廪府库,则是厉民而以自养也。

这是很激烈的言论,把统治者的"仓廪府库"直斥为对人民的剥削。君主也得自耕、自食,不许叫人供养。这显然比墨家更带下层社会的色彩,尖锐地表达出劳动人民的思想。

许行还有个"市贾〔价〕不贰"的学说。他的弟子陈相说:"从许子之道,则市贾不贰,国中无伪,虽使五尺之童适市,莫之或欺。布帛长短同,则贾相若;麻缕丝絮轻重同,则贾相若;屦大小同,则贾相若。"这也反映一般劳动人民的要求,表达出他们反对奸商市侩的思想。

许行的学说表现出一种原始的朴素的农民社会主义思想。你尽可以说他空想、幼稚,然而这正显出它是一种伟大思想的萌芽呵！

（三）邹衍

邹衍是所谓"阴阳家"的代表人物。他的著述久已失传。从《史记·孟子荀卿列传》及《吕氏春秋·应同》篇所述这派学说的大旨来看，可以说是一种新贵族学说而为儒家的一个别派。他大概受了儒家子思、孟子一派的影响而更加以浪漫化，特别向阴阳五行这一套学术方面发展。我们且把他的"大九州"和"五德终始"的学说大略说一下：

什么是"大九州"？我们知道，一般学者不是常说上古时代全中国共分九州么？邹衍以为这所谓九州乃是小九州。把这九州合起来才是一个大州，叫作"赤县神州"。中国以外，还有八个这样的大州，合"赤县神州"共九个，这才是"大九州"。每一个大州外面，有一个"稗海"环绕着，彼此不能相通。在九大州外面，有一个"大瀛海"环绕着，这就是天地的边缘了。本来邹衍是齐国人，生长在滨海都市中，可能听到些"海外奇谈"再加以夸大、浪漫化，所以讲这样"闳大不经"。但是归结起来还是讲"仁义节俭，君臣上下六亲之施"儒家的那老一套。他的海外奇谈，只是为着耸人听闻，使那些君主们容易被说服罢了。

邹衍的学说，在后来学术思想乃至实际政治上影响最大的是他的"五德终始"说。这学说的内容大概如《吕氏春秋·应同》篇所说：

> 凡帝王之将兴也，天必先见祥乎下民。黄帝之时，天先见大螾大蝼。黄帝曰："土气胜！"土气胜，故其

色尚黄，其事则土。及禹之时，天先见草木秋冬不杀。禹曰："木气胜！"木气胜，故其色尚青，其事则木。及汤之时，天先见金刃生于水。汤曰："金气胜！"金气胜，故其色尚白，其事则金。及文王之时，天先见火，赤鸟衔丹书，集于周社。文王曰："火气胜。"火气胜，故其色尚赤，其事则火。代火者必将水，天且先见水气胜。水气胜，故其色尚黑，其事则水。水气至而不知数备，将徙于土。

金、木、水、火、土五气就是"五德"。"五德"循环，相代而兴。每一个朝代相当一个"德"，其一切制度设施都要和这个"德"相应。一部历史就是这样一套一套地循环推演下去，这是有定数可以预推的。当时大一统的机运快要成熟，各强大国家在相继称王之后，又企图称"帝"。但是究竟谁能统一呢？这个帝位究竟要归给谁呢？这是当时一班君主贵族所渴望解决的问题。于是阴阳家回答道："代火者必将水。"运数是有一定的，天位是不可妄干的。现在火德已衰，你们且等着水德之瑞出现吧，且看谁有水德吧。这种"王命论"，分明适应着正在大一统之途上迈进的强大君主们的要求。

第十章　韩非

韩非（约公元前280—前233年）是韩国的一个公子，曾师事荀卿，和李斯为同学。秦始皇看见他的著作，大为赞赏。后来他出使于秦，却被害了。他是"法家"的一位重要代表人物，综合了他以前法家的各种学说，并且从荀卿和老子的学说中吸取些东西。他的遗著《韩非子》，是现存法家著述比较完整的一部。

（一）法、术、势

战国时代实际政治上的趋势，是从贵族政治过渡到君主集权政治，也就是从氏族贵族的统治过渡到新兴地主的统治。法家学说正反映了这种趋势，也可以说，是适应这种趋势而产生出来的。在韩非以前，早就有商鞅讲"法"，申不害讲"术"，慎到讲"势"，都是法家的重要代表人物。到了韩非，更把这些学说一炉而冶，可以说集法家之大成。我们现在就以韩非为代表，把"法""术""势"的大旨谈一谈：

（1）法　什么是"法"？韩非说："法者，编著之图籍，设之于官府，而布之于百姓者也。"（《难三》）又说："法者，宪命著于官府，刑罚必于民心，赏存乎慎法，而罚加乎奸令者也。"（《定法》）制为一定的条文，由官府向人民公布出去，使大家明白晓知，一体遵守，顺令者赏，犯禁者罚，这就叫作"法"。我们知道，直到春秋晚期，郑子产铸刑书，才有向人民公开的法律。在这以前，只有所谓"礼"，并无所谓"法"。那班氏族贵族们只是依照着古老的传统和流行的风俗习惯作些临时规定来进行统治，并没有成文法典公布出来，作为大家共同遵守的客观标准。到法家如商鞅这般人物出来，不论亲疏贵贱一裁于法，这可以说是一种革命性的政治变革。韩非是主张"法制"，主张以"法"为治的，任"法"而不任"人"，所以说："使法择人，不自举也；使法量功，不自度也。"（《有度》）有什么都通过"法"去做，个人聪明才智放在一边。这可以说是依"法"办事，靠"制度"办事。如果没有一套"法"、一套"制度"，而单凭个人的聪明才智，这就要如所说："释法术而任心治，尧不能正一国。去规矩而妄意度，奚仲不能成一轮。"（《用人》）离开规矩准绳而专凭个人心灵手巧，那能济得什么事。"法"就是规矩准绳，就是一切言论行事的客观标准。所以韩非教人"不游意于法之外，不为惠于法之内，动无非法"（《有度》）。只许依"法"办事，多一点少一点都不行，这是唯一的、至上的。因而一切言论行事有不合于"法"者在所必禁。他说："明主之国，无书简之文，以法为教；无先王之语，以吏为师。"（《五蠹》）"明主之国，令者，言最贵者也；法者，事最适者也。言无二贵，法不两适。故言行而不轨于法令者必禁。"（《问辩》）这是连学术思想也要用"法"统一起来，后来李斯"别黑白而定一尊"，正是这一主张的实现。

（2）术　什么是"术"？韩非说："术者藏之于胸中，以偶众端，而潜御群臣者也。"（《有度》）"术"是人君驾驭群臣的手段，须要藏在心中，暗自运用。"法"是公开的，而"术"却是秘密的。所以说："法莫如显，而术不欲见。"（《有度》）单有"法"而无"术",那就会被奸人所欺骗,所利用。在《韩非子》中,有"七术""六微"……之说,如《内外储说》诸篇所述,备极险刻。总而言之,都是些阴谋权术、防奸的手段,这里也不必多讲了。

(3)势 韩非兼重"法""术",而其"法""术"所以能行,又全仗一种威势,或者说权力。他说:"夫马之所以能任重引车致远道者,以筋力也。万乘之主,千乘之君,所以制天下而征诸侯者,以其威势也。威势者,人主之筋力也。"(《人主》)又说:"桀为天子,能制天下,非贤也,势重也。尧为匹夫,不能正三家,非不肖也,位卑也。"(《功名》)人君处在有"威势"的地位,那种"威势"就是他的"筋力",就是他统治人民的一种力量。他毫不客气地把政治认为一种统治权力,打破了儒家政治与道德混在一起的那种家长式的政治思想。他执赏罚"二柄",用"威势"以推行其"法"。而所谓"术"者,亦不外善用其"势",使其"法"推行有效的种种手段而已。

总之,韩非主张加重君主的权力、"威势",以"术"御群臣,使全国人一切言论行事都准乎"法"——这正是当时新兴地主所需要,适合于当时政治上新趋势的君主集权下的法治主义。

(二)反德化论

法家所主张的是法治、术治、势治,和儒家所讲那一套唯心主义的家长式的礼治、德治正相对立,所以韩非昌言攻击儒家的德化论。儒家编造出许多古圣人的德化故事,如讲什么帝舜亲自到历山去耕田以感化农民,到河滨去打鱼以感化渔民,到东夷去做陶器以感化陶匠,辛辛苦苦,到处以德化民,看来是多么仁爱呵!韩非根本不信这些故事,揭穿了它的虚伪性。并且认为即使真象故事所说，今年到这里去感化几个人，明年到那里去感化几个人，天下这么大，人这么多，一个舜怎么会感化过来？这未免太笨了。要照韩非的办法，很干脆，那就是："赏罚使天下必行之。令曰，'中程者赏，不中程者诛'。令朝至暮变，暮至朝变，十日而海内毕矣。"（《难一》）看"法治"多么容易见效，又何必"劳而少功"地去搞什么"德化"呢？他根本不象德化论者那样，要求人人都变成"士君子"，自觉自愿地都趋向于"善"，而只是想用法术威势制服住人，使不为恶不作乱就够了。所以他说：

> 夫圣人之治国，不恃人之为吾善也，而用其不得为非也。恃人之为吾善也，境内不什数；用人不得为非，一国可使齐。为治者用众而舍寡，故不务德而务法。夫必恃自直之箭，百世无矢，恃自圆之木，千世无轮矣。自直之箭，自圆之木，百世无有一，然而世皆乘车射禽者，何也？隐（当作檃。——编者注）栝之道用也。虽有不恃隐（檃）栝，而有自直之箭，自圆之木，良工弗贵也。何则？乘者非一人，射者非一发也。虽不恃赏罚，而有恃自善之民，明主弗贵也。何则？国法不可失，而所治非一人也。（《显学》）

他的政治目标有明确的限度，就是只使民"不得为非"。"自善之民"，也就是说自然合乎统治者要求的人，和"自直之箭""自圆之木"一样，总是极少数极个别的。"人人有士君子之行"，这是儒家的空想。绝大多数人是非加以矫正约束，非加以

"隐（檃）栝"是不会合乎规格的。所以他"不务德而务法"。德化之说非不美，但是不如法治的"论卑易行"有实效。韩非对那些用仁义治国者极力嘲笑着：

> 夫婴儿相与戏也，以尘为饭，以涂为羹，以木为胾，然至日晚必归饷，尘饭涂羹可以为戏而不可食也。夫称上古之传颂辩而不悫，道先王仁义而不能正国者，此亦可以为戏而不可以为治也。（《外储说左上》）

他把"仁义"看作"尘饭涂羹"，没有一点实际用处，只能随便玩一玩，作一种点缀，却不可用以治国。他不讲什么"仁政"，明显地反对均产，反对布施，而主张自由竞争。他说：

> 语治者多曰："与贫穷地，以实无资。"今夫与人相若也，无丰年旁入之利，而独以完给者，非力则俭也。与人相若也，无饥馑疾疚祸罪之殃，独以贫穷者，非侈则惰也。侈而惰者贫，而力而俭者富。今上征敛于富人，以布施于贫家，是夺力俭而与侈惰也。而欲索民之疾作而节用，不可得也。（《显学》）

这是明白站在新兴地主的立场上说话，明白为他们自主兼并土地作辩护。照他的说法，地主都是由勤俭致富，而贫穷都是由于侈惰，活该。他不管什么顺民心不顺民心。他说：

> 今不知治者，必曰得民之心。欲得民之心而可以为

治，则是伊尹、管仲无所用也，将听民而已矣。民智之不可用，犹婴儿之心也。……昔禹决江浚河而民聚瓦石，子产开亩树桑而人谤訾。禹利天下，子产存郑，皆以受谤，夫民智之不足用亦明矣。(《显学》)

他把民众都看成傻孩子，什么也不懂，根本不要听他们。这和商鞅所谓"愚民可与乐成，难与虑始"，所谓"智者作法，愚者治焉；贤者制礼，不肖者拘焉"一类的话，最足表现法家独裁专制的本色。他们都是独断独行，悍然不顾，一意进取，对于德化论者那些好听话他们都一脚踢开。韩非根本把人性看得极坏。儒家象孟子，主张性善，其主张德化自不必说。就连荀子，号称为性恶论者，但是他仍以为"涂之人可以为禹"，可以"化性而起伪"，并没有说人根本就不会好，所以他也仍然主张德化。韩非却不然了。他才是真正极端的性恶论者，把人都看得象鬼蜮一般，只知势利，纯是机诈，什么道德仁义，都不过仅有此说吧。他看君臣之间都是斗心眼儿。"上下一日百战。"甚至父母妻子都不可信，"人主之疾死者不能得半"，大概都被他的亲近者害死了。他说得真是骇人听闻。象这样世界还使用上"德化"了吗？本来周末是中国社会大变动的时代，积古相传的道德礼教到此时都成废物，失掉了约束人心的作用。韩非是新兴统治阶级的代言者，其反对过时的"德化"空论那是很自然的。

（三）功用主义

韩非是实事求是的，有唯物主义者的色彩。他听言观行总要看有没有"功用"。他说:"夫言行者,以功用为之的彀者也。"(《问辩》)言行必须以"功用"为标准,正象射箭必须有一定的箭靶子一样。如果"无的放矢",不管射到哪里,那末随便谁都可以算是善射者了。他还打个比方:

> 人皆寐则盲者不知,皆嘿则喑者不知。觉而使之视,问而使之对,则盲喑者穷矣。(《六反》)

不经实际考验,谁都可以鬼混,一考验,那些没真正本领的人就露底了。所以"明主听其言必责其用,观其行必求其功"(《六反》)。任何好名义,倘若经不起实际的考验,没有实际的"功用",他决不信那一套。他极力攻击当时那种"所用非所养,所养非所用"的不合理现象,反对一切"微妙之言"。他说:

> 今境内之民皆言治,藏商、管之法者家有之,而国愈贫。言耕者众,执耒者寡也。境内皆言兵,藏孙、吴之书者家有之,而兵愈弱。言战者多,被甲者少也。故明主用其力不听其言,赏其功必禁无用。(《五蠹》)
>
> 今世主察无用之辩,尊远功之行,索国之富强,不可得也。博习辩智如孔、墨,孔、墨不耕耨,则国何得焉。修孝寡欲如曾、史,曾、史不攻战,则国何利焉。(《八说》)

极严格地拿"功用"甄别一切言行,一切虚文粉饰之习。他只知道富国强兵，一心一意，专务耕战。凡是和耕战无直接关系，无当于富国强兵之用者，一概不取。因此一切"微妙之言"，乃至"管商之法""孙吴之书"，以及"慈惠""贞信""修孝寡欲"，都在摈弃之列。这种极端严格的功用主义正是当时新兴地主阶级思想的反映。

（四）历史思想

法家颇有一点历史进化观念，不象儒家的复古守旧。如商鞅说过："前世不同教，何古之法？帝王不相复，何礼之循？……当时而立法，因事而制礼。礼法以时而定，制令各顺其宜。……治世不一道，便国不法古。"（《商君书·更法》篇）这是法家的变法哲学，和儒家古今一理的见解显然不同，在韩非书中，这种思想发挥得格外透彻。如：

> 今有构木钻燧于夏后之世者，必为鲧禹笑矣。有决渎于殷周之世者，必为汤武笑矣。然则今有美尧舜禹汤文武之道于当今之世者，必为新圣笑矣。是以圣人不期循古，不法常可，论世之事，因为之备。（《五蠹》）

他居然提出个"新圣"来，把尧舜禹汤文武这许多古代圣王都加以否定，这种说法实在是尖锐，大胆。所谓"论世之事，因为之备"，所谓"事因于世，而备适于事"，所谓"世移则事异，事异则备变"，显然见得历史是变动不居的，和商鞅所说正是同样意思，他并且把历史分明划出三个时代：

上古竞于道德，中世逐于智谋，当今争于气力。（《五蠹》）

这样讲三个时代的特征——道德、智谋、气力——比《商君书》中所谓"上世亲亲而爱私，中世上贤而说仁，下世贵贵而尊官"（《开塞》）更为明确。一时代有一时代的需要，一时代有一时代的事业。还有最值得注意的，就是韩非不仅讲历史演变，并且还讲到历史演变的动力。为什么古代是那样，现在是这样？为什么历史要演变呢？在这里韩非提出一种"人口史观"。他说：

古者，丈夫不耕，草木之实足食也；妇人不织，禽兽之皮足衣也。不事力而养足，人民少而财有余，故民不争。是以厚赏不行，重罚不用，而民自治。今人有五子不为多，子又有五子，大父未死而有二十五孙。是以人民众而货财寡，事力劳而供养薄，故民争。虽信赏累罚而不免于乱。……是以古之易财非仁也，财多也；今之争夺非鄙也，财寡也。轻辞天子非高也，势薄也；重争土橐非下也，权重也。（《五蠹》）

照韩非的看法，古今的差异，根本上说来，不过是一个地广人稀，一个是人稠地窄。人口总是日渐加多，土地总是日渐嫌少，生活总是日渐困难。因此"上古竞于道德，中世逐于智谋，当今争于气力"，遂成为历史演变必然的趋势了。这种历史观，从现在看来，当然是荒谬的，但是反映了当时社会发展的某些情况。他明明说"仁义宜于古不宜于今"。何以故？古时人少，现在人多故。他明明替"今之争夺"辩护，说是"非鄙"。其辩护的理由归结到人口问题上。根据这种理由，对外不妨侵略，对内可以自由兼并，于是乎有所谓"耕战"政策。这些地方最能表现法家的新兴地主阶级的色彩。

第十一章　秦汉大一统与先秦诸子的结局

　　看以上各章，可以知道春秋战国的确是一个"百家争鸣"的时代，也是中国思想史上一个最灿烂的时代。当时思想界五光十色，各放异彩。但是一到秦汉时代，忽然暗淡下去了。于是乎有人说，古代学术的灭绝，全坏在秦始皇的一把火。又有人觉得这样讲法未免把历史看得太简单，于是另提出许多理由来解释先秦诸子为什么灭绝，如"怀疑主义的名学"啦，"狭义的功用主义"啦，"专制的一尊主义"啦，"方士派的迷信"啦。（胡适《中国哲学史大纲》）总而言之，东拉西扯，专在枝叶上、表面上转圈子。其实先秦诸子果然灭绝了吗？我以为他们并没有灭绝，而只是转化；并且这转化的原因，既不在秦始皇的一把火，同样也不是专就思想论思想所能说明的。看第一章所讲，我们可以知道诸子学说是从周末社会大转变中自然涌现出来的。那末，随着秦汉间社会局面的稳定，而思想界也逐渐稳定下来，这不是当然的推论吗？诸子学说本来都各以某一个社会阶层的代言人而出现，那末，随着阶级关系的变化，它们的地位，它们的内容，也都起了变化，这不也是当然的推论吗？所以要考察先秦诸子的结局，必须从当时整个社会局面的变化，从当时阶级关系的变化上着眼。

（一）在新社会局面下诸子学说的升沉

我们应该知道秦汉大一统局面的形成，是以新兴地主作支柱的。当春秋时代，秦国还是个落后的部落，中原诸国都以夷狄视之。可是一到战国，它忽然强盛起来了，攻打各国如摧枯拉朽，山东诸侯完全失掉抵抗能力，这是什么缘故呢？自然，这个问题的关键在乎商鞅变法。我们知道，商鞅的政策是："强公室，杜私门，明法令，务耕战。"它一方面摧毁了氏族贵族的势力，一方面为新兴地主开辟了发展的前途，他的政权性质显然是代表新兴地主阶级的。这些政策本不是商鞅所独创，李悝、吴起等早已施行于魏、楚诸国。但是因为这些先进国中传统的旧势力太大，所以新政策不能彻底推行。倒是落后的秦国，痛痛快快地来了个大改革，反而跑到前面去了。新政策施行的结果，使秦国生产力大大发展，而军队的成分亦大大改变。生气泼辣，一意进取，比着山东诸国辗转缠绕、腐化鱼烂于旧贵族势力中而不能自拔者迥然不同。秦国对六国的战争，是一个新社会对一个旧社会的战争，是新兴的地主阶级对旧氏族贵族的革命战争。如同拿破仑凭借法国新兴资产阶级的势力鞭挞旧欧洲一样，商鞅、李斯、秦始皇等亦凭借秦国新兴地主阶级的势力鞭挞了氏族贵族统治的旧中国。秦国之所以转弱为强，山东诸国之所以由盛而衰，不仅由于几个政治家的活动，而是和当时社会阶级关系变化的整个形势相关联的。

自秦朝统一以后，新兴地主阶级统治的局面已经确定了。秦始皇、李斯等代表了新兴地主阶级的观点，"别黑白而定一尊"，积极地来了个文化统治。在这种局面下，最得势的学术思想，当然是代表地主阶级的法家学说。试以韩非的学说和秦朝实际政治相对证，就知道秦朝所走的完全是法家路线。"以法为教"，"以吏为师"，其极端至于焚书坑儒，这可以说是法家思想的完全胜利。但是法家思想独占的局面是不能常保的。当秦朝末年，新的社会矛盾，引起了农民大起义，颠覆了以法家思想为指导的秦朝政权。继起的汉朝统治者，乃"王霸杂用"，由法家而转向了儒家，终于造成了一个儒术独尊的局面，它支配着中国封建社会约两千年的历史。这个从法到儒的推移过程该怎样解释呢？难道说汉朝的政权变了性质，不是地主阶级统治的政权了吗？为什么秦朝尊法而去儒，而汉以后反而独尊儒术？我以为要解答这个问题须从地主阶级的地位变迁上着眼。当春秋战国间，中国东方型的奴隶制社会正在崩解，而向来占统治地位的氏族贵族还有很大势力。所以那时候的新兴地主是和旧有的氏族贵族对立的。他们想爬上统治地位，就必须和这些氏族贵族作斗争。他们对于传统的贵族文化持破坏态度。他们是进取的、革命的。试看法家，反对德化，反对仁义孝弟，那样的猛烈大胆。秦朝采用这种学说，就想把传统的贵族文化一扫而空，他们的措施是富有革命意义的。但不久秦朝的革命任务完毕了，新兴地主的统治地位确定了。现在他们当前的问题，不在于怎样战胜各阶级以取得统治地位，而在于怎样驯伏各阶级使他们安心受他的统治；不在于破灭传统的贵族文化，而在于吸收古代统治者的文化遗产以供自己的利用。从这种意义上说，法家的武断政策就不尽适用了。贾谊论秦朝的灭亡原因道："仁义不施，而攻守之势异也。"（《过秦论》）这个攻守异势，我们可以说不仅是政治的，而且是社会的、文化的。秦朝正因为不知道形势的变化，一贯执行法家的政策，其结果不仅没有缓和了阶级矛盾，反而更促使阶级矛盾尖锐化，终于爆发为农民大起义。汉朝的统治者学乖了，虽然"以马上得天下"，却知道"不能以马上治天下"，知道"诗书"也有很大的用处。在这种时势推移下，为古代贵族文化保持者的儒家，居然又受到新统治者的垂青了。从春秋到汉武帝时代，这个社会上的大转变，是以氏族贵族统治的政权崩溃开始，而以新兴地主阶级统治的政权的胜利为终结，其在思想上的反映，则以百家争鸣始，而以儒术独尊终。儒家的思想在中国历史上常占统治地位不是偶然的，它是以贵族化了的地主统治作为支柱的。（恩格斯在《社会主义从空想到科学的发展》的英文版序文上，曾详细论证英国资产阶级怎样贵族化，以及法德两国的资产阶级怎样终于抛弃了自己的无神论，转而追随在他们的英国伙伴之后，皈依了宗教，给我们很大的启发，可以参考。）

除儒法两家外，在秦汉间占相当势力的还有道家和阴阳家。道家深明盛衰消长进退存亡之理，自有一套"君人南面之术"，所以新兴的统治者也用得着。特别是当各阶级经过残酷斗争之后，大家正好相安无事，来个休战，道家那种清静不扰的政策是很适合这种要求的。阴阳家本来是儒家的别派，是代表新贵族利益的学说，它和儒家合流而为统治者所采用，亦无足怪。周末显学到秦汉大一统以后消声匿迹的，除农家昙花一现外，还有墨家和名家。农家、墨家都是下层社会的代言者，和新兴地主统治阶级的利害根本相反，其不能得势是不难理解的。至于名家，是市民思想的反映，自周末以后，商业都市日渐繁荣，市民势力日渐增长。照这样说，名家似乎该继续发展了。然而事实上并不如此。秦汉以后，统治中国社会的是地主阶级，而并不是市民阶级。那班统治者虽然往往是"以末致富"（语见《史记·货殖列传》，意思是说从工商业上发财），但终究还是归到"用本守之"（本指农而言，意思是说发财了买田地，这是最可靠的老本）。中国商业资本的发展，只是搅乱了中国古老的自然经济，却并没有把这个社会推进到一个由市民统治的更高的历史阶段。因此，反映市民思想的名家学说，只能在摧毁旧贵族文化时显示其革命的破坏的作用，一旦地主阶级统治的局面确定后，这种破坏性的学说就难于存在了。总之，各学派盛衰消长之故，复杂微妙，而都和整个社会变迁有关系，好象历史上有一种自然的渗滤作用一样，并不是偶然的。

（二）诸子学说的蜕变与混合

如上节所述，先秦各学派在新社会局面下，有的兴盛了，有的衰微了。这还只是大略的说法。其实这些学派并不是简单地一兴而一衰，乃是适应着当时大一统的社会局面，各自蜕变其原形，而逐渐接近，逐渐混合起来了。我们知道先秦诸子主张都极鲜明，彼此尖锐地对立着。但经彼此摩荡的结果，各自的锋棱，各自的极端性，都逐渐磨掉，遂形成思想界的混一局面。首先由《吕氏春秋》作一次大综合。其后如司马谈《论六家要旨》，如《汉书·艺文志》，虽然它们也未尝没有自己的中心思想，但总都持一种调和折衷的态度。我们试把这几种著作的内容分析一下：

（1）《吕氏春秋》 这是由吕不韦集合众门客在整个计划下编制成的一大思想体系。书中对于各学派，兼容并包，斟酌去取。大体说来，吸取道家的自然主义，而并不绝礼弃学，主张法家的变法哲学，而并不反对仁义孝弟；于儒家取其修行，而不取其法古，于墨家取其节葬，而不取其偃兵；辟名家之"淫辞"，而仍时时称述其巧辩；用阴阳家"五德终始"之说，却未尝大作"怪迂"之谈；乃至宋牼、白圭等的学说，亦都各有所采摘。例如：《本生》《贵生》《情欲》等篇，分明是道家全性葆真、贵我贱物的学说，但是在《为欲》篇却又大讲不可以使民"无欲"，还要利用人的"欲"以行其赏罚而统治天下，这分明是法家的看法。至于象《察今》和《乐成》等篇的变法哲学，是极鲜明地站在法家方面，而反对儒家的泥古，可是《顺民》和《达郁》等篇的开明政策，却又极鲜明地站在儒家方面，而反对法家的专制。还有：既讲"重己"，又讲"爱类"，是一杨而一墨；既讲"节丧"，又讲"大乐"，是一墨而一儒。如此等等，不必缕举。总之，《吕氏春秋》对于先秦各学派，都有所取，亦都有所去。务求学说经一种"消毒"作用，互相调和，而与新社会秩序相适应，百家争鸣的局面从此告终了。

（2）《论六家要旨》与《汉书·艺文志》 这是总结批评先秦诸子最重要的两篇文章。《论六家要旨》作于儒术独尊以前，当时黄老思想正盛行。这篇文章虽然把阴阳、儒、墨、名、法、道德六家平列起来，而实以道家为中心。他说道家是"因阴阳之大顺，采儒墨之善，撮名法之要"，极口称赞，有褒无贬。至于对其他各家，则长处和短处都分别指示出来。表面上看，他批评各家，瑕瑜不相掩，似乎很公平。但实际上，他所指为某家的长处者，往往不是那一家的要义。例如他论墨家，单取一个"尚俭"，而称其长处为"强本节用"。至于"兼爱""非攻""尚贤""尚同"等大义，则一概不提，这讲的算什么墨家呢？他论道家最精彩，但也不是全面地讲。如"绝仁弃义"一类话，他都撇开，反而说："……然其序君臣父子之礼，列夫妇长幼之别，不可易也。"(《论儒家》)"……然其正君臣上下之分，不可改矣。"(《论法家》)分明接受儒法两家的主张，这就和原始道家"无亲戚君臣上下"者迥不相同了。由此可知，在《论六家要旨》中，不仅是拿道家折衷各家，却也拿各家来修正道家。它们是互相迁就、互相调和的。《汉书·艺文志》是儒术独尊后的作品，其批评各家全以儒家思想为标准。什么"此其所长也"，即因其合于儒家；什么"及放者为之""及刻者为之""及鄙者为之"……即因其不合于儒家，这样一来，各家的特色完全失掉，也就不成其为各家，而一概消纳在儒家中了。但是这样的儒家，毕竟已网开三面，对各家的残余显示其恢宏大度。最有意味的，《艺文志》和《论六家要旨》，虽然是一用儒家观点，一用道家观点，但两者之间，也并不见有什么根本冲突的地方。这也是当时各学派互相接近、互相调和的一种表现。

观以上所述，秦汉思想界大混合的形势可以概见。总而言之，先秦思想界的局面，既为当时社会条件所决定，那末，现在社会条件变动了，思想界的局面亦自当随之而变动。各学派有的销声匿迹，有的蜕变其形貌而与他派相混合，都和当时整个社会变迁、整个阶级结构有关系。单拿秦朝一把火，或者单就思想论思想，是解决不了这些问题的。

附 民族哲学杂话

本文所要讲的是民族哲学，只要某种学说在吾民族中很流行，为大家所熟闻乐道，我们就不妨谈谈。……

想怎么谈，就怎么谈，不拘什么形式。……

零金碎玉，俱见精光。

楔　子

在没有触到所要讲的各项问题本身以前，有几点须先交代明白：

第一，本文所用"哲学"一名，乃是就其最广泛的意义而言，并不一定照现在哲学课本上所用那样严格的狭义的界说。本来为"哲学"立界说是很不容易的。各时代、各学派，乃至各个哲学家，种种说法，至为纷歧。倘若一定说讲本体论的才算哲学，那末象实证派和实验派的学说将不得称为哲学了。倘若一定说讲认识论的才算哲学，那末在洛克、休谟以前可称为哲学的就太有限了。倘若一定说用严格的逻辑体系用科学分析方法所造成的才算哲学，那末象尼采、倭铿（又译奥伊肯。——编者注）那班学者将被排在哲学界以外，而哲学领域所剩留的或者只有所谓新实在论了。固然，特意迁就某些学者，为他们在哲学上争取个地位，是大可不必的。学问领域至大，人又何必一定要当个哲学家呢？然而"名无固宜，约定俗成"。按照哲学的古义，本极广泛，凡是议论宇宙人生各种根本问题的都可包括在内。与其举一废百，何如兼容并包。立界说本不过一种方便，一经执着，反成固弊。许多争端，由此而起，我们也用不着为哲学严立界说，只需略具轮廓，使不致和宗教、艺术、科学过于混淆，就尽够了。

见牛自知其为牛，见羊自知其为羊，而我们并没有立过牛羊的界说呀。

第二，本文所谓"民族哲学"，只是说这种哲学为吾民族安身立命之所在，大家都熟闻乐道，并不含中国高于一切，或只此一家别无分号的意思。世界至大，不才区区，所知有限。究竟我们先哲所说是世界上唯一的最好的呢，我不知道，或者世界上还有可以与我们先哲媲美，甚至超过我们的呢，我也不知道。我虽知道柏拉图，然而不如我知道孟子的透彻；我虽知道康德，然而不如我知道王阳明的亲切。我又怎么敢断定说他们如我们，或不如我们呢？如与不如，存而不论。然而吾民族哲学之为民族哲学自若也。还有一层，所谓民族哲学，不一定原来都是由吾民族所自造。纵然原为外来学说，但既已深入人心，与吾民族精神沦浃为一，欲分而无可分，那也就成了吾民族哲学之一部，如佛学就有这种情形。这纯是事实问题，分者不得不分，合者不得不合，并非要把民族哲学的范围扩张到无限大也。倘若有人说这所讲的不是民族哲学，我亦无所争辩，那就请你随便另换个名字好吧。

第三，本文取材，虽伪书亦所不避。"辨伪"是近年来中国学术界的重要工作。这种风气，当然很好。为着认识中国古代的真相，做一番清算工作，是绝对必要的。不过我们应该知道，书籍的真伪是一件事，而其在民族哲学历史传统中所起的作用另是一件事。譬如诸葛亮的《后出师表》，早有人证明其为赝品。然而"汉贼不两立，王业不偏安""鞠躬尽瘁，死而后已"，这种"片片从赤心中流出来"的名言大训，不知道博得多少人的眼泪。其所以激荡吾民族的心魂，而陶铸其坚贞的品德者，力量之大，实无可比拟。无论作品伪不伪，但其在民族思想中的影响，总是不可磨灭的。又如伪《古文尚书》，确乎是伪的了。然而要讲起在民族思想中的影响，实在比那二十八篇所谓《今文尚书》者，远为深刻而普遍。尤其是宋以后的道学家，从伪《古文尚书》中挹取的东西实在太多了。对于一部书，我们不能因其在历史上曾发生影响，就一定要辩护其不伪；同样，也不能因其伪就抹杀其在历史上的影响。我们就把那些伪书当作"演义"看待吧，"演义"也会发生影响的。譬如《三国演义》，其影响还了得！本文所要讲的是民族哲学，只要某种学说在吾民族中很流行，为大家所熟闻乐道，我们就不妨谈谈。至于那学说出自真书或伪书，我们虽也不妨顺便考证一下，但对于我们的主题是没有多大关系的。书虽伪，但其在历史上的影响却不伪，却是一件事实。研究西洋思想的，不因怀疑荷马而不读他的史诗，不因怀疑耶稣而不读《圣经》。我们又何必固执呢？

第四，本文是一种"随笔"，想怎么谈，就怎么谈，不拘什么形式。我之所以要这样写法，固然是讨便宜，固然也因为自己没有系统思想，不会写大著作，然而也还另有一点意思。近来我觉得这种随笔体颇有一些好处：自抒心得，剪除浮辞，一也；不拘格套，自然成文，二也；取材多方，不至枯燥，三也；既备大著，复自成体，四也；省时省力，可合可分，五也。系统大著，一生中能有几部？有些材料，既不适于写成大著，弃之又复可惜。零金碎玉，俱见精光。亦何妨随时写出，借以自课乎？古人学问，往往于笔记中见之。如顾氏《日知录》，陈氏《读书记》，皆特意采用笔记体裁，精心撰述，遂成名著。若所谓《油炸鬼之研究》《屁之分析》一类大著，纵使有首有尾，纲举目张，亦只好请到字纸篓中去了。话虽如此，我究竟有点"取巧"或

"藏拙"。

不立界说，不辨真伪，不拘体裁，此之谓"杂话"而已矣。

一　中

曾经有个时候，国内论坛上讳"中"。从这些人看来，所谓"中"，乃是模棱妥协不彻底之别名。假如说某人不左不右而自处于"中"，这里面是含有嘲笑意味的。其实这是错了。就一般形式而言，就抽象的意义而言，"中"是不容反对的。因为"中"者，无过不及，恰到好处之谓。也许所谓"中"者非真"中"，那是另一个问题。可是既然承认其真为"中"了，而却又加以反对，这无异乎主张"过"或"不及"而后可。一面说是"过"或"不及"了，而一面却说这是对的，一面说是"恰到好处"了，一面却又说这是不对的。岂非自相矛盾？"中"者，中去声也。"中肯""中的""中理"。假若反对"中"，是以"不中肯""不中的""不中理"立教也。是恶乎可！现在有反左倾，反右倾，而作"两线斗争"的，难道不是自处于"中道"么？

本来"中"字早就有误解的，如子莫"执中"，就是一个。孟子说："杨子为我……墨子兼爱……子莫执中。执中无权，犹执一也。所恶于执一者，为其贼道也，举一而废百也。"杨子太为己了，墨子太为人了，子莫于是站在中间，取半截杨子，半截墨子，既不彻底兼爱，也不彻底为我；似杨似墨，非杨非墨，调和融会，也似乎很得"中道"之妙了。然而"中"之为人所诟病，正由于此。"中"是不可"无权"的，不可"执一"的，不可"举一而废百"的。所以说"君子而时中"。随时处中，无一定形体方所可拘。当兼爱时，则兼爱即"中"；当为我时，则为我即"中"。"两极"皆"中"。"中"不一定在中间也。王船山说："此一中字，如俗所言中用之中。道当如是行，便极力与他如是行。斯曰中行。"（《读四书大全说》卷六）又说："圣人居上不骄，在下不忧。方必至方，圆必至圆。当方而方，则必不圆；当圆而圆，则必不方。故曰规矩方圆之至，圣人人伦之至也。"（《读四书大全说》卷九）这才是"中"的真义。正因为如此，所以"中道"很难。"道之不明也，我知之矣！知者过之，愚者不及焉。道之不行也，我知之矣！贤者过之，不肖者不及焉。"不是"过"，便是"不及"，最难得的是"中"，"天下国家可均也，爵禄可辞也，白刃可蹈也，中庸不可能也"。只要死走一条路都好办。就如"蹈白刃"，古今中外能做到的实在太多了。然而"可以死，可以勿死，死伤勇"。蹈白刃还要蹈得恰好。这就不能轻易许人了。若是照子莫执中的办法，倒很容易。这个半斤，那个八两，不分原被告，含糊了事，这种调和派或折衷派的惯技谁不会。然而"中道"不能这样廉价出售。

　　正因为"中道"难得，怕有假冒，所以孔子早就预防道："不得中行而与之，必也狂狷乎！狂者进取，狷者有所不为也。"又说："乡愿，德之贼也。""乡愿"不"狂"，不"狷"，最近于"中行"。但"似是而非"，孔子恐其"乱德"，所以特别痛恨这种人。孔子最理想的当然是"中行"之士。不得已而求其次，则宁取狂狷，而决不要乡愿。因狂狷犹可引而进之于中行，而乡愿终"不可与入尧舜之道"也。关于这一层，孟子讲得最透彻，后来阳明、龙溪诸大师对此更极力推阐。反对假中行，正所以维护真中行，我们不可因噎废食。

我们先哲最富有生活的智慧和艺术，其奥妙处就在这个"中"字，一部《中庸》专言"中"，一部《易经》讲"中"的触目皆是。至于"太极""皇极"……都与"中"有关。而且不仅儒书，即佛道两宗，讲到竟究处，亦往往归着在"中"字上。如《庄子·齐物论》中所讲"天钧""道枢""环中""两行"诸义，都是"中道"的妙谛。又如天台宗，乃中国人自创的佛教，其"一心三谛"之说，亦归着于"中"字。智者大师云："破一切惑，莫盛乎察；建一切法，莫盛乎假；究一切性，莫大乎中。"（《传灯录》卷二十七）固然它们的"中"不见得和儒家相合，然而亦可见这个"中"字是究竟话头，尽你讲得极高妙，亦不能超过它了。

二　仁

假如要我用一个字标出孔子的教义，我将毫不迟疑地以"仁"字为教。《吕氏春秋·不二》篇称"孔子贵仁"，极为恰当。据阮文达公统计，《论语》中"仁"字百有五，而讲"仁"的五十八章。由此可见"仁"字在孔子学说中的重要地位。什么是"仁"？古往今来有许多说法，这里也无须繁征博引。照我的意思，"仁"只是一种恳恻不容己的心情而已。这个说法，我持之多年，而最初实由读《阳明集》启示出来。阳明在其与聂文蔚第二书中，曾用"真诚恻怛"四字讲"良知"，我认为最亲切。因之就联想到倘若移此四字去讲孔子所谓"仁"，岂不更妙？恰好《中庸》上有"肫肫其仁"一句话，用"肫肫"二字形容"仁"，和"真诚恻怛"的意味正相合。因此我就杜撰出"恳恻不容己的心情"这个说法,用以解释:"殷有三仁""力行近乎仁""仁者其言也讱""巧言令色鲜矣仁"……到处贯通。后来,看到陈兰甫《东塾读书记》中讲"仁"的一段,竟几乎和我所讲的如出一口,这更增加我的自信。近来从《阳明集》中又遇到一段:"吾平生讲学,只是致良知三字。仁,人心也,良知之诚爱恻怛处便是仁。无诚爱恻怛之心,亦无良知可致矣。"(《寄正宪男手墨》)这不仅证明我当初用阳明讲"良知"的话转讲"仁"字正合阳明本意,而阳明所以遇孔子于旦暮之间者,亦可于此处窥其消息了。

孔子是一位人文主义者。他既不上僭于天,亦不下夷于物,而只是就人论人,"仁,人也""仁,人心也",人之所以为人,人道所当然,人心所不容已,这就是我谓"仁"。王船山解释《孟子》道"直以仁为人心,而殊之于物之心"(《读四书大全说》卷十),可谓一语破的。凭着这点子"仁",这点子"良心",这点子"真诚恻怛",万善百行都推演出来。直抵本源,当下具足。既不涉于天堂地狱之幽渺,又不拘于谋利计功之俾近。正大而亲切,最足见孔学之精粹。以此为基点而展开一套哲学体系,则不离心而言物,不离行而言知,不离人生而言宇宙,遂成为吾民族之一种特殊传统。这是很值得玩味的。

从儒家丧祭理论中,最足以见其人文主义的精神。关于这一层,在我的几种旧著中屡有说明,这里不愿重述。我现在只指出,这点人文主义的精神,这个"仁"字,的确是孔子的一种特殊贡献。其所以把许多原始时代的遗迹加以合理化,赋予新意义,新解释,而很巧妙地把古代文化遗产承受下来者在此,其所以独别于各宗各派者亦在此。"人而不仁,如礼何!人而不仁,如乐何！""礼"是从古传下来的。但把"仁"字当作"礼之本"，在各种"礼"中都贯注以人文主义的精神，却是孔子所特创的。如八蜡之祭，分明是一种拜物教的遗迹。然而孔子却根据"使之必报之"的大义，而云："蜡之祭，下及昆虫草木，仁之至，义之尽也。"（《礼记·郊特性》）可谓点铁成金。张横渠说："礼仪三百，威仪三千，无一事而非仁也。"（《正蒙·天道》）这句话最能道出孔学深旨。顾亭林《日知录》中有"肫肫其仁"一条，正可作为这句话的具体注脚。试根据这个要点，就各种问题和道墨名法阴阳诸家作一比较研究，当更觉这个"仁"字其妙无穷，这里姑不具论。总之，人只是人，不是神，不是兽。而人之所以为人者就在这个"仁"字，所要"依于仁"，这就是一切了。

三　诚

这是三十年前的事了。那时候我还在中学上学，有一位基督教会的朋友偶尔和我谈到孔子学说的中心观念，他拈出一个"仁"字，而我却主张一个"诚"字，因为"仁"字和他们的"博爱"教义相类，而我那时候正读周濂溪的《通书》，特别重视"诚"字，各就自己的观点立论也。现在想来，有些好笑。就看上节，用"真诚恻怛"四字讲"仁"，可知"仁"和"诚"在实际上是一而二，二而一，不能截然分开。如果各自孤立地去讲，那么"仁"也将不成其为"仁"，"诚"也将不成其为"诚"了。大概先哲讲学，最重亲切体验，具体认识。会得彻时，纵说横说，无非这些字。什么"性"啦，"天"啦，"中"啦，"仁"啦，"诚"啦，虽然各有取义，各从一方面立说，而精神、脉络，实自贯通。倘若咬文嚼字，泥守训诂家的方法，而不能观其会通，"心知其意"，那么到处都将成为断港绝潢。象我们那样讲"仁"和"诚"，这是一个例子。

记得二十五年前，我还在北大上学的时候，有一次课堂上马夷初先生提出墨子兼爱和孔子所谓仁何以不同的问题。我回答道："孟子辟告子义外之说。若墨子的兼爱，正可谓之仁外了。"先生首肯。大概一般讲"兼爱"或"博爱"的都是从人群利害的计较上出发，着眼在范围的广大，是从外面生做起来的。但孔子所谓"仁"，是内发的，是从性命本源自然流出来的。所以说："孝弟为仁之本""仁之实事亲是也"。专从人情最诚挚最"真诚恻怛"处讲"仁"。子贡以"博施济众"为"仁"，孔子不以为然，而告以"己欲立而立人，己欲达而达人，能近取譬，可谓仁之方也矣"。他讲"仁之方"，总要从"近"处起。他要的是真情至性，至于范围大小，"兼"不"兼"，"博"不"博"，那倒是还在其次的。"源泉混混，不舍昼夜，盈科而后进，放乎四海，有本者如是。"这样从根本上自然发展成长起来，是儒家讲"仁"最特异的地方。可是也正因为这样，所以"仁"和"诚"分不开，孟子说："万物皆备于我矣，反身而诚，义莫大焉。强恕而行，求仁莫近焉。"这是讲"恕"呢？"诚"呢？浑然一片！由此可知《中庸》上大讲"诚"字，正是子思善于发挥乃祖教义处。此处看不透，孔家哲学简直就不能谈了。

本来在子思以前，讲"诚"字的很少，偶然讲到，也很朴素，不过一种普通德性，所谓"诚信"或"诚实"罢了。到子思手里，却把它提升到最高地位，当作自己学说中的一个最高概念。所谓"惟天下至诚，为能尽其性"，以至于"尽人之性""尽物之性""参天地，赞化育"；所谓"诚者天之道也，诚之者人之道也"；所谓"至诚如神""至诚无息"。这比起孔子"仁"的观念，实更是扩大而深化了。及周濂溪作《通书》，简直拿"诚"字代表"太极"，更富有玄学的意味。后来这种观念普遍流行于学界。直到明清间诸大师，如刘蕺山、孙夏峰等，都提出"慎独"作诀窍，集中力量于"诚"一关，而这个"诚"字几乎成为道学界的单传秘授了。

究竟什么是"诚"？就字义讲，"诚"只是"真实无妄"的意思。实情，实理，实事，实物，一真一切真，实实在在的宇宙，实实在在的人生，此之谓"诚"。"诚"的反面，是虚幻，是杂霸。儒者的"唯诚论"，是从和各种"虚无主义"及"机会主义"的斗争中发展起来的。自庄列的梦幻人世，释氏的方法唯心，以至所有各色各样的怀疑论、诡辩论，一切不承认宇宙人生是非善恶的实有性者，都可归之于"虚无主义"。自霸者假仁假义，乡愿的同流合污，以至苏张申韩，所有一切乘时侥幸，偷取功名者，都可归之于"机会主义"。用顾泾阳的说法，前者只成就一个"空"字，后者只成就一个"混"字；而且此两者往往合而为一，以"空"为体，以"混"为用。总而言之，不"诚"而已。一个"诚"字，两头开刀，高不入于"空"，卑不流于"混"。这才是儒者大中至正之道。假若不是这样，则"牛生马，桃本而李花"，天不成其为天，地不成其为地，是非善恶，纷然无辨，真所谓"不诚无物"，还成个什么世界呢？

"虚无主义"和"机会主义"虽同是不"诚"，但因为前者所托较高，常被取为后者的理论基础，故儒者在理论方面，攻击"虚无主义"为尤甚。顾泾阳谓："周元公不辟佛，但其书字字辟佛可也。"濂溪的书何以字字与佛相反？即因其整个理论系统建立在"诚"字上，处处和佛家之一切皆空者不能相容也。在与"虚无主义"对立的理论中，还有个"有"字，比"诚"字用得更普遍。"有"者，实有也，亦即"诚"也。当魏晋时代，"虚无主义"最为流行。裴颜即作《崇有论》以反对之，张横渠以为到处都是"有"，而并没有"无"，以为圣人只言"幽明之故"，而不言"有无之故"。他说："大易不言有无，言有无诸子之题也。"这类反虚无主义的话，在《正蒙》中讲得很多，和"唯诚论"的精神完全是一贯的。

四 理气

理气问题是道学家的一个基本问题，好几年以前，我就想写一本《理气论小史》，但终于没有实现，而只写成几篇短文。从冯芝生先生的《新理学》出版以后，这个问题乃又有了新意义，引起一般人的注意。我曾把那本书仔细读过，并曾用一种概括似的文句将全书大旨括为下列一段话：

爰有"大物"，厥名曰"天"，爰有"大事"，厥名曰"道"。此物此事，有"理"有"气"。"理"见乎"气"，"气"循乎"理"。理气妙合，斯成"实际"。"无名""有名"，"无极""太极"。"玄之又玄"，要在一"而"。"而"为政教，"而"为学艺。从"真"到"实"，有待乎"势"。旷观"大全"，"无字天书"。"本然办法""本然样子"。"穷理""尽性"，"大仁""大智"。"我心天心"，"优入圣域"。

假如没有读过冯先生那本书，看这段话怕要觉着莫名其妙吧。其实这里面的中心问题，仍只是一个理气问题。在亚里士多德哲学中，有所谓 FORM 和 MATTER。前者即类乎此所谓"理"，后者即类乎此所谓"气"。"理"和"气"在实际上本是不能相离的。然而你如果抽象地、纯逻辑地分析起来，却又"气"只是"气"，"理"只是"理"，不能混而为一。哲学家中，有偏重实际事物的，有偏重抽象概念的。换句话说，有偏重"实"的，有偏重"名"的。于是乎形成各种对立的理论体系。如中国先秦诸子中，只有名家重在"名"，其余儒、墨、道、法各家都重在"实"。荀子批评名家道："惠子蔽于辞而不知实。"这不仅足以代表儒家的意见，试看《墨经》中关于坚白问题的见解，《韩非子》中曾说白马过关的故事，《庄子》中许多批评惠施、公孙龙的地方，都可与此意相通。总而言之，他们都是以为名家专重"辞"，专重"名"，专重抽象的概念，而太不着实际了。然而如果名家来个反唇相讥，也未尝不可说他们是"蔽于实而不知辞"，因为他们都缺乏纯逻辑兴趣的。在欧洲中世纪经院哲学中，有所谓"实在论"和"唯名论"的对立。前者偏重概念，偏重"共相"；后者偏重事物，偏重"个体"。前者把"共相"看作实在的，而"个体"仅为其种种不完全的程度不等的差别表现，后者则认为实在的只有"个体"，而所谓"共相"不过是把具体事物加以抽象分析后所赋予的一种空名而已。

宋明以后，中国思想界有"理气二元论"和"反理气二元论"的对立，其性质与"实在论"和"唯名论"的对立颇有些相似。朱子是"理气二元论"的代表人物，特别表扬"理"的客观性和绝对性。在冯先生的《新理学》中，这种学说得到新发展，成为一种现代化的新理论体系了。然而在当时反对朱子的有陆学和浙学。陆学不离"心"而言"理"，浙学不离"事"而言"理"，都和"理气二元论"正相对立。及明朝中叶以后，"反理气二元论"的旗帜更明显展开了。如刘蕺山、黄梨洲、颜习斋、李恕谷，直至戴东原，都是"反理气二元论"者最明显的代表。如黄梨洲说："天地之间，只有气，更无理。所谓理者，以气自有条理，故为之名耳。"显然带"唯名论"的色彩。从各方面看来，"理气二元论"近乎"实在论"，"反理气二元论"近乎"唯名论"。就历史发展的趋势说，从"理气二元论"到"反理气二元论"，乃是从"超现实主义"到"现实主义"的转变，和从"实在论"到"唯名论"也很有些相似。按常识讲，按一般人"现实主义"的自然倾向讲，很容易接受"反理气二元论"的见解。然而在纯逻辑的立场上，"理气二元论"亦自有其不可动摇的阵地。假如互相责难的话，"理气二元论"固然可以被斥为不切实际，然而他们也尽可以反驳道："哲学"原来就不是讲"实际"，而是专讲"真际"的，你们尽管讲你们的"实际"好了，却不必来过问"哲学"。冯先生讲王霸问题时，曾说是有"道德的本然办法"，有"功利的本然办法"。我现在想起援此为例，说"真际"中原有此两种"本然系统""本然命题"，一重在"实"，一重在"名"，"道并行而不相悖"，或亦为冯先生所许可吧。

从"理"和"气"的问题，推演出"理"和"心"及"理"和"事"的问题；又推演出"理"和"情"，"理"和"欲"，及"理"和"势"的问题。对于这一系列问题，"理气二元论"者多予以二元的解释,"反理气二元论"者多予以一元的解释。中国近七八百年来的思想史,大概都是由这两个潮流的错综交织而成。其能以解两方之纷,讲得最圆融者,我以为要推王船山。以船山哲学为基础,可以展开一个新理论体系。我从前写一本《船山哲学》,仅仅略引一点端绪,很希望有人作进一步的研究。

五　天人

我们先哲讲学问到极高深处,往往说"学究天人""通天人之故",犹现在我们常讲宇宙观和人生观也。他们有偏重"天"的,如道家的自然主义是。有偏重"人"的,如儒家的人文主义是。

道家看"人"和"天"是相反的,凡天然的都好,凡人为的都不好。所以他们要"独与天地精神相往来",要"人貌而天行",要"有人之形,无人之情",要如婴儿,如虚舟,如飘瓦。总而言之,把人变得和自然物一样。那就是所谓"天人"了。人而成为"天人",那就与"天"合一,再不是渺小的一个"人"了。因此他们的工夫,是一个"损"字诀,"损之又损,以至于无为";是一个"忘"字诀,"忘仁义""忘礼乐",以至于"坐忘"。什么都"损"完了,"忘"完了,"无知无欲""然独以其形立,此之谓混沌"。

儒家看"人"和"天"是相成的,"天"开其先,而"人"因以完成某种目的。他们一方面认为"天道远,人道迩""不与天争职",一方面却又"穷理尽性",以"参天地,赞化育""天道无心而成化","天"是无"心"的。然而"人者,天地之心",人心即天心,所以我们要"为天地立心"。"人受天地之中以生",

此人之所以为人者，出发点在此，归宿点亦在此，由此而生，亦为此而生。换句话说，"天"者，"人"之根源，亦即"人"之理想。故尽人事即所以顺天命，不必亦不能于"人"外求"天"也。

"天人合一"是修养上的一种理想境地，儒道两家皆悬此鹄的。然而道家乃灭人以全天，是趋向消极方面；儒家乃尽人以合天，是趋向积极方面。前者清归自然，正是自然主义的本色；后者即人见天，也正是人文主义的本色。荀子批评道家："庄子蔽于天而不知人。"又说："由天谓之道，尽因矣。"道家一味因之，其结果违反了人道，因之也就不合乎天道，他们看不起"人"，然而终究还只是个"人"，而不是个"天"。他们只能成个终日"大天而思之""从天而颂之"的"天"的崇拜者罢了。儒家自安于"人"的本分，只尽其人道，尽其人之所以为人者，亦即是尽其所受于天者。他们不强学天而正合乎天道，与道家要学而反远乎天道者，恰成一个巧妙的对照。

六　义命

命运之说，在中国可算是深入人心。就古代各家学派讲，墨家法家不信命，而儒道两家都是信命的。但儒与道又自不同。道家崇拜自然，反对一切人为，完全听受命运的支配，可算是极端的定命论者。然而这里面似乎有一点矛盾，因为既是命运决定一切，那么所有"人为"亦皆当受其决定，殊无自由活动之余地；但假如人类根本没有一点活动的自由，他又如何能破坏"自然"，而需要加以反对呢？一方面把人看得非常渺小，离不开"自然"的如来手心，一方面却又要课以破坏"自然"的大罪，这能讲得通么？儒家就不是这样说法。它讲个"命",又讲个"义"。看似对立,实则一贯。既彻底,又圆融。我们且就这方面一探其奥妙罢。

"义"是什么?简单说"义"就是人道所当为,是人之本分,人之天职。"命"是什么?董仲舒说:"命者,天之令也。""天"自然不会谆谆然下命令。所以孟子说:"莫之为而为者天也,莫之致而至者命也。"非人所为,非人所致,只好归之于天命。照这样说,"义"是属于"人"的,"命"是不属于"人"的。宇宙间事,有属于"人"的,有不属于"人"的,本是自然之理,可并行不悖。然而就表面看,"天"与"人","命"与"义",正相对立,岂不带点二元论色彩么?其实"义"对于"命",由于"天"。"天命之谓性","义"正是人之"性",而非外铄。"性"既由于天命,那也就是"义"由于天命了。正因如此,故"存心养性",即所以"事天";"穷理尽性",即可以"至于命"。在这个意义上,"性"和"命",也就是"义"和"命",一脉贯通。所谓"义命合一存乎理",盖"天"亦此"理","命"亦此"理","性"亦此"理"也。人的"性",人之所以为人,是天"命"给我们的。在这个范围内,我们有相当自由。好象政府把命令交给我们,同时授权于我们,让我们自由执行。在这个范围内,我们人要自负其责,而不能诿责于天。这就是人的天职,人的本分,这就是所谓"义"。然而人无论怎样自尽其"义",也仍是执行的命令,执行"天之所以与我者",并不能说与"命"无关。越能自尽其"义",也就是越能执行天之"命"。在这个范围内,"命"和"义"完全是一致的。

然而"命"大而"性"小,"性"由于"命",而并不能说凡"命"皆"性"。有"命"于"人"的,有命于"物"的;有

"义理之命",有"节遇之命"。换句话说,有与"义"合一之"命",有出乎"义"以外之"命";有交给"人"自负其责之"命",有非"人"所能干涉之"命",这是应该分别清楚的。孟子说:"求则得之,舍得失之,是求有益于得也,求在我者也。"这属于"义",也就是属于"人"应自负其责的"命"。又说:"求之有道,得之有命,是求无益于得也,求在外者也。"这属于"命",也就是属于"人"所不能干涉的"命"。《孟子》另一章道:"莫非命也,顺受其正。是故知命者不立乎岩墙之下。尽其道而死者,正命也;桎梏死者,非正命也。""命"之本义为"莫之致而至"。如果还没有自尽其道,自尽其"义",便不能算是"莫之致",因之也就不能算是"正命"。"正命"者,真真正正的命之谓也。前言"天命之谓性",是"义理的命","义"即是"命"。此处所言却是"节遇的命","义"尽方可归到"命"上。总而言之,儒家从"义"上讲"命",从"人"上讲"天",其理论实较道家坚实有力,自成一个系统。王船山说:"至大而无区畛,至节而无委曲,至常而无推移者,命也。而人恶乎与之?天之命草木而为堇毒,自有必不可无堇毒者存,而吾恶乎知之?天之命虫鱼而为蛇鳄,自有必不可无蛇鳄者存,而吾恶乎知之?弗能知之,则亦恶乎与之?天之所有,非物之所欲;物之所有,非己之所欲久矣。惟圣人为能达无穷之化。天之通之,非以通己也;天之塞之,非以塞己也。通有塞,塞有通,命圆而不滞,以听人之自尽,皆顺受也。明君以尽其仁,无往而不得仁;哲相以尽其忠,无往而不得忠。天无穷,圣人不自穷,则与天而无穷。天不测,圣人无所测,则物莫能测。外不待无强敌,内不待无盗贼,廷不待无顽谖,野不待无奸宄,岁不待无水旱,国不待无贫寡，身不待无灾疾。不造有而使无，不造无而使有。无者自无，而吾自无。于物无所觊，于天无所求，无所觊者无所挠，无所逐者无所逆。是以危而安，亡而存。危而造安，故不危；亡不造存，故不亡，皆顺受也。奚造哉？"(《君相可以造命论》)这段话把"义"和"命"的问题讲得最圆满透彻（原本作"澈"，当作"彻"。——编者注）。假如从此处出发，深刻研究下去，也许对于目前哲学界所谓"自由与必然"一类问题要别有会心罢。

七　常变

一谈常变问题，就想到"易"。我们知道"易"本来是为卜筮而作，但经后来许多学者的推阐发挥，不仅"占易"，而且要"学易"，要"见易"，于是乎形成一种极渊奥的"易学"。这种"易学"在我们民族思想中发生深刻的影响，不论其原始面目究竟如何，总是值得注意的。照通常字义讲，"易"有"变易"的意思。"易经"者，变经也。有这样一部专讲宇宙间各种变化的"变经"也就很够玩味了。而这部"变经"的讲"变"，又真算高明。照郑康成的解释："易一名而含三义：简易一也，变易二也，不易三也。"此说本出自《易纬乾凿度》，不见得就是"易"的本解，但用以讲常变问题，真是再好没有。"简易"一义，不在本节范围内，我们就"变易"和"不易"二义稍说几句罢。

《易·系辞》说："易之为书也不可远，其为道也屡迁。变动不居，周流六虚。上下无常，刚柔相易。不可为典要，惟变所适。"这段话也许是专就占卜上，象数上，错综变化而言。但至少可以给我们一种暗示，"易"确乎含有"变易"之义，《易经》确乎是一部讲变化的书。然而变化是有法则的。"变易"之中,自有"不易"。知"不易"而不知"变易",则陷于机械论;知"变易"而不知"不易",则陷于诡辩论或怀疑论。六十四卦,三百八十四爻,因时因位,多少变化,而当其时,当其位者,又各有其"不易"之则。"变易"而"不易","不易"而"变易",看是多么巧妙呵!

关于"变易"和"不易","常"和"变"的问题,王船山论得最精。他在《诗广传》中说:"莫变非时,莫贞非是。非时以为贞,则天下亦安足纪哉?……夫至于时而可以贞矣。惊时之变,而不据以为贞,将天下终无吉凶得失是非逆顺合离之十纪,而变亦不足以立。又从而为之辞曰:之十纪者,非天下之固有,而可不设于心者也。《云门》《韶濩》之音,飨爰居于鲁门,而悲鸣去之,耳无适声矣。王之嫱,西之施,鱼见之而潜,鸟见之而飞,目无适色矣。即且甘带,鼠食巴菽而肥,蝉不饮,而蝉以饮饱,口无适味矣。蛙畏牡菊之熏,刍豢趋不洁而如椒桂,鼻无适臭矣。桀非尧之所是,鸟反哺以为慈,枭以不尽食其父母为不孝,心无适贤矣。唐虞之所赏,嬴秦之所诛,汉晋之所崇,怀葛之所怪。时者,不足纪者也。而亦恶用纪之为?呜呼!为此说者,知时之变,而不知变之贞,以召疑憎于人也有余,而况上帝哉?当其未为人,不知畏死矣,当其既为人,不知畏不死矣。当其未饥,视炊者之何疾矣,当其已饥,恐炊者之不疾矣。必欲去其贞,因而时之变,则胡弗死耶?胡弗勿炊耶?是知时者,日新而不失其素者也。……易之时六十有四,时之变三百八十有四,变之时四千八十有六,皆以贞纪者也。故曰:'易简而天下之理得矣。'"(《诗广传·上雅十九》)"象"而有其"贞",亦即"变"

而有其"常"有其"不易"。"无适声""无适色"云云，是古今中外多少怀疑论、相对论或诡辩论者常有的论调。他们都是"知时之变，而不知变之贞"，不知"变易"中自有"不易"。"人食刍豢，麋鹿食荐，即且甘带，鸱枭嗜鼠"，这是"变"，却也就是"常"；是"相对"的，却也正是"绝对"的。不然鸱枭何以不食刍豢？而人何以不食腐鼠？食刍豢者总是食刍豢，食腐鼠者总是食腐鼠，这岂不是"常"？即"变"，即"常"；即"相对"，即"绝对"，而且离了这一切"变"亦别无所谓"常"，离了这一切"相对"亦别无所谓"绝对"。"常"不离"变"，无"变"非"常"。这是常变问题最圆融的解释。

讲到这里，使我们又联想到"时中"。随"时"而各有其"中"，这是最"常"而又最"变"，最"变易"而又最"不易"的。求时时变易的不易之"中"，是儒者"精义"之学，也正是"易学"的奥妙。王船山在《周易大象解》的序上说："天下无穷之变，阴阳杂用之几，察乎至小至险至逆，而皆天道之所必察。苟精其义，穷其理，但为一阴一阳所继而成象者，君子无不可用之以为静存动察修己治人拨乱反正之道。故'否'而可以俭德避难，'剥'而可以厚下安宅，'归妹'而可以永终不敝，'姤'而可以使命诰四方。略其德之凶危，而反诸诚之通复，则统天地雷风电木火日月山泽已成之法象，而体其各得之常。故'乾'大矣，而但法其行；'坤'至矣，而但效其势。分审于六十四象之性情，以求其功效，乃以精义入神，而随时处中，天无不可学，物无不可用，事无不可为。循是以上达，则圣人耳顺从心之德也。"从那纷纭变化的每一卦每一爻中，从各别的"时"和"位"中，求其"义"，求其"理"，求其"贞"，求其"常"，以随时处"中",这样讲"易学",才真是儒者大中至正之道。在《读四书大全说》中,王船山亦云:"程子以孔子为乘田则为,为司寇则为,孟子必须得宾师之位,定孔孟差等。如此说道理,是将孔子竟作释氏一乘圆教四无碍看。圣人精义入神,特人不易知尔。岂确有于此亦可,于彼亦可,大小方圆,和光同尘之道哉?孟子曰:孔子圣之时,与易六位时成之义同。岂如世俗之所谓合时者耶?春夏秋冬,固无一定之寒暑温凉;而方其春则更不带些秋气,方其夏则了了与冬悬隔。其不定者,皆一定者也。圣贤有必同之心理,斯有可同之道法。其不同者,时位而已。一部《周易》,许多变易处,只在时位上分别;到正中,正当,以亨吉而无咎,则同也。"所谓"孔子圣之时",必须这样讲才妥当。不然,高则为佛老,卑则为乡愿,与世浮沉,"泛兮其可左右",和时中之道实有毫发千里之辨。"其不定者,皆一定者也。"这真是绝妙的"易学",绝妙的常变论。

八 一多

不管佛书中的一多问题究竟怎样讲法,在传统的儒学中亦自有一多问题的。《易·系辞》:"同归而殊涂,一致而百虑。"其同归而一致者,"一"也;殊涂而百虑者,"多"也。"多学而识","多"也;"一以贯之","一"也。"博文","多"也;"约礼","一"也。"小德川流","多"也;"大德敦化","一"也。俗儒专务博闻强识,见"多"而不见"一"。禅家却又想离开"多",一超直入地,找出个"一"来。其实"多"不离"一","一"不离"多";万殊而一本,一本而万殊。如艺术上所谓"多样的统一"

者，才是正当看法。宋儒有"理一分殊"之说，正为反对悬空求"一"而发。朱子常引李延平的话："理不患其不一，所难者分殊耳。"所以他后来教人，强调"分殊"方面，不喜"笼统宏阔"之言。他要"铢铢而称之，至乎钧而必合；寸寸而度之，至于大而不差"。这种"就实入细"的工夫，实是为现在一班好讲空洞原则者的针砭。朱学家反对陆王派趋捷径，说他们近"禅"，其理论根据也就在这个地方。

"一"与"多"的问题，又可归纳为"一"与"两"的问题。因为万象虽"多"，而皆有对，可以名之为"两"。程明道说："天地万物之理，无独必有对，皆自然而然，非有安排也。每中夜以思，不知手之舞之，足之蹈之也。"他看万物都是两两相对，领悟出一种自然的妙境。张横渠也说："万物虽多，其实一物，无无阴阳者。以是知天地变化，二端而已。"这也是把万物归纳为"两"。张横渠更特别提出"一"和"两"的关系道："两不立则一不可见，一不可见则两之用息。两体者，虚实也，动静也，聚散也，清浊也，其究一而已。"实体本"一"，其表现则为"两"。"两"者，"一"之"两"，似"两"而实"一"也。然"一"不可见，凡可见的都是"两"，离"两"亦无所谓"一"也，因此讲"一"的往往只从"两"上讲。如上面所引明道的话，表面上虽是指点出一个两两相对的现象世界，但其意中实影射一个无对的实体，"引而不发，跃如也"。张横渠既特别强调这个"两"字，而且更切实地说："有象斯有对，对必反其为，有反斯有仇，仇必和而解。"这简直是讲正一反一合了。

这个道理，船山更用来谈《易》，非常微妙。他说："凡言位者，必有中焉，而易无中。三之上，四之下，无位也。凡言中者，必一中焉，而易两中。贞之二，悔之五，皆中也。无中者散以无纪，而易有纪。两中者歧而不纯，而易固存。……故易立于偶，以显无中之妙，以著一实之理，而践其皆备者也。一中者不易，两中者易。变而不失其常之谓常，变而失其常非常矣。故曰：执中无权，犹执一也。中立于两，一无可执。于彼于此，道义之门。三年之哭无绝声，哀亦一中矣。燕射之终无筵爵，乐亦一中矣。春补秋助而国不贫，恩亦一中矣。衈社挛戮而民不叛，威亦一中矣。父师奴，少师死，俱为仁人；伯夷饿，太公封，俱为大老，同其时而异其用，生死进退而各一中矣。则极致其一而皆中也。其不然者，移哀之半，节乐之全，损恩之多，补威之少，置身于可生可死之中，应世以若进若退之道；乃华士所以逃讥，而见一无两，可其可而不可其不可，畸所重而忘其交重；则硁硁之小人所以自棘其心也。一事之极致，一物之情状，固有两途以合中，迹有异而功无殊。而中者，尽事物而贞其至变者也。故合体天地之撰而用其盈，则中之位不立；辨悉乾坤之德而各极其致，则中之位可并建而惟所择。故曰：三才之道，大全统乎一端，而一端领乎大全也。"（《周易外传》卷六）这段话自然只能算王船山自己的一套"易学"，不见得当初画卦就有此意。然而道理讲得真精彩，时中之义可算是发挥尽致了。每一卦六爻，上三爻以第五爻为"中"，下三爻以第二爻为"中"。两"中"并建，表示"中"有许多，而并没有一个固定的唯一的"中"可执。"一"就在"两"中，在"多"中。从"两"上，从"多"上，显示出"一"来。所谓"乾坤毁无以见易也"。天下事往往相反相成，"如东西之相反，而不可以相无"。就象思想史上的朱陆两派，本是对立的。然而有朱即不可无陆，有陆即不可无朱。

章实斋说他们是"千古不可合之同异，亦千古不可无之同异"。既不漫为调和，也不入主出奴。听其并立而代兴，以观道之大全。这真是一种通识。"万物并育而不相害，道并行而不相悖。"这种思想上的民主精神，是很值得赞扬的。

常听人说：儒者有体有用，佛老有体而无用，申韩有用而无体。这是以道德为体，事功为用，所以如此说。其实体用相连，有是体乃发作用，有是用乃显是体。佛老申韩，各自有其体用。如佛老以虚空为体，以因应为用；申韩以法令为体，以赏罚为用，何尝专有用或专有体，又何尝可以取这个体而合上那个用呢？儒者之体，非佛老之体；儒者之用，非申韩之用；而且单就儒言，体用也不是可以截然分开的。

朱子讲《太极图》谓："……此阴之静，太极之体所以立也……此阳之动，太极之用所以行也。"从阴静阳动上分体用，这是不对的。所以黄梨洲驳他道："太极既为之体，则阴阳皆为其用。"阴阳动静都是"用"，只有太极才是"体"。"用"者，"体"之"用"；阴阳动静者，太极之一阴一阳，一动一静也。倘以其静而阴者为"体"，那么当其动而阳时即无"体"乎？如此则"用"生而"体"即灭，"体"既灭则"用"亦无从生。这如何讲得通呢？并且朱子还要在"中正仁义"上分出阴阳体用来，真是越讲越支离了。若以太极为体，则阴静时也是它，阳动时也是它，犹喜怒、哀乐、作止、语默，总是这个人也。然而人总是在那里或语或默，或作或止的；并没有一个既不语又不默，既不作又不止的人。同样，太极总是在那里一阴一阳，一动一静的；并没有一个既不阴又不阳，既不动又不静的太极。假如真有那么个东西，超然独立于阴阳动静以外，那么它也将与阴阳并立而为三，就不成其为太极了。由此可知"用"虽由"体"而生，但离"用"实亦无从别求所谓"体"。那正和"一"不离"多"，"常"不离"变"一样。大概儒者总在"用"上讲，所谓"流行即是本体"，他们是不大喜欢悬空去讲什么本体的。如"中庸"的"庸"字，即应作"用"字讲。"中庸"者，中之"用"也。《中庸》全书都是讲"中"之"用"。"庸德""庸言""庸行"，也是说"日用之德""日用之言""日用之行"。唯其是"日用"，所以又可引申为"寻常"之义。儒者所讲都是日用寻常之道，亦正因其只在道之"流行"上，只在"用"上讲也。

可也奇怪！以庄子那样谈玄说妙，力探本体，然而在《齐物论》中偏偏提出来个"寓诸庸"。他并且解释道："庸也者，用也；用也者，通也；通也者，得也。适得而几矣。"只要"适得"，走得"通"，合乎"用"，就可以。这简直是一种"唯用论"了。并且他不干脆说个"用"字，而偏说个"庸"字，恐怕也是取"日用寻常"之义。这样一来，和儒者竟像成了同调。然"庸"而曰"寓"，可见他仍不死心塌地安住在"庸"上，而只是顺便寄托一下，好象神仙应迹显化似的，他心中实自有一种玄妙的真体在。其实连最称玄妙，直悟本体的"禅"，也自托于日用寻常。所谓"至理并妙道，运水与搬柴"，他们是要从日用寻常中看出至理妙道来。还有最近"禅"的杨慈湖，其学说玄妙极了，然而他偏口口声声地说自己的道是"庸常平直"。越说得平常，越显出玄妙。试看《中庸》和《易传》，何尝有此气味。由此益可见原始儒者布帛菽粟之言真不可及了。

宋明道学家受佛老影响，每好讲"心体""道体"，和原始儒家的朴素面貌颇有些不类。自周濂溪的"主静立极"，程门的

"求未发之中",直至刘蕺山的"懔闲居以体独",都是要在"体"上下工夫。"主静立极"之说,也是以"静"言"体",似乎和朱子相同。其实不然。因为濂溪既明明自注"无欲故静",蕺山更加以说明道"循理为静,非动静对待之静",而朱子所说的"静",恰好与"动"相对。故"主静立极"之说可通,而谓"阴静"为"太极之体所以立"者,其说不可通也。试看《通书·动静》章,当可领会濂溪本旨。但无论讲通与否,总之他们都着重那个"体"。直到颜习斋出来,高唱习行主义,说尧舜周孔都是教天下以"动"之圣人,才干脆丢开那个"体",而专从"用"上立说,这是我们思想史上一个划时代的变迁。

九 行知

不离"行"而言"知",是我们民族哲学的一个特色。比着西洋学者,我们可算是缺乏纯知识的兴趣。他们有许多哲学问题,叫我们看来,简直是一种"戏论",一种知识的游戏。近年来他们虽然也很提倡行动主义,但究竟还是我们讲得道地些,因为我们从来就是不离"行"而言"知"的。我们先哲对于"知"的看法,简直可说是 for the "行",by the "行",of the "行"。荀子说:"万物之怪书不说,无用之辩,不急之察,弃而不治。若夫君臣之义,父子之亲,夫妇之别,则日切磋而不舍也。"(《天论》)他只讲关于"行"的"知",而不讲无关于"行"的"知"。孟子亦说:"智者无不知也,当务之为急。……尧舜之智,而不偏物,急先务也。"又说三代之学,皆所以明人伦。所谓"人伦",所谓"先务",正是荀子所说"日切磋而不舍"的君臣父子那一套，全是属于"行"和为着"行"的。而这些关于"行"的"知"，亦正由"行"中，由日常生活、日常实践中，体验推求出来，并非茫茫荡荡，空想，外骛；所谓"切问"而"近思"者此也。这可以说是一种"唯行论"，或"行为中心主义"。

一提到"唯行论"，我们很容易联想起颜李学派，这是当然的，因为他们专讲实习实行。然而还有一个重要人物我们不应忽略的，那就是王阳明。尽管表面上他讲得那样玄妙不易捉摸。但实际上他也是以"行"为中心的。他的知行合一论，本是正对着从"知"入手的朱学而发。他认为："未有不行而可以言学者，则学之始固已是行矣。"他从"行"入手去"学"，有"行"不通处，然后"问"，然后"思"，然后"辨"，都弄明白了，然后再来个"笃行之"。始于"行"，终于"行"。而"知"只是"行"中间的一个过程，为"行"所使用的一种工具。所谓"博文"是"约礼"的工夫，"惟精"是"惟一"的工夫，"格物"是"诚意"的工夫，"明善"是"诚身"的工夫，"道问学"是"尊德性"的工夫，都从此推演出来。他完全是就"行"上讲"知"的。其实就连朱子，虽然把"知""行"分开，并且先"知"而后"行"，但此不过入手处不同，其中心究竟还是放在"行"上，他所讲的"知"仍是荀子所谓"日切磋而不舍"的关于"行"的"知"。他究竟不是空谈理论，或漫为博闻强识，他究竟不是为知识而求知识。老实说，不仅颜李，也不仅阳明和朱子，在所有中国传统哲学中，尽管形式上，程度上，有种种差异，但大部分学者总都是趋向"唯行论"的。

这种"唯行论"自然也有毛病，容易把知识学问拘限在一种狭隘简陋的境地中，而不能有精深严密的专门造诣。因为有许多专门知识不一定直接牵涉到"行"上。如果持极端的"唯行论"观点，那么许多科学知识将被视为琐屑，诡异，耍把戏。我们的传统思想，重"道"而轻"艺"，就和这有关系。照这样看法，解剖一个虫、一只鸟，分析一滴水、一撮土，死啃一个名词，细演一列公式，何关于天德、王道。可是这样一来，什么生物学、化学、逻辑……许多科学，就都无成立之望。我们过去历史上本有多少科学萌芽，其所以不能发育成熟，真正建立起一套科学体系者，其症结就在一般学者只注意天德、王道，而不重视那些关于事事物物的琐屑知识。正因为太重"行"，其结果反于"行"不利，这是我们应当反省的。我们应该发展各种专科知识使为我们的"行"服务，而不应该把这些知识看成"行"以外的东西，而加以轻蔑。我们应该"成德"，同时也要"达材"。我们成了"专家"，同时也决不妨害我们做个"通人"，关于这一层，最好看看王阳明的拔本塞源论，和他拿精金喻圣人的一段话。从那里可以得到一种暗示，使我们知道怎样在"唯行论"的立场上去发展我们的"知"。

　　通常对于"知"有两种恰好相反的错误见解：一个把"知"看得太重要，一个是把"知"看得太不重要。前者务于使人"知"，却忘记了"知难行易""不知亦能行"。有许多事，对于许多人，本来只可使"由之"，不可使"知之"。孔子说："尧舜之世，比屋可封，弗知焉耳。""人莫不饮食也，鲜能知味也。"如何能都使人"知"，又何必都使人"知"呢？后者专讲"行"，而忽略了"知"，对于"行"的作用，忽略了"知"的本身也就是一种"行"。即如科学家在研究室中的活动，难道不算他的一种"行"，而必须更叫他去"行"什么呢？

十　王霸

我们先哲有所谓"内圣外王"之学，圣功王道，一以贯之。可是另外还有一种"霸道"，和"王道"正相对立，形成中国政治思想史上两大基本路线。从具体内容上讲，无论"王道"或"霸道"，都早已成为历史上的陈迹；然而就其所含抽象的意义讲，直到现在，还值得玩味。

我们先哲最严于"义利之辩"，深一层讲，就是所谓"理欲之辩"，而其表现于政治上的，就是王霸之辩。王道尚"德"，霸道尚"力"；王道重"礼"，霸道重"法"；王道贵"义"，霸道贵"利"；王道出乎"天理"，霸道出乎"人欲"。总之，照孙中山先生的说法，王道是讲"公理"的，霸道是讲"强权"的。我们倘若不拘泥王道和霸道的具体历史内容，专就其所含抽象的意义，就其纯形式方面而言，当然可以这样讲法。我们尽不妨取其远景，把王道看作一种"公理政治"，霸道看作一种"强权政治"。在这种意义上，无论谁当然都是要贵王而贱霸的。

然而事实上中国历代帝王总都是"义利双行，王霸杂用"。即平常讲"有强权，无公理"的亦大有其人。他们总认为什么公理、王道之类，虽然很好，但只是一种美妙的理想，并不能兑现。强权，霸道，虽然说起来不好听，然而"论卑易行"，倒是切合实际的。其实这是一种浅见。就小处看，就短时间看，或许是"强权"得势，"霸道"横行。然而就大处看，就长时间看，综合各方而观其会通，得最后胜利的，究竟还是"王道"和"公理"。"王道"和"公理"，是"日计不足，岁计有余"的。只有从"王道"和"公理"上发生出来的力量，才是最有根基，颠扑不破的真实力量。一班持王道无用论者，总觉得仁义道德是空谈，不济什么事，而其所引为例证者，无非是宋襄公、徐偃王之类。其实这班亡国之君，根本就不懂得什么是"王道"。他们只是浮慕仁义道德之空名，取古人形似而依仿假借之，何尝有一点真精神？又怎么能发生真力量呢？"是集养所生者，非义袭而取之也。""集养"是一种"真力积久"的工夫。必须时时刻刻，"造次"，"颠沛"，不离乎仁义，积累久了，自然"充实而有光辉"。所谓"盈科而后进"，"有本者如是"。这才能发生出力量，见"王道"之大用。倘若仅是"义袭而取"，从表面抄袭个仁义样子，而素日安身立命地方，满不是那么回事；好似一个穷人骤然借来一套素所未见的华美衣服穿在身上，自己照照镜子，也觉得局促不安。如此而欲克复暴力，发挥"王道"之大用，真所谓杯水车薪，操一豚蹄而祝"穰穰满家"，当然是没有效果的。孟子有言："五谷者，种之美者也，苟为不熟，不如荑稗。"未熟的五谷还不如荑稗有用处，然而它毕竟还是"种之美名"，我们亦求其"熟"而已矣。对于"王道"，应当作如是观。

当国民革命军北伐时代，北洋军阀的武力本钱胜于革命军，然而被革命军打得如摧枯拉朽。那时候我正给学生讲《孟子》，这才真懂得所谓"委而去之""得道多助，失道寡助""仁者无敌""东征西怨"一类话，决非欺人之谈。从这次抗日战争中，我更觉得战争是整个国力的比赛，军事问题和整个政治问题息息相关。于是乎对于《荀子·议兵》篇的理论，特别叹服。因为他完全是从整个政治问题上谈兵，从整个国力上谈兵，处处从远大地方，从根本地方着眼。"齐之技击不可以遇魏氏之武卒，魏氏之武卒不可以遇秦之锐士，秦之锐士不可以当桓、文之节制，桓、文之节制不可以敌汤、武之仁义。"确乎是持之有故，言之成理，决不是开口唱高调。这些地方如果不能信得过，当然没什么"王道"可讲的。

我们不要把"王道"看得太简单，把"王者"都看成婆婆妈妈的。须知"王者"自有其"聪睿神武""天锡勇智"；时而天清地宁，时而风行雷厉，一旦发挥出"德威"来，实非"霸者"所能当。普通的错误，在乎把"王道"和"霸道"简单地平列地对立起来。"王道"合理而没有用，"霸道"有用而不合理。于是乎王霸交杂，而终归于"霸道"。当《慕尼黑协定》前后，外交界有所谓"原则论"和"现实论"的对立。前者既空洞无力，后者则抹杀一切正义，其结果演变成这一次世界大战。前些时我们宋外长（宋子文，时任国民政府外交部部长。——编者注）曾提出战后计划，主张成立一种"现实性的集体安全机构"，既合理，又适用，把"原则论"和"现实论"有机地统一起来，这正可以说我们"王道"精神的巧妙运用。看那班横行霸道的国际强盗怎样在我们"王道"之前发抖吧！

1943年11月由《前锋报社》出版
1942年曾在《中央周刊》发表，分三期登完